倉本一宏［編］

14

万寿二年（一〇二五）九月〜万寿四年（一〇二七）六月

現代語訳　小右記

吉川弘文館

凡　例

一、本書は、藤原実資の日記『小右記』の現代語訳である。
一、原文、および書き下し文は、紙幅の関係上、収録しなかった。
一、全十六冊に分けて刊行する。それぞれの収録範囲は、以下の通りである。
1　貞元二年(九七七)三月―永延二年(九八八)十二月
2　永祚元年(九八九)正月―長徳元年(九九五)十月
3　長徳二年(九九六)正月―寛弘二年(一〇〇五)三月
4　寛弘二年(一〇〇五)四月―寛弘八年(一〇一一)十二月
5　長和元年(一〇一二)正月―長和二年(一〇一三)六月
6　長和二年(一〇一三)七月―長和三年(一〇一四)十二月
7　長和四年(一〇一五)四月―長和五年(一〇一六)二月
8　長和五年(一〇一六)三月―寛仁元年(一〇一七)十二月
9　寛仁二年(一〇一八)正月―寛仁三年(一〇一九)三月

10　寛仁三年（一〇一九）四月―寛仁四年（一〇二〇）閏十二月
11　治安元年（一〇二一）正月―治安二年（一〇二二）十二月
12　治安三年（一〇二三）正月―治安三年十二月
13　万寿元年（一〇二四）正月―万寿二年（一〇二五）八月
14　万寿二年（一〇二五）九月―万寿四年（一〇二七）六月
15　万寿四年（一〇二七）七月―長元二年（一〇二九）十月
16　長元三年（一〇三〇）正月―長久元年（一〇四〇）十一月

一、現代語訳の底本としては、大日本古記録（東京大学史料編纂所編纂、岩波書店、初刷一九五九～一九八六年）を用いた（主に第四刷〈二〇〇一年〉を利用した）。大日本古記録一巻が、この現代語訳二巻分に相当するように分割した。

一、この現代語訳第一四巻に相当する大日本古記録が底本とした写本は、以下の通りである（逸文については、出典をそれぞれ明示してある）。

万寿二年	九月	広本	伏見宮本第十六巻	宮内庁書陵部蔵
	十月―十二月	広本	伏見宮本第十七巻	宮内庁書陵部蔵
万寿三年	四月―六月	略本	三条西本上冊	宮内庁書陵部蔵
	七月―九月	略本	伏見宮本第十八巻	宮内庁書陵部蔵

万寿四年　正月―三月　広本　前田本甲第二十九巻　尊経閣文庫蔵
四月―六月　広本　東山御文庫本第五十一冊　東山御文庫蔵

一、現代語訳は逐語訳を旨としたが、よりわかりやすくするため、語句を補ったり、意訳を行なっている箇所もある。ただし、原文の用字（特に人名呼称）は、なるべく尊重した。
一、古記録の現代語訳はきわめて困難であるため、本書は現代語訳の断案というものではまったくなく、一つの試案と考えていただきたい。
一、底本の誤字については、原則として文字を訂正して現代語訳を行なった。また、脱字や虫食いがある部分については、他の古記録や儀式書などによって推定できる部分は、現代語訳を行なった。文字を推定できない箇所については、おおむね判読できない字数の分を□□で示した。
一、裏書については段落を替えて表記した。また、表の記載・裏書にかかわらず、底本が段落を替えている部分については、本書でも段落替えを行なった。
一、漢字の表記については、常用漢字表にあるものは、原則として常用漢字体に改めた。
一、本文の註や割書は、〈　〉の中に入れて区別した。
一、各日付と干支の後に、その日の記事の主要な出来事を、簡単に太字で示した。
一、人名に関する註は、（　）の中に入れて付けた。原則として毎月、最初に見える箇所に付けた。ただし、人名呼称が代わった場合は、また名だけを付けた。

一、ルビは毎月一回、最初に見える箇所に付けた。原則として『平安時代史事典』（角田文衞監修、古代学協会・古代学研究所編、角川書店、一九九四年）、『日本国語大辞典』（日本国語大辞典第二版編集委員会・小学館国語辞典編集部編、小学館、二〇〇〇～二〇〇二年）、『国史大辞典』（国史大辞典編集委員会編、吉川弘文館、一九七九～一九九七年）の訓みに準拠した。

一、特に女性名の訓み方については、現在、明らかになっているものは少ないが、あえて『平安時代史事典』の訓みを用いた。『平安時代史事典』利用の便を考えたためである。

一、用語解説と人物注は、巻末にごく少量だけ付けた。『平安時代史事典』、『国史大辞典』、『日本国語大辞典』を参照した。ルビを多めに付けているので、他はこれらの辞典を引いていただきたい（ジャパンナレッジの利用をお勧めする）。

一、書き下し文については国際日本文化研究センターのウェブサイト（https://db.nichibun.ac.jp/ja/）に「摂関期古記録データベース」として公開しているので、索引代わりに是非ご利用いただきたい。『小記目録』『御堂関白記』『権記』『春記』『左経記』『八条式部卿私記』『宇多天皇御記』『太后御記』『沙門仲増記』『元方卿記』『済時記』『親信卿記』『藤原宣孝記』『一条天皇御記』『宇治殿御記』『二東記』『後朱雀天皇御記』『宇治関白高野山御参詣記』『定家朝臣記』『師実公記』『後三条天皇御記』『寛治二年記』『季仲卿記』『清原重憲記』『高階仲章記』の書き下し文も公開している。

一、第六巻からこの第一四巻までの現代語訳の基となった訓読文は、国際日本文化研究センタープロジェクト研究員の堀井佳代子氏（現京都精華大学専任講師）に見直しをお願いした。ここに記して謝意を表わしたい。

目　次

本巻の政治情勢と実資

万寿《まんじゅ》二年(一〇二五)十月十九日、小一条院《こいちじょういん》の女房が、藤原道長《みちなが》の子女は死ぬことになるという夢を見た。藤原嬉子《よしこ》はこの夢想に合ってしまったと、藤原頼通《よりみち》以下は恐懼《きょうく》したということである。道長子女の死に際して、さまざまな臆測が飛び交っていたのである。

万寿三年(一〇二六)の正月十九日、藤原彰子《あきこ》は落飾入道《らくしょくにゅうどう》し、上東門院《じょうとうもんいん》の称号を受けて二人目の女《にょう》院《いん》となった(『院号定部類記《いんごうさだめぶるいき》』所引『野《や》右記《ゆうき》〈小右記〉』『権記《ごんき》』)。

その際、涕泣《ていきゅう》が雨のようであった道長は詔書《しょうしょ》を用いるよう命じたが、実資は東三条院《ひがしさんじょういん》藤原詮子《あきこ》の例によって宣旨《せんじ》を用いるべきであると進言し、道長が承諾するという一幕があった。この間、関白《かんぱく》の頼通は議に関わることはなかった(『院号定部類記』所引『野右記〈小右記〉』)。

七月八日に行なわれた道長主催の法会《ほうえ》では、四男の藤原能信《よしのぶ》が頼通に対して「冷淡の詞」を吐き、争論するという事件が起こった。頼通は大いに怒って罵辱《ばじょく》し、道長は能信を追い立てた。能信を中心とする源明子《あきこ》所生の道長息男は、こうして反摂関家の立場を強め、後に尊仁《たかひと》親王(後の後三条《ごさんじょう》天皇)の即位に尽力して、摂関家の権力を失墜《しっつい》させることになる。もちろん、道長はそんなことにはまったく気付いていなかったであろうが。

万寿四年(一〇二七)は、道長にとって最後の年となる。この年は正月から病悩《びょうのう》していた。八日に快吐し、その後は心身が尋常を得たというのであるから、それ以前から体調はよくなかったのであろう。十五日にも病悩の記事が見えるが、二十一日にはひとまず平癒《へいゆ》したようである。

三月に入ると、禎子《よしこ》内親王が東宮敦良《あつなが》親王の許に入侍《にゅうじ》することが、六日に決まった。これは道長が言い出し、頼通が「深く御情を入れ」たものであったが、自分の女《むすめ》を入れられなかった藤原教通《のりみち》には嘆息《たんそく》の気配があったという。この禎子が摂関政治を終わらせることになる皇子を産もうとは、道長も頼通も、この時点では気付いていなかった。嬉子を喪った直後ということで、道長も焦っていたのであろう。すでに自分の女はすべて結婚し、頼通にはまだ女はなく、教通女の生子《なりこ》や真子《さねこ》を妃《ひ》とすることには頼通の抵抗があったということで、まだしも藤原妍子《きよこ》を通じて自分の血を引く禎子の入侍という結果となったものと思われる。

禎子は三月二十三日に敦良の妃となったが、その直前の二十一日、道長の身に怪異が起こった。物霊(物怪)に虜《とら》われたようで、涕泣したり大声を出したりしたという。「慶事」を前にした複雑な心境と病悩が重なって起こったものであろうか。

四月に入ると、二女の妍子《きよこ》に病悩が襲いかかった。十四日には、「食事も摂らず、痩《や》せ衰えることは、殊《こと》に甚しい」状態となっていた。

後一条・後朱雀後宮系図

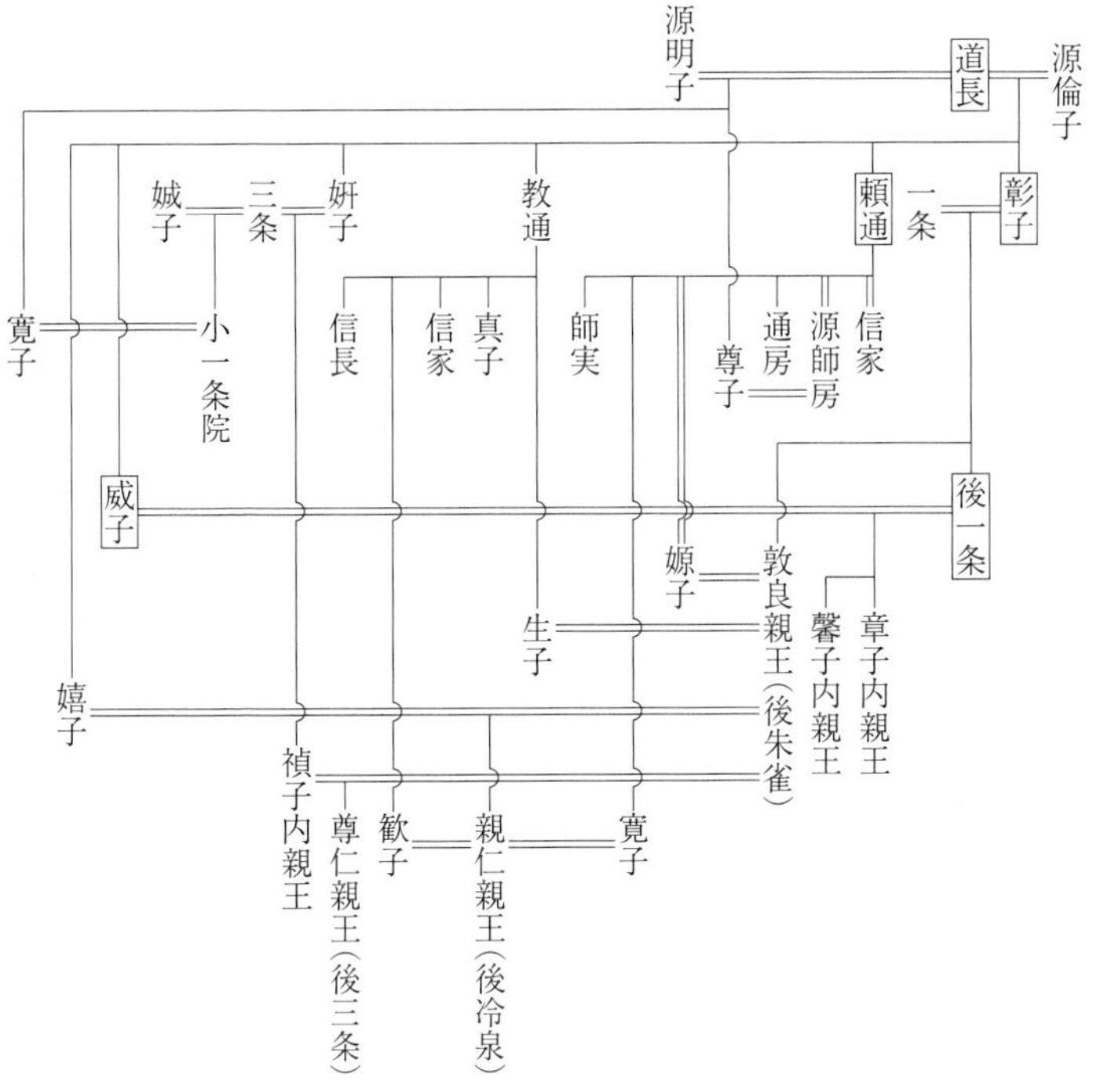
源明子
道長
源倫子
頼通
彰子
一条
教通
娍子
三条
妍子
寛子
小一条院
信長
信家
真子
師実
尊子
通房
源師房
信家
威子
後一条
嫄子
敦良親王(後朱雀)
馨子内親王
章子内親王
生子
嬉子
禎子内親王
尊仁親王(後三条)
歓子
親仁親王(後冷泉)
寛子

加えて五月十五日には、出家していた三男の藤原顕信《あきのぶ》が、無動寺《むどうじ》において遷化《せんげ》したという報が届いた。時に三十四歳。道長の嘆きもいかばかりかと察せられる。

六月四日には、道長も飲食を受けず、衰弱が甚しくなったが、十四日には妍子を見舞っている。二十一日には百一体の釈迦如来像《しゃかにょらいぞう》を造顕《ぞうけん》し、法成寺の新堂に安置しているが、これで病が治まるものでもなかった。

このように、道長家の「望月」は、確実に欠け始めていたのである。

先にも述べたように、万寿元年(一〇二四)三月には、頼通が実資女の千古《ちふる》と結婚することを望んでいた頼通猶子《ゆうし》の源師房《もろふさ》が、道長女藤原尊子《たかこ》(母は源高明《たかあきら》の女の明子)と結婚した。千古と師房との婚姻は、日取りまで勘申させていながら、これで頓挫したことになる。この時期には、千古はまだ着裳《ちゃくも》の儀も行なっていなかったのであるが、万寿元年十二月に着裳の儀を済ませ、これで本格的に婿取りの準備もできたことになる。

その千古に、新たな縁談が持ち込まれた。道長六男の藤原長家《ながいえ》(母は源明子)の後妻に、千古の名前が挙がったのである。長家は生母明子の生存中に道長嫡妻《ちゃくさい》の源倫子《ともこ》の養子となっていて、明子所生の兄たち(藤原頼宗《よりむね》・藤原顕信・藤原能信)とは政治的立場が異なっていた。兄たちと同じく、数々の濫行《らんぎょう》で名を馳《は》せてはいたが。

長家は寛仁《かんにん》二年(一〇一八)三月、十五歳の年に、十二歳(一説に十四歳)の藤原行成《ゆきなり》の末娘(『更級日記《さらしなにっき》』

勘物所引の『権記』逸文《いつぶん》や『更級日記』に登場する女性)と結婚していたが、わずか二年の結婚生活で、治《じ》安《あん》元年(一〇二一)三月に、この妻を喪った。「何年来、病者であったが、長家の室となった」ことが影響したのであろう。

行成女が死去して以来、自分の女を長家の後妻にと望む公卿《くぎょう》は多かったが、一周忌も終わっていないのに、治安元年十月、長家は道長の一存で、藤原斉信《ただのぶ》の女と再婚した。実資はこの情報を行成からの密談で得ている。なお、この妻も、万寿二年八月、出産に際して死去してしまった。

万寿二年十一月に入ると、行成は死去した女の異母姉を長家の後妻にするよう、道長に申し入れた。実資はこれを聞き、「大略は、許容は無いのではないだろうか。人々の謀計《ぼうけい》は、知ったことではないばかりである」と非難している。

その頃、実資の方から道長に、千古と長家との婚姻を持ちかけたようである。長家は、すぐに再婚する気はないと語ったようであるが、道長は千古と長家の結婚を許諾し、長家に懇切に千古との婚姻を勧めた。実資も千古についての吉夢を見たりして、もちろん、まんざらでもないのであった。実資にとっても、これから政権を独占するであろう道長家とミウチになっておくことは、養子の資平《すけひら》たちに有利な政治状況をもたらすであろうし、道長にとっても、故実に精通した実資とミウチになることは、頼通たちの政権運営に有利にはたらくと思ったはずである。実資が千古に相続させた膨大な財産や、何より藤原実頼《さねより》以下の日記を自分の家の財産にできるとの思惑もあったであろう。

十二月になると、この縁談を、明子・長家・道長が承諾したとの情報ももたらされた。しかし長家は、明年二月以前には婚儀は行なえないとの意向を語っていた。そして長家は実資に面談を申し込んで、資平に亡妻を忘れがたい心事を述べている。道長からは、長家の婚儀について変更は無い旨、伝えられたが、何とも不安な年の暮れであった。

その後、年が明けて万寿三年にはこの件について進展はなく、万寿四年に入ると、正月九日に道長の意向で、吉日《きちにち》を択ぶようにとの書状が届いた。実資もひと安心といったところで、早速に翌十日に吉日を勘申させ、二月二十三日との結果を得ている。ところが、翌日の十一日になって、長家から、婚儀については変更はないものの、時期を延引《えんいん》するよう、書状が届いた。実資は、これは斉信の謀計であると推測している。道長は十二日に、長家を狂乱していると叱責し、今月の内に遂げるよう命じたが、結局、結婚は破談となってしまった。

後に千古は頼宗男の藤原兼頼《かねより》と結婚し、一女を儲けたものの、長暦《ちょうりゃく》二年（一〇三八）に実資に先立って死去したらしい。二十代後半と推測されている。

なお、源懿子《よしこ》（源高雅《たかまさ》の女で彰子に仕えた典侍）が長元《ちょうげん》（一〇二八〜三七）の初年に長家と結婚し、最後の妻となった。懿子は藤原道家《みちいえ》・藤原忠家《ただいえ》らの子を儲《もう》け、後世、御子左流《みこひだりりゅう》として藤原俊成《としなり》や藤原定家《さだいえ》を輩出し、冷泉家《れいぜい》をはじめとする和歌の家の祖となった。

この頃、道長政権を支え続け、摂関政治全盛期を現出させる原動力ともなった「寛弘《かんこう》の四納言」にも、退場の時が迫っていた。藤原公任《きんとう》はすでに万寿元年十二月に五十九歳で致仕していたが、源俊賢《としかた》は万寿四年六月十一日に六十八歳で出家し、十三日に薨去した。藤原行成も、同じ万寿四年十二月四日に五十六歳で薨去することになる。七十一歳となっていた実資にとっても、時代の移り変わりが実感されたことであろう。

現代語訳 小右記 14

千古の婚儀頓挫

万寿二年(一〇二五)九月―
万寿四年(一〇二七)六月

万寿二年(一〇二五)

藤原実資六十九歳(正二位、右大臣・右大将)　後一条天皇十八歳　藤原道長六十歳　藤原頼通三十四歳　藤原彰子三十八歳　藤原威子二十七歳

○九月

一日、庚辰。　解除／中原師光、申文を進上／石塔供養

早朝、沐浴《もくよく》し、河頭《かわのほとり》に臨んで、解除《げじょ》を行なった。宰相(藤原資平《すけひら》)が同車した。左衛門権佐《さえもんのごんのすけ》(藤原)定輔《さだすけ》が来た。若狭守《わかさのかみ》(中原)師光《もろみつ》が関白《かんぱく》(藤原頼通《よりみち》)に進上する申文《もうしぶみ》を託した。その領する荘園《しょうえん》が、国務《こくむ》を妨げている事などの三箇条である。石塔供養《せきとうくよう》を行なった。

二日、辛巳。　藤原嬉子四七日忌

夜に入って、宰相が云ったことには、「今日は故尚侍《ないしのかみ》(藤原嬉子《よしこ》)の四七日です。諸卿が会合しました。僧侶および上達部《かんだちめ》の装束《しょうぞく》は折花《せっか》していて、喪家《そうか》ではありません。また、毎日の念仏《ねんぶつ》の座も、そのようでした」と云うことだ。

四日、癸未。　維摩会講師の請書／外記政／藤原隆家に封戸半分を下給する宣旨／不祥雲／道長家の相次ぐ服喪

維摩会《ゆいまえ》講師《こうじ》道讃《どうさん》の請書《しょうしょ》に「朝臣《あそん》」を書き加えた〈六月二十七日の宣旨《せんじ》である。法相宗《ほっそうしゅう》。専寺《せんじ》。〉。左衛門督《さえもんのかみ》〈（藤原）兼隆《かねたか》。〉が、訪問してきた。長い時間、清談《せいだん》した。病の際、頻りに見舞った恐縮を謝した。（藤原）資房《すけふさ》が来て云ったことには、「煩う所が有った後、今日、初めて外出しました」ということだ。

少納言《しょうなごん》（藤原）資高《すけたか》が、病の後、今日、初めて役所に参った。帰って来て云ったことには、「外記政《げきせい》が行なわれました」ということだ。大外記《だいげき》（清原）頼隆《よりたか》が云ったことには、「前大宰権帥《さきのだざいのごんのそち》（藤原）隆家《たかいえ》の封《ふ》戸《こ》は、半分を下給するという宣旨が下りました」ということだ。また、云ったことには、「一昨日の暁方、白雲が布のように東西の山に渡りました。不祥雲《ふしょううん》と称します。頻りに長雲が有ります。その咎徴《きゅうちょう》は、もっとも明らかです」と。夜に入って、宰相が来て云ったことには、「関白の邸第《ていだい》に参り、次いで外記政に着しました。中納言《ちゅうなごん》（源）道方《みちかた》が上卿《しょうけい》を勤めました。禅門《ぜんもん》（藤原道長《みちなが》）に参ろうとした次いでに、中宮大夫《ちゅうぐうだいぶ》（藤原）斉信《ただのぶ》卿を見舞いました」と云うことだ。或いは云ったことには、「宮々と関白および舎弟《しゃてい》の卿相《けいしょう》（藤原教通《のりみち》・藤原頼宗《よりむね》・藤原能信《よしのぶ》・藤原長家《ながいえ》）は、院（小一条院《こいちじょういん》）の御息所《みやすどころ》（藤原寛子《ひろこ》）の服喪《ふくも》に着しています。また、尚侍の服喪に重ねて着しています。未だ初めの服帯《ぶくのおび》を除かず、また重ねて服帯を着すというのは、未だ聞いたことのない事です」と云うことだ。「東宮（敦良《あつなが》親王）は、未だ着されていません」と云うことだ。

五日、甲申。斉信を弔問／藤原嬉子七々日法事の僧前／源済政、放言／頼通、太元帥像・舎倉・

雑具の新造・補修について指示／伊勢例幣を延引し、大祓を行なう

少納言資高を遣わして、中宮大夫斉信卿を弔問《ちょうもん》した。その報旨は、極めて悲しむべきものであった。左中弁《さちゅうべん》(源)経頼《つねより》が、前日の勘宣旨《かんせんじ》〈太元帥御修法《たいげんのみしほ》の雑具の損色《そんしょく》。〉を持って来た。尚侍の七々日の法事の僧の食膳について、民部卿《みんぶきょう》(源俊賢《としかた》)の許に問い遣わした。報状に云ったことには、「本家は、手許にある米を、各々、僧たちに下給するよう、先日、定められました」ということだ。勘宣旨を右頭中将《うとうのちゅうじょう》(源)顕基《あきもと》に託した。次いで云ったことには、「(源)済政《なりまさ》が、放言《ほうごん》を行ないました。一昨日、関白が聞かれて、驚き怪しんだことは、極まりありませんでした」と。また、云ったことには、「先年、陪膳《ばいぜん》の番を欠きました。(平)範国《のりくに》が、仰せを承って召問《しょうもん》しましたが、弁解するところはありませんでした。すぐに恐懼《きょうく》に処すということを伝えたところ、述べて云ったことには、『これは朝恩《ちょうおん》である。六月の暑熱の間は、休息することにしよう』ということでした」ということだ。四位侍従《しいじじゅう》(藤原)経任《つねとう》を呼んで、新中納言《しんちゅうなごん》長家を弔問した。すぐに返事が有った。希有の者です」という云ったことには、「宮々と関白は、重ねて服帯を着しています。万人が驚き怪しんでいます。大外記頼隆が云ったことには、『我が家の文書《もんじょ》を見申しあげましたが、重ねて着すというのは、極めて奇怪なことです』ということでした。昨日、述べたところを聞いて、事の披露《ひろう》に及びます。今日、召されて、禅門に参ります」と云うことだ。日暮、頭中将《とうのちゅうじょう》(顕基)が来た。関白の仰せを伝えて云ったことには、「太元帥像《たいげんぞう》および雑具の損色の文は、早く治部省《じぶしょう》に下給するように。破壊・顚倒の舎倉《しゃそう》は、国々

に造営して進上させるように。汝《なれ》（実資）が申したように、先ず大垣《おおがき》を修築する国の他の国々を記して、奏上させるように。また、実体の無い太元帥像は、太政官《だいじょうかん》の厨家《くりや》に納める御祈願の物で図絵させ奉るように。破損の像については、先ず実検《じっけん》させて、状況に随って、改めて画かせ奉るように。雑具を作って進上するのに、もし勧賞《けんじょう》を募り申す者がいれば、宣旨を下給するように」ということだ。太元帥像および雑具を納める倉が顚倒した時、仏具《ぶつぐ》などが紛失したということを申さなかった。今年の御修法は、どのような物を充てて用いるのか。「（藤原）保相《やすすけ》が蔵人《くろうど》であった時、屏風《びょうぶ》と仏器《ぶつき》を、状況を伝えて奉仕させた。一々、調べて行なうように」ということだ。明日、左中弁経頼に伝えなければならない。

夜に入って、蔵人（源）経任《つねのり》が来て、仰せを伝えて云ったことには、「十一日の例幣《れいへい》は、穢《え》によって延《えん》引《いん》するということで、大祓《おおはらえ》を行なわせるように」ということだ。

六日、乙酉。　太元帥像・舎倉・雑具の新造・補修／済政の弁解

十一日の例幣の延引による大祓について、大外記頼隆真人《まひと》に伝えておいた。また、左中弁経頼に命じた。経頼が宣旨〈造酒司《ぞうしゅし》が申した、十一月の新嘗会《しんじょうえ》の白酒《しろき》・黒酒《くろき》の、河内《かわち》の稲の卜定《ぼくじょう》の文。内侍《ないし》が直ちに下したものか。〉を持って来た。太元帥像の文を下した。事の趣旨は、昨日の記にある。記す暇がないばかりである。但し造営することになる国々は、大略、阿波《あわ》・讃岐《さぬき》・伊予《いよ》国である。書出を奏上させなければならない。また、正庁《せいちょう》の破損および実体の無い倉の丈尺《じょうしゃく》を、確かに注進《ちゅうしん》させなければならない。その損色の文と国々の書出を副えて、一度に奏聞《そうもん》させなければならないのである。
宰相が来て云ったことには、「近江守《おうみのかみ》済政が、備前守《びぜんのかみ》(源)経相《つねすけ》を介して、書状を伝えて云ったことには、『汝(実資)は、意外な事によって私(済政)が勘当《かんどう》されているということについて、直接、告げてきたところです。極めて恐縮し申しています。もしも宜しい次いでが有れば、このことを伝えてください』と。その間、詞はもっとも多かった。屈属《くつぞく》しているようなものである。『意向に随って、宰相の許に到ることにします』ということでした」と。頗る事の趣旨を延ばしている。宰相に伝えておいた。追い詰められた敵の喩《たと》えが有る。優恕《ゆうじょ》すべきであろうか。

七日、丙戌。　頼通、済政について語る／道長、済政を勘当／資頼の不与状・解由

宰相が云ったことには、「早朝、関白の御許に参りました。同車して禅室《ぜんしつ》(道長)に参られました。車中で云ったことには、『済政が上達部に対して、敢えて無礼《ぶれい》の詞を放った事は、先日、定輔が伝え談った趣旨によって、詳しく聞いたところである。極めて奇怪な事である。済政は、思ったことをそのまま口に出し、打ち含めない者である。禅室および我(頼通)の為に、度々、罵辱《ばじょく》の詞を放った。ところが、あれについては、皆、私事である。朝議《ちょうぎ》の上達部に対して無礼の辞を放つのは、もっとも驚き怪しむに足る。権大納《ごんだいな》言《ごん》のように、人が関係することは無いのではないか。返す返す、怪しまなければならない』ということでした。(藤原)頼任《よりとう》が云ったことには、『この事は、漏れ聞いたことが有ります。禅室は勘当されました』と云うことでした」ということだ。内裏に参った〈宰相は車後《くるまじり》に乗った。〉。敷《ふ》政《せい》門から入り、仗座《じょうのざ》に着した。しばらくして、殿上間《てんじょうのま》に参上した。伺候していた際、源宰相朝任《げんさいしょうあさとう》が参入した。しばらくして、東宮に参った。時剋を移し、退出した。源宰相が和徳《かとく》門から従った。（藤原）資頼《すけより》が云ったことには、「今日、不与状《ふよじょう》と解由状《げゆじょう》を、大夫史《たいふのし》（小槻《おつきの》）貞行宿禰《さだゆきすくね》に託しました」と。

八日、丁亥。　維摩会擬講の申請／後一条天皇、女数千人が宮中に入る夢想／嬉子七々日法事の参入について道長の意向

擬《ぎ》講《こう》道讃が来て云ったことには、「維摩会の間、急いで一事を準備することにしています。但し、桑糸の用途が多いのです」ということだ。出て来るに随って送るということを答えておいた。夜に入って、右頭中将《うとうのちゅうじょう》顕基が宣旨二枚〈下総国司《しもうさこくし》が申請した事。〉を下給した。その次いでに密かに語って云ったことには、「主上《しゅじょう》（後一条《ごいちじょう》天皇）の御夢は、異様《ことよう》です。『女数千人が宮中に入り乱れて、制止することはできなかった。人が云ったことには、「これは邪気《じゃけ》の行なったものである。何事で止めることができようか。最勝王経《さいしょうおうきょう》を講説《こうぜち》する以外には、制止する方策は無い」と。このような時、心神不覚《しんしんふかく》でいらっしゃった』ということでした。覚めた後、すぐに関白におっしゃられました。触穢《しょくえ》の間は、すぐには行なわれることは難しいのです」と。下僕《げぼく》（実資）が思慮を廻らすと、必ずしも講説するのではないのではないか。正法《しょうぼう》で政事《まつりごと》を行なわれるということは、最勝王経に見える。特に道理で政務を行なわれれば、災禍《さいか》は消えるのではないか。顕基が云ったことには、「その事は、もしかしたら夢に託して告げ奉ったのでしょうか。この御夢は、未だ思い得ることはできませんでした。今、この言葉を聞くと、もっとも肝胆《かんたん》に染みました。邪気を調伏《ちょうぶく》するのでしたら、御修法の御夢が有ったでしょう。ところがひとえにまた、最勝王経を講説されるという御夢が有りました。汝（実資）の考えによって、深く覚悟しました。返す返す感嘆しました」ということだ。この頃、権左中弁《ごんのさちゅうべん》（藤原）章信《あきのぶ》が来て、宣旨二枚を下した。宰相が来て云ったことには、「今日、禅室に参ります。尚侍の七々日の法事の僧の食膳について、また、あの日に参詣するという事を定基僧都《じょうきそうず》に伝えました。すぐに禅閤《ぜんこう》（道長）に申しました。報じられて云ったことには、『前日、立ち寄られることについて、退帰された後に、事情を承った。心神不覚であったので、申させなかった。恐縮しているということをおっしゃった。法事の日にお越しになるかどうかは、御心次第である。もしそうであるのならば、その次いでに申し承ることとする』ということでした」と。下官（実資）は東宮傅《とうぐうふ》である。あの法事に参ることは、便宜《びんぎ》が有るであろう。また、宮（敦良親王）はきっと聞かれることが有るであろう。禅門辺りの事は、他と異なるからである。大堂《おおどう》を供養《くよう》する日は、帝王《ていおう》が臨幸《りんこう》する。どうしてまして臣下ならばなおさらである。四条納言《しじょうなごん》（藤原公任《きんとう》）に相談したところ、「まったく疑慮《ぎりょ》は無いであろう。訪れるべきである」ということだ。愚案《ぐあん》のとおりである。また、云ったことには、「禅門が云ったことには、『明日は五七日に当たる。忌日《きにち》でないならば、束帯《そくたい》を着して参入するように』と」と。

九日、戊子。　重陽平座

夜に入って、少納言資高が来て云ったことには、「今日、宜陽殿《ぎようでん》の菊酒《きくしゅ》については、中納言道方と参《さん》議《ぎ》（藤原）広業《ひろなり》が、預かり参ります」と。

十一日、庚寅。　**伊勢例幣延引の由の大祓**

大外記頼隆が云ったことには、「今日、伊勢《いせ》の例幣使《れいへいし》の延引による大祓が行なわれます。左大弁《さだいべん》（藤原）定頼《さだより》が、これを行ないます」ということだ。

十二日、辛卯。　**家司清原為成、卒去／五節舞姫を献ずべき者を定む／実資、その選に入る／舞姫の装束を求む**

雅楽頭《うたのかみ》（清原）為成《ためなり》が卒去した。これは家司《けいし》である。何日か、痢病《りびょう》を煩っていた。「年齢は八十に臨んでいる」と云うことだ。

右兵衛督《うひょうえのかみ》（藤原経通《つねみち》）が告げ送って云ったことには、「去る夕方、禅門に於いて、五節《ごせち》の舞姫《まいひめ》を献上することになる人々を、ほぼ定められました。左兵衛督《さひょうえのかみ》（藤原）公信《きんのぶ》と権中納言《ごんちゅうなごん》（藤原）朝経《あさつね》が、その巡《じゅん》に当たっています。ところが、左武衛《さぶえい》（公信）は免じられました。障りでしょうか。汝が献上する定に入りました」と云うことだ。そこで宰相を遣わして、関白の邸第に参って詳細を取らせた。帰って来て云ったことには、「左兵衛督が献上することになっていました。ところが、中宮大夫の穢に籠っている上に、またこれは親昵《しんでい》の間柄であって、深い触穢の者です。無理に命じられるわけにはいきません。内府（教通）と藤中納言《とうちゅうなごん》〈朝経。〉も、またその運に当たっています。内府については、軽服《きょうぶく》が来月の下旬に及びます。そこでこれを献上するわけにはいきませんから、汝がやはり奉献《ほうけん》しなければなりません」ということだ。事は近々とはいっても、障りを申すこともできない。二度、宰相が来た。国々の俸料《ほうりょう》の官符《かんぷ》を作成する事を、大夫史貞行宿禰に召し仰せておいた。丑の日の舞姫の装束を、和泉守《いずみのかみ》章信〈権左中弁。〉に命じた。寅の日の装束は、大蔵宰相《おおくらさいしょう》〈藤原〉通任《みちとう》に伝えた。皆、許諾した。

十三日、壬辰。　童女・下仕の装束を求む／若狭守申請雑事／俸料官符

童女《どうにょ》の衵《あこめ》四重《かさね》〈二重は薄色《うすいろ》の綾・三倍、二重は茜染《あかねぞめ》の擣袴《うちばかま》二腰《こし》・三倍。〉を左大弁定頼に伝えた。下仕《しもづかえ》四人の茜染の打掛《うちうちき》四重を大和守《やまとのかみ》〈藤原〉保昌《やすまさ》に命じておいた。右兵衛督経通が云ったことには、「童女の装束は、形のとおり調備させます」と。

左衛門権佐定輔が来た。関白の報〈若狭守師光が申請した事である。〉を伝えたところ、「三事とも、許容が有りました」ということだ。感悦していることを伝えさせておいた。

貞行宿禰が申させて云ったことには、「俸料の官符は、作成しました。明日、政事が行なわれます。請印《しょういん》させます」ということだ。すぐに前に召して、雑事を命じた。

十四日、癸巳。　几帳等の献上

早朝、大外記頼隆真人と大夫史貞行宿禰が参って来た。今日、役所に参るということを藤中納言の許に示し遣わした。参って行なうという報が有った。宰相が同じく参って、先に来た。少納言資高が同じく参入させた。頼任朝臣が、白木《しらき》の几帳《きちょう》十基《き》〈四尺を六基、三尺を四基。〉と白木の炭取《すみとり》一口を志した。下仕の釵子《さいし》と本結《もとゆい》についても仰せ付けた。左大弁が伝え送って云ったことには、「童女の装束は皆、

揃えて調備し、志します」ということだ。

十五日、甲午。　公任、定頼に替わって童女装束を調備／菅原道真真蹟一巻を菅原忠貞朝臣に賜与

宰相を招いて、五節の雑事を談った。また、俸料の官符を国司《こくし》たちの所に頒《わか》ち遣わした。また、桑糸や蘇木《そぼく》について、大宰大弐《だざいのだいに》（藤原惟憲《これのり》）の許に云い遣わした。童女の装束を調備して送るということについて、四条大納言《しじょうだいなごん》（公任）の御許から御書状が有った。書状に云ったことには、「左大弁は頼りの無い者である。替わって調備して与えることにする」ということだ。宰相三人〈経通・資平・定頼。〉と雑事を談った。夜に入って、また経通が来て、馬寮《めりょう》の属《さかん》について言った。決定を答えなかった。□□大内記《だいないき》（菅原）忠貞《たださだ》が、春宮大夫《とうぐうだいぶ》（頼宗）の返事を伝えて言った。菅丞相《かんじょうしょう》（菅原道真《みちざね》）の自筆の草書《そうしょ》一巻を忠貞朝臣に与えた。大臣や蔵人頭《くろうどのとう》を辞す表状および人々の申文、その他、多くである。この書は、匣《くしげ》の底に隠し置いていた。懼《おそ》れるところが無いわけではない。静かに愚慮を廻らして、忠貞朝臣に与えた。深く感悦した。愚案は神意《しんい》に合っているか。

十六日、乙未。　嬉子六七日忌

去月の下旬から、清食《せいじき》している。今日、味物《うましもの》を服用した。宰相が来て云ったことには、「今日は故尚侍の六七日忌です。そこで卿相が会合します」と。五節の雑事を人々に命じる事は、今日以後は記さない。別の定文《さだめぶみ》にある。

十七日、丙申。　治部省正庁および甲倉の損色・実無き文書／太元帥像・毘沙門天像、仏器、亡失

左中弁経頼が、治部省の正庁および甲倉《こうくら》の損色や実体の無い文書を持って来た〈正庁は破損。甲倉は実体が無い。〉。すぐに奏聞させた。但し、配し充てる両国の阿波と伊予は、勅定《ちょくじょう》に随わなければならない。甲倉は、国に召すこととした。また、太元帥像と毘沙門天像《びしゃもんてんぞう》は、破損して実体が無い。五体が亡くなっている。弁が云ったことには、「内蔵寮《くらりょう》に納めている広絹《ひろぎぬ》を充てて用いることにします。関白が云ったことには、『諸国に召すように』ということでした。たとえ進上したとはいっても、充てて用いないのでしょうか。未だ広絹については申していません」ということだ。また、「仏器は失なわれています。土器《かわらけ》で、長年、充てて用いています。阿闍梨《あじゃり》信源《しんげん》が、四箇度、申請したのですが、あれこれの勅旨《ちょくし》はありませんでした。そこで土器を用います。元は白磁《はくじ》の器を用いました」ということだ。尾張《おわり》国に召させるよう、同じくこれを命じた。先ず関白に申さなければならないものである。

十八日、丁酉。　藤原頼宗女、誕生／藤原道雅、小野宮の堂を見物

陰陽師《おんみょうじ》（中原）恒盛《つねもり》が云ったことには、「春宮大夫頼宗卿の室が、女子を産みました。巳剋です」と。随身近衛《ずいじんこのえ》（身人部《むとべの》）信武《のぶたけ》が云ったことには、「昨夜の夜更け、左三位中将《さ　さんみちゅうじょう》（藤原）道雅《みちまさ》が、烏帽子《えぼし》と直衣《のうし》に尻切《しりきれ》を着し、堂を見て感嘆しました。詞は極めて奇怪でした」と。

十九日、戊戌。　嬉子六七日仏事／扶公、南都供家に永昭補任を予測／扶公、興福寺別当辞職を語る

早朝、宰相が来て云ったことには、「昨日、尚侍の六七日の仏事に参りました。禅閤が出居《でい》を行なったことは、尋常のとおりでした」と云うことだ。宰相は関白の邸第に参った。五節のための唐錦《からにしき》の茵《しとね》を説明させる為である。その次いでに便宜が有れば、済政の虚言《きよげん》を漏らし伝えるよう命じた。帰って来て云ったことには、「お目通りがありませんでしたので、申し出ませんでした。人が多く会合していました」と云うことだ。山階《やましな》（興福寺《こうふくじ》）別当《べっとう》扶公《ふこう》僧都が談話して云ったことには、「供家《くけ》について、今日、関白が伝えられました。口ぶりでは永昭《えいしょう》僧都にあります。皆、禅門が議定《ぎじょう》されました。意向は詳しく見るところが有ります。今となっては、寺司《てらづかさ》を辞すということを、明日、心誉《しんよ》僧都を介して申させることにします」ということだ。また、云ったことには、「可否は、やはり思慮してください」ということだ。私が答えて云ったことには、「はなはだ思い量り難い。御心次第である」と。

二十日、己亥。　藤原兼隆、舞姫装束・朝餉調備を申し出る

早朝、扶公僧都に問い遣わした。報状に云ったことには、「昨夜、心誉僧都が申し送って云ったことには、『今日、入道殿《にゅうどうどの》（道長）が関白殿に申されて云ったことには、「別当（扶公）が述べ申した趣旨は、最もその道理が明らかである。早く藤原氏の諸卿と共に定められるように」ということでした。その際、民部卿が言葉を加えられました。御意向が有るようです』と云うことでした」と。しばらくして、扶公僧都が来た。この事を談った。夜に入って、宰相が来て云ったことには、「今日、禅門に参りました。内府を介して、明日、汝が参るかどうかを問われました。参ることになっているということを申しておきました」と。また、云ったことには、「左衛門督兼隆が云ったことには、『舞姫の辰の日の装束の袙と袴《はかま》を調備して送ることにする。また、朝餉《あさがれい》の衝重《ついがさね》を加えることにする』ということでした。

二箇事を奉仕します。もしかしたら朝餉を止められますか。一切、承従《しょうじゅう》してはなりません」ということだ。

二十一日、庚子。　嬉子七々日法事／伊勢例幣上卿を辞す

諷誦《ふじゅ》を三箇寺〈広隆寺《こうりゅうじ》・清水寺《きよみずでら》・祇園社《ぎおん》。〉に修した。

今日、故尚侍の七々日の法事が、法成寺阿弥陀堂《ほうじょうじあみだどう》に於いて修された。未剋の頃、参った。両宰相〈経通と資平。〉が従った。上達部は饗の座にいた。私が着した。その後、一献《こん》があった。汁物《しるもの》を据えた。箸を下した。二献が終わって、堂前《どうぜん》の座に着した。道長家の子は簾中《れんちゅう》にいた。関白は衰日《すいにち》であったので、参られなかった。座に着す前に、鍾を打った。諸僧が堂に入った。二尺余りの銀の阿弥陀《あみだ》如来《にょらい》像を安置した。金泥《こんでい》の法華経《ほけきょう》・般若心経《はんにゃしんぎょう》・転女成仏経《てんにょじょうぶつきょう》・阿弥陀経《あみだきょう》、墨字《ぼくじ》〈模本《もほん》。〉の法華経百部。七僧《しちそう》の他、題名僧《だいみょうそう》は百口《く》。太皇太后宮《たいこうたいごうぐう》〈藤原彰子《あきこ》〉及び宮々の御諷誦使《ふじゅし》は、円座《わろうだ》に着した。また、行香《ぎょうごう》は通常のとおりであった。僧の布施《ふせ》は、絹に包んで、絹の上に文書を挿した。もしかしたら米の文か。僧《そう》正《じょう》・僧都・法橋《ほっきょう》・凡僧《ぼんそう》は、等差が有った。権左中弁章信を介して、禅閤の御書状が有った。簾中に於いて、対面した。涕泣《ていきゅう》は間隙が無かった。言語は聞かなかった。すぐに退出した。黄昏、家に帰った。

今日の七僧は、僧正院源《いんげん》〈天台座主《てんだいざす》。〉、権僧正慶命《ごんのそうじょうきょうみょう》〈法性寺座主《ほっしょうじざす》。〉、大僧都《だいそうず》扶公・心誉、少僧都《しょうそうず》定基、法橋教円《きょうえん》、内供明算《ないぐみょうさん》。入礼《じゅらい》した卿相〈民部卿俊賢、大納言《だいなごん》（藤原）行成《ゆきなり》、中納言（藤原）実成《さねなり》・朝経、参議経通・資平・通任・（藤原）兼経《かねつね》・定頼・広業・朝任。〉。「尚侍の装束二襲《かさね》は、衣筥《ころもばこ》二合《ごう》に納めました。各々、下《した》

机《づくえ》が有りました。高机《たかつくえ》二脚に置きました。皆、螺鈿《らでん》でした。また、二《に》階棚《かいだな》一脚・櫛筥《くしばこ》一双《そう》・重硯《かさねすずり》筥《ばこ》・火《ひ》取《とり》・銀籠《ぎんこ》。これらの物がありました」と云うことだ。「願文《がんもん》は、広業が作成しました」と云うことだ。夜に入って、蔵人（源）資通《すけみち》朝臣が関白の書状を伝えて云ったことには、「伊勢の例幣《れいへい》は、月内に奉献されなければならない」ということだ。私が報じて云ったことには、「本来ならば内裏に参って、先ずその日を勘申《かんじん》させなければなりません。ところが、足下《そっか》にいささか病悩が有ります。我慢して襪《したうづ》を着して、法成寺に参りましたので、更に発《おこ》りました。襪を着すことができません。そこで上卿を勤めることができません」と。他の上卿に申されるようにということを、資通に伝えておいた。

二十二日、辛丑。　治部省正庁・倉および仏像・仏具の造進について指示／諸宮、重ねて嬉子の喪に着す

左中弁経頼が関白の書状を伝えて云ったことには、「早く季御読経《きのみどきょう》を定めるように」ということだ。報じて云ったことには、「足下に病悩が有ります。今日と明日は、参入することができません。御幣《ごへい》使《し》以後に定め申すことにします。来月の朔日の頃に及ぶでしょうか」と。また、経頼が云ったことには、「前の治部省の正庁と甲倉を造営する事について、関白が云ったことには、『倉は阿波国に造営させるように。倉はあの国にあるということを、前司《ぜんじ》（藤原）邦恒《くにつね》が申している。庁の修理については、もし申請が有れば、裁許《さいきょ》されるべきであろうか』ということでした。また、仏師《ぶっし》入円《にゅうえん》が、太元帥像の図絵の支度を進上しました〈三体および侍者天《じしゃてん》。〉。料物《りょうもつ》の米は二百二十石です。御衣《おんぞ》は広絹を用いることになるでしょう。図絵し奉る日時は、(安倍)吉平《よしひら》が勘申しました〈二十四日、癸卯。時は□剋。二十八日、丁未。時は□剋。〉。この勘文《かんもん》および見積りは、未だ奏上していません」ということだ。内覧《ないらん》を経て奏上するよう伝えた。太元帥像のもう二体と毘沙門天像一体は、多く破損している。信源が云ったことには、「この三体は、やはり新たに画き奉らなければなりません」ということだ。もっともそうあるべき事である。事情を経るよう伝えた。但し見積りは頗る高い。関白の命に従うよう伝えた。また、云ったことには、「先日、入円が云ったことには、『講師《こうじ》は、もし寺司に任じられれば、料物を下給していないとはいっても、画いて進上することにします』ということでした」と。すぐに関白に申した。おっしゃられて云ったことには、「はなはだ佳《よ》い事である」ということだ。また、云ったことには、「弓矢と雑具は、木工寮《もくりよう》に命じて造らせるように。仏器のための陶器は、尾張と美濃《みの》に召すように」ということだ。二十五日に奉幣《ほうべい》が行なわれることになっている。二十四日は、斎《いみ》の内である。二十八日に告げられるのが宜しいであろうということを、経頼が申した。早く関白に申して、その決定に随うよう、同じく伝えておいた。この弓矢および雑具を納める長櫃《ながびつ》は、料物や料材《りようざい》を下給してはならない。長櫃は、そうあるべき国に召すのが宜しいであろうか。経頼が云ったことには、「丹波《たんば》国の材木を用いることにします」ということだ。つまり経頼は丹波守《たんばのかみ》である。

大外記頼隆が云ったことには、「今日、宣旨によって、権大納言行成卿が、伊勢の例幣の改定の日を勘申させました」ということだ。一昨日、下官が故障を申した。そこで命じられただけである。

「昨日、宮々は、重ねて尚侍の服喪に着された」と云うことだ。「関白は、先ず院の御息所の服喪に着して、未だ除いていない。また、この服喪に着している。また、この例によって着されているものである」と云うことだ。世は許さない。「忌諱《きき》が有るであろう事である」と云うことだ。大外記頼隆が驚き怪しんだことは、極まり無かった。内々に必ず咎徴が有るであろう。

二十三日、壬寅。　嬉子、七々日忌

宰相が云ったことには、「今日は尚侍の七々日忌です。そこで仏事を修されました。上達部が参会しました。衰日でしたので、行香せず、退出しました」ということだ。

二十四日、癸卯。　駿河詔使、改替／藤原章信、任国に一時下向／皇后藤原娍子改葬を停止

駿河《するが》の詔使大舎人允《しょうしおおとねりのじょう》（大江）政孝《まさたか》が喪に遭った替わりに、東市佑《ひがしのいちのじょう》賀茂為正《かものためまさ》を宣下するよう、右大弁《うだいべん》（藤原重尹《しげただ》）の許に示し遣わした。また更に仗座に於いて定めて書く例は無い。そこで宣下したものである。

権左中弁章信が云ったことには、「明朝、任国に下向します。来月十日以前に参上します」ということだ。「今日、故皇后宮（藤原娍子《すけこ》）を改葬《かいそう》しました」と云うことだ。（藤原）永信《ながのぶ》朝臣が云ったことには、「大蔵卿《おおくらきょう》通任が勘申させたところです。ところがこの日は、大不吉《だいふきつ》であるということを、人々が云々しています。そこで永信を介して（惟宗《これむねの》）文高《ふみたか》宿禰に問われたところ、申して云ったことには、『もっとも忌まれなければならない日である』ということでした。そこで停止《ちょうじ》となりました」ということだ。

「この日は、吉平が勘申しました」と云うことだ。凶事《きょうじ》の改定は、世の忌むところである。これを験《しるし》としなければならない。

二十五日、甲辰。　伊勢例幣使、出立／右近衛府定考、延引／扶公、供家は諸卿議定に及ばざるを告ぐ／源政職宅を見物／五節舞姫直廬の簾を見積る／急病、邪気による

今日、伊勢の例幣使が出立《しゅったつ》した。穢によって延行《えんこう》された。行幸《ぎょうこう》は行なわれなかった。大納言行成卿が上卿を勤めた。

今日の右近衛府《うこのえふ》の定考《こうじょう》は、廃務《はいむ》によって行なうことができないということを、右近将曹《うこんのしょうそう》(紀)正方《まさかた》に伝えておいた。扶公僧都が宰相に伝え送って云ったことには、「供家については、諸卿の議定に及ぶことはありません。永昭僧都は、すでに帰伏《きふく》しました。このことをまずは右府(実資)に告げてください。只今、急いで御寺に下りますので、自ら来ることはできません」ということだ。

密々に(源)政職《まさもと》朝臣の八条《はちじょう》の宅を見た。宰相は車後に乗った。資房・資頼・資高朝臣が従った。政職朝臣が馳せて来た。この宅は、頗る水石が有る。装飾を施さなければならない。しばらくして、帰った。

(惟宗)貴重《たかしげ》朝臣を常寧殿《じょうねいでん》に遣わして、五節の舞姫の直廬《じきろ》の造簾を準備させた。帰って来て云ったことには、「間数は十一間です。入れなければならない絹は六疋余りです」と。七疋を定としている。夜に臨んで、某《なにがし》(実資)は、万万が各々、急に叫び呼び、悩み煩《や》った。僧たちを招請して祈願させた。

時剋を経て、尋常を得た。邪気が行なったものである。

二十六日、乙巳。　興福寺維摩会擬講に絹糸を賜与／上野介から進物／伊予守罷申

桑糸十疋を擬講道讃の許に遣わした。前日、来て、伝えたからである。上野介《こうずけのすけ》(藤原)家業《いえなり》が、手作《たづくりの》布《ぬの》百端《たん》を志してきた。俸料を記したが、もう五十端は過差《かさ》である。伊予守《いよのかみ》(藤原)済家《なりいえ》が来て、明後日、赴任するということを云った。逢って大褂《おおうちき》を与えた〈弾正忠《だんじょうのちゅう》(中原)師重《もろしげ》が、これを被《かず》けた。〉。再拝《さいはい》して、退去した。本来ならば執って拝さなければならない。ところが先ず禄を従者に下給し、笏《しゃく》を把《と》って、これを拝した。未だ知らない礼である。

二十七日、丙午。　豊楽殿の鴟尾、取られず／東宮王子、五十日の儀／定考の音楽の有無／嬉子のための尊勝法を始む

宰相が来た。或いは云ったことには、「豊楽殿《ぶらくでん》の鴟尾《しび》は、取られていません」と云うことだ。先日、取られたということを、暦中《れきちゅう》に記した。同日、急に(伊香《いかの》)豊高《とよたか》が披露したのか。「今日、東宮の小君《こぎみ》(親仁《ちかひと》)の五十日《いか》の儀が行なわれます。太后宮《おおきさいのみや》(彰子)に於いて、饗饌《きょうせん》が有ります」と云うことだ。大外記頼隆が云ったことには、「明日の定考は、音楽の有無について、あれこれしています。一上《いちのかみ》(頼通)が喪に服している時、音楽は無いということを、あれこれが申されています。極めて奇怪な事です」ということだ。久円《きゅうえん》阿闍梨が来て云ったことには、「去る二十二日から、故尚侍の為に、周忌《しゅうき》の間、尊勝法《そんしょうほう》を始め行なわれています。あの日から七箇日、先ず心誉僧都が修されます。明日から百箇日を限って、修すようにとの仰せが有りました。ところが三十箇日、もしくは五十箇日だけ、これを行なって、故障を申すことにします。通例の尊星王供《そんしょうおうく》については、秋・冬季を一度に行なうことにします」ということだ。

二十八日、丁未。　定考

宰相が来た。すぐに定考に参った。

夜に入って、少納言資高が定考から帰って来て云ったことには、「音楽はありませんでした。中納言実成・道方・朝経、参議資平・定頼・広業が参入しました。左大弁定頼は、結政《かたなし》が終わって、退出しました。右大弁重尹は、穏座《おんのざ》で杓《ひさく》を執りました」と。

今日の定考は、尚侍が薨じたので、式日《しきじつ》は延引したのか。

二十九日、戊申。　扶公を南京探題・供家に任ず／図書寮金泥大般若経損色および画図料勘文／法華経講釈

大外記頼隆が云ったことには、「昨日、定考の音楽はありませんでした。赤斑瘡《あかもがさ》や旱損《かんそん》によるものです。当日の上卿は、仰せ下されませんでした。傾き怪しむことは少なくありませんでした。ところが、赤斑瘡によって停止するということを記させました。晩に臨んで、雅楽寮《ががくりょう》が鼓声を発して退出しました」ということだ。

宰相が伝え送って云ったことには、「昨日、関白に奉謁《ほうえつ》しました。おっしゃられて云ったことには、

『探題《たんだい》と供家については、別当扶公が行なうように。少僧都永昭を権別当《ごんのべっとう》に補すように』ということでした」と。もっとも善い事であるばかりである。両人は共に愁いは無いであろう。特に扶公僧都は、きっと喜悦《きえつ》を致すのではないか。

右少弁《うしょうべん》（藤原）家経《いえつね》が、図書寮《ずしょりょう》の金泥の大般若経《だいはんにゃきょう》の欠巻《けっかん》と損破、および画図《がず》料の色々の勘文を持って来た。奏上するよう命じた。但し日時を勘申させて、書き始めさせ奉るべきであろう。関白に申して、その宣に随うよう、伝えておいた。分別功徳品《ふんべつくどくほん》を釈させ奉った〈慶範《けいはん》。〉。

○十月

一日、己酉。　当季十斎大般若読経始／教通、五節舞姫装束調備を申し出る／道長邸法華三十講始／後一条天皇、仁王経を受読／旬平座

当季《とうき》十斎大般若読経始《じっさいだいはんにゃどきょうはじめ》である〈尹覚《いんかく》と念賢《ねんけん》。〉。宰相（藤原資平《すけひら》）が云ったことには、「昨日、内府（藤原教《のり》通《みち》）が云ったことには、『五節《ごせち》の舞姫《まいひめ》の装束《しょうぞく》を調備して与えることにします』ということでした〈丑の日の装束である。〉」と。諷誦《ふじゅ》を六角堂《ろっかくどう》に修した。今日、禅閤《ぜんこう》（藤原道長《みちなが》）の三十講始《さんじっこうはじめ》が行なわれた〈上東門《じょうとうもん》院《いん》（土御門院《つちみかどいん》）に於いて、これを修する。大后《おおきさき》（藤原彰子《あきこ》）が聴聞《ちょうもん》されるからであろうか。〉。未剋の頃、参り向かった。両宰相（藤原経通《つねみち》・資平）が従った。私が門を入った頃、鐘を打った。左衛門督《さえもんのかみ》（藤原）兼隆《かねたか》が勧めたので、堂前《どうぜん》の座に着した。禅閤は簾中《れんちゅう》にいた。関白《かんぱく》（藤原頼通《よりみち》）・内府・両大納言《だいなごん》〈（藤原）頼宗《よりむね》と（藤原）能《よし》信《のぶ》。〉も、同じく簾中にいた。禅閤は私を招き呼んだ。そこで簾《すだれ》の前の座に着した〈あらかじめ敷いて準備されていた。〉。おっしゃられて云ったことには、「夏と秋は、まだ障りが有って修さなかった。何年も、善根《ぜんこん》を理由も無く停止《ちょうじ》するのは、便宜《びんぎ》が無いであろうということを、あれこれが伝えてきた。そこで行なうところである。ところが訪問される事は、はなはだ恐縮します」ということだ。この頃、清談《せいだん》した次いでに云ったことには、「関白及び次席の人々は、未だ束帯《そくたい》を着していない。日次《ひなみ》が宜しくないからである」ということだ。また、云ったことには、「主上《しゅじょう》（後一条《ごいちじょう》天皇）は、仁王経《にんのうきょう》を天台座《てんだいざ》主《す》院源《いんげん》に受読《じゅどく》されている」ということだ。座主は、今日、証誠《しょうじょう》である。待たれている間、申剋に及んで、やっと参入した。私は本座に復した。左少弁《さしょうべん》（源）為善《ためよし》を介して、明後日、御読経《みどきょう》〈僧名《そうみょう》。〉を定め申すという事を、関白に伝えさせた。許すという報が有った。大略は、簾中に於いて、前に禅閤に申した。関白も同じく聞かれていた。ところが、やはり伝えさせたものである。後日、日時を勘申《かんじん》させる事・また文書《もんじょ》を揃えさせる事・左大弁《さだいべん》（藤原定頼《さだより》）が参らなければならない事を、為善朝臣《あそん》に伝えた。大弁は座が無い。また、外任《げにん》・死去の勘文《かんもん》は、綱所《こうしょ》に命じて揃えさせるよう、同じく命じておいた。朝座《あさざ》の講師《こうじ》僧都《そうず》実誓《じっせい》が釈経《しゃくきょう》したことは、はなはだ長かった。夜に入って、終わった。この頃、禅閤が云ったことには、「然るべき人たちは、内裏に参られるように」と〈宜陽殿《ぎようでん》の平座《ひらざ》による。〉。権大納言《ごんだいなごん》（藤原）行成《ゆきなり》、中納言《ちゅうなごん》（藤原）朝経《あさつね》、参議《さんぎ》（藤原）広業《ひろなり》・（源）朝任《あさとう》が、内裏に参った。「これより先に、左大弁定頼は病を称して退去した」と云うことだ。朝講《ちょうこう》が終わって、行香《ぎょうこう》が行なわれた。未の初剋、夕講《ゆうこう》が行なわれた。私は退出した。また、禅閤が再三、退帰するよう伝えられた。会集した上達部《かんだちめ》〈大納言行成、中納言兼隆・（藤原）実成《さねなり》・（源）道方《みちかた》・朝経、参議経通・資平・（藤原）通任《みちとう》・（藤原）兼経《かねつね》・定頼・広業、右《う》三位中《さんみちゅう》将《じょう》（源）師房《もろふさ》、参議朝任。〉。

二日、庚戌。　藤原長家室の法事に僧前を送る／源済政を優免

明日の御読経定《みどきょうさだめ》について、（小槻《おつきの》）貞行宿禰《さだゆきすくね》に命じた。四位侍従《しいじじゅう》（藤原）経任《つねとう》を呼んで、新中納言《しんちゅうなごん》（藤原）長《なが》家《いえ》の室（藤原斉信女《ただのぶのむすめ》）の法事の日を問うたところ、「十六日です」ということだ。僧の食膳について、大納言〈斉信。〉に伝え示させた。大外記《だいげき》（清原）頼隆《よりたか》が云ったことには、「去る夕方、駒牽《こまひき》について、上達部に申しました。一切、聞き入れず、退出されました」と。五節の舞姫の装束を調備して送られることの悦びを、（藤原）登任《なりとう》朝臣を呼んで、内府に伝えさせた。返報が有った。宰相が云ったことには、「近江守《おうみのかみ》（源）済政《なりまさ》が来て云ったことには、『意外な事によって勘当《かんどう》されたということを、直接、告げたことは、極めて恐縮し申します。「申していない事を、聞かれたことが有った」と云うことです。天を証しとします。洩らし申させたことについては、また、憚るところが有ります。今日、関白がおっしゃって云ったことには、「やはり参入して、事情を申させるように。たとえ過怠《かたい》が有る者とはいっても、帰伏《きふく》した時は、重科《じゅうか》に処すことは無い。どうしてましてや、中さなかった事ならなおさらである」ということでした。参入するのは、もっとも憚り懼《おそ》れることが多いのです。宰相の許に参り向かって伝え申させては如何でしょう。関白が云ったことには、「善い事であ

る」ということでした』と。そこで参入したものです」と。述べたところは、多々であった。追い詰められた敵に異ならない。そこで優免《ゆうめん》の詞を施した。思慮したところ、両殿〈道長・頼通〉が遠回しに諭されたのか。

晩方、経任が来て、大納言の報を伝えた。成□数□□。

三日、辛亥。　季御読経定／院源に輦車宣旨／輦車宣旨の例／駒牽

早朝、左少弁為善が来て云ったことには、「今日、参るでしょうか、どうでしょうか」と。（藤原）資《すけ》高《たか》を介して、参入するということを伝えた。御読経の日時《にちじ》勘文《かんもん》を問わせたところ、云ったことには、「（安倍）吉平《よしひら》と（惟宗《これむねの》）文高《ふみたか》を召し遣わせておきました。只今、内裏に参って、問い宣べます」ということだ。午の終剋の頃、内裏に参った〈宰相は車後《くるまじり》に乗った。〉。左大弁定頼が、陽明《ようめい》門に来会した。一緒に参入した〈敷政《ふせい》門から入った。〉。御読経の文書について、左少弁為善に問うた。準備して揃えてあることを申した。また、日時勘文を問うた。申して云ったことには、「陰陽頭《おんみようのかみ》文高が参入し、ただ十九日を勘申しました。そこで両日を勘申するよう、命じておきました」と。文書を進上するよう命じた。私は南座《なんざ》に着した。大弁が座に着した。次いで史《し》行高《ゆきたか》が文書を進上した〈外任・遠行《えんこう》・死去の勘文を加えた。外任の者はいなかった。〉。（小野）奉政《ともまさ》が硯を大弁の座に据えた。私は大弁に目くばせして、書かせた。書き終わって、進上した。輔静《ほじょう》の字は、「補」の字を書いていた。そこで改め直させた。この頃、左少弁為善に命じて、日時勘文〈今月十九日丁卯。時は巳二剋、もしくは未剋。二十三日辛未、時は申二剋。〉を進上させた。僧名の定文《さだめぶみ》と日時勘文を加え〈筥《はこ》に納めた。〉、為善を介して奏聞《そうもん》させた。先ず関白に覧せるよう、命じておいた〈関白は三十講所《さんじっこうしょ》に参られていた。往還の間、時剋は多く移った。〉。左《さ》頭中将《とうのちゅうじょう》（藤原）公成《きんなり》が、僧正《そうじょう》院源に輦車《てぐるま》を聴《ゆる》すということを伝え仰せた〈朔日から仁王経を読ませ奉っている。年齢は七十五歳。〉。大外記頼隆を召して、宣下した。また、前例を問うた。申して云ったことには、「外記局《げききょく》に参り向かって、調べて見て申すことにします」ということだ。しばらくして、申して云ったことには、「遍照《へんじょう》僧正の宣旨《せんじ》に云ったことには、『遍照は、輦車に乗って宮門を出入することを聴す。すぐに陣に伝えよ』ということでした。検非違使《けびいし》に伝えられる事は見えませんでした。左右衛門陣《えもんのじん》を召し仰せると、検非違使は自ら承知するのでしょうか」ということだ。私が命じて云ったことには、「外記《げき》が承るということは、分明《ぶんめい》である。但し、諸陣を召し仰せるように」ということだ。今、事情を考えると、近衛《このえ》と兵衛《ひょうえ》の陣に伝えてはならない。また、まずは弾正台《だんじょうだい》と検非違使に伝えるべきであろうか。法式《ほうしき》の他の臨時の事は、必ず召し仰せるものである。外記日記《げきにっき》は、もしかしたら弾正台と検非違使について記し漏らしたのか。この案は、違わないのではないか。そこで右衛門権《えもんのごんの》佐《すけ》為善〈左少弁。〉に伝えた。時剋が廻り移った後、僧名を返給した。すぐに下給した。為善は、一々、束ね申した。請僧《しょうそう》は確かに参入すべき事・施供《せぐ》を能く行なうべき事を命じた。その後、僧正院源の輦車宣旨について命じた。晩方、退出した。途中、燎《ひ》を執った。家に帰り、故殿《ことの》（藤原実頼《さねより》）の御記《ぎょき》・弾正台の宣旨・『検非違使類聚《けびいしるいじゅう》』を開いて見た。弾正台と検非違使に伝える事は、掌《たなごころ》を指すようなものであるばかりである。私の愚案《ぐあん》は当たっていた。

今日の参入は、中納言実成、参議資平・兼経・定頼。実成と兼経は、駒牽の事〈真衣野牧《まきののまき》。〉を行なった。

弾正宣旨

権大納言従三位藤原朝臣氏宗《うじむね》が宣す。勅を承るに、「治《じ》部《ぶ》卿《きょう》賀陽《かや》親王・太政大臣《だいじょうだいじん》藤原朝臣(良房《よしふさ》)・左大臣源朝臣(信《まこと》)・右大臣藤原朝臣(良相《よしみ》)・僧正真雅《しんが》は、輦車に乗って宮中を出入することを聴す」ということだ。

貞観《じょうがん》六年四月二十七日　従六位下守弾正少忠《しゅだんじょうのしょうちゅう》藤原朝臣海魚《あまお》が承った。

検非違使宣旨

左大臣(源融《とおる》)が宣す。勅を承るに、「僧正遍照は、輦車に駕して宮門に出入することを聴す」ということだ。

仁和《にんな》二年三月十五日　左衛門少尉《さえもんのしょうじょう》内蔵有永《くらのありなが》が承った。

外記が同じくこれを承り、陣を召し仰せるということは、外記日記にある。弾正台と検非違使が宣旨を承った事は、もっとも明らかである。そこで弾正少忠中原師重《もろしげ》に伝えた〈翌日、家に於いて、これを伝えた。〉。

外記日記

権中納言《ごんちゅうなごん》従三位兼行《ぎょう》左衛門督藤原朝臣師輔《もろすけ》が宣す。勅を承るに、「式部卿《しきぶきょう》敦実《あつみ》親王・左大臣藤原朝臣

（仲平《なかひら》）は、宜しく輦車に乗って宮中を出入すること、及び諸節会《せちえ》の日に列に着さず、便宜に随って参入することを聴すように」ということだ。

天慶《てんぎょう》二年十一月八日　　弾正少疏文式並《だんじょうのしょうしょふみのしきなみ》が承った。

この輦車宣旨は、先例によって、ただ弾正台と検非違使に下給し、外記に下給しなかった。ところが勘拠《かんきょ》に備える為に、写し取って継いでおいた。

左大臣（融）が宣す。勅を承るに、「太政大臣藤原朝臣（基経《もとつね》）は、輦車に乗って宮中を出入することを聴す」ということだ。

元慶《がんぎょう》八年五月二十五日　　少外記《しょうげき》大蔵善行《よしゆき》が承った。

四日、壬子。　季御読経僧名／甲斐守から進物／季御読経料物を督促／季御読経雑物請奏／近江守源済政重任の風聞

昨日の僧正院源の輦車宣旨を、今日、我が家に於いて、弾正忠《だんじょうのちゅう》中原師重に伝えた。右少史《うしょうし》小野奉政が、昨日、定めた僧名を進上した。

夜に入って、甲斐守《かいのかみ》（藤原）公業《きんなり》が、絹五十疋・紅花《べにばな》三十斤《きん》・鴨頭草《かもとぐさ》三帖《じょう》を志してきた。

大夫史《たいふのし》貞行宿禰が参って来た。御読経の料物《りょうもつ》について命じた。申して云ったことには、「安芸《あき》国は百石です。ところが、まずは五十石の解文《げぶみ》を進上しました。もう五十石は、催促して進上させることにします。長門《ながと》国司《こくし》は京にいます。催促して進上させることにします」ということだ〈「六十石」と云うことだ。〉。
大外記頼隆真人《まひと》が参って来た。昨日の輦車宣旨について申した。検非違使を召し仰すべきであろうか。命じて云ったことには、「ただ左右衛門陣に伝えるように。昨日、右衛門権佐為善にこれを命じた。前例はこのようである」と。その後、為善が御読経行事所《ぎょうじしょ》の雑物の請奏《しょうそう》を持って来た。早く奏上するよう命じた。また更に持って来ることはない。直ちに宣旨を下すよう命じておいた。「□□宣旨を書き下す事を伝えました。後にまた、あるものであり、遍照の宣旨は、尉《じょう》がこれを承りました。もしかしたら伝え仰すべきでしょうか」ということだ。命じて云ったことには、「上卿《しょうけい》が佐《すけ》や尉に宣するのは、ただ参入するに随って、伝えるところである。それならば、朝臣がこれを承って、宣旨を書かせなければならないのである」と。宰相が云ったことには、「近江《おうみ》の重任《ちょうにん》が決定したということについて、(藤原)資業《すけなり》が談ったところです」と。事の趣旨に実が有るのならば、賢政《けんせい》と称すべきか。

五日、癸丑。　興福寺権別当宣旨・探題隔年宣旨

右頭中将《うとうのちゅうじょう》(源)顕基《あきもと》が、興福寺《こうふくじ》の申請した、権少僧都永昭《ごんのしょうそうずえいしょう》を寺家《じけ》権別当《ごんのべっとう》職に補任《ぶにん》される文書を下給した。すぐに右大弁《うだいべん》(藤原)重尹《しげただ》を呼び遣わして、下給した〈次席の人を介して別当《べっとう》の宣旨を下給する事は、故殿の応和《おうわ》元年四月十九日の御記に見える。〉。大弁が云ったことには、「今日、関白は、探題《たんだい》の隔年および諸供の宣旨を下された」と〈「別当は大僧都《だいそうず》扶公《ふこう》。但し探題は隔年。前日、少僧都《しょうそうず》永昭に探題の宣旨を下された。今日、重ねて隔年の宣旨を下された」ということだ。〉。

七日、乙卯。　道長邸法華三十講五巻日

早朝、宰相を呼んで、五節の雑事を定めた。今日は三十講《さんじっこう》の五巻日《ごかんのひ》である。「捧物《ほうもち》を出すとはいっても、持ち廻ってはならない」と云うことだ。院（小一条院《こいちじょういん》）が、（藤原）永信《ながのぶ》朝臣を介して、御随身《ずいじん》近衛高扶任《こうのすけとう》が物節《もののふし》を申請する申文《もうしぶみ》を下給した。定めて補すよう申させた。この扶任は、右近将監《うこんのしょうげん》（高）扶宣《すけのぶ》の子である。

八日、丙辰。　前美濃守・丹波守から進物／道長、藤原朝経の五節舞姫進献を援助

上品《じょうひん》の白糸十絇《く》を、前美濃守《さきのみののかみ》（藤原）頼任《よりとう》が志してきた。夜に臨んで、丹波守《たんばのかみ》（源）経頼《つねより》が綿三十屯を志してきた。「禅閤は、桑糸五十疋で、藤中納言《とうちゅうなごん》朝経の五節の舞姫が揃わない事を助けられた」と云うことだ。

九日、丁巳。　本命供／不堪佃田・大粮文申文／興福寺維摩会

本命供《ほんみょうく》を行なった。大夫史貞行宿禰が参って来た。十一日の不堪佃田《ふかんでんでん》および大粮文《たいろうぶん》の申文について命じた。但し私が問うて云ったことには、「不堪佃田文《ふかんでんでんぶん》と大粮文を、一度に申上する例は、もしかしたら見えるところは有るのか」と。申して云ったことには、「特にその例を覚えていません。この申文の時は、他の文書に加えるのが通例です。今、この例によって、加えて申上しても、まったく何事が有るでしょう」ということだ。周防《すおう》の勘出文《かんしゅつもん》は、関白の意向が有った。また、国司は、あらかじめ申させることが有った。あの文書を加えるのは、如何なものか。申して云ったことには、「不堪佃田

文は、数が多いのです。勘出文は大巻です」ということだ。私が云ったことには、「状況に随って、加えて申上させるのが宜しいであろう」と。また、申して云ったことには、「御堂《みどう》(道長)が催促される講師と読師《どくし》の文書を加えては如何でしょう」と。命じて云ったことには、「枚数が無い数の文書については、有ってはならない事ではないか」と。十一日の申文について、大弁に告げるよう命じた。また、中弁が伺候するよう、同じく命じた。「右大弁重尹は、維摩会に参っています」と云うことだ。昨日、内々に左大弁の許に仰せ遣わしたところ、参るという報が有った。

十日、戊午。　定基を介し、道長の意向を探る／千算に千古の祈願を命ず／千古用に独鈷を請う／近衛府人事

早朝、定基《じょうき》僧都が来た。簾中に招いて、清談した。いささか禅閤の意向を得る事が有った。随ってまた、云ったことには、「思い定めなければならない事を説明するのである」と。大外記頼隆が参って来た。雑事を命じた。

阿闍梨《あじゃり》千算《せんさん》は、何月か、室に籠って、寺の中に出ていない。試みに来るよう、昨日、示し送った。今日、密々に来た。小女(藤原千古《ちふる》)の為の小祈願について云い付けた。世間の不浄を過ごして、高峯会《こうほうえ》を始め行なわせなければならない。小女の護りの為に、独鈷《どっこ》を請い奉ったことによる。

明日、申文の儀を行なわせる事を、重ねて貞行宿禰に命じた。右近府掌《うこんのふしょう》紀基武《もとたけ》を番長《ばんちょう》に補した。近衛安倍守近《もりちか》を看督使《かどのつかい》とした。今朝、右近将曹《うこんのしょうそう》(紀)正方《まさかた》を介して、頭中将《とうのちゅうじょう》(顕基)の許に示し遣わした。

すぐに宣旨《せんじ》書《しょ》を持って来た。これを見て、返給した。守近の所掌《しょしょう》は、随身（秦《はたの》）吉正《よしまさ》を補すよう、正方を召し仰せておいた。

十一日、己未。　院源に馬を贈る／不堪佃田申文／大粮文を加えず／難点を糺す／定基、道長の意を伝える

巳剋の頃、院源僧正〈座主。〉が訪ねられた。格別な事は無かった。輦車の慶賀《けいが》か。黙って退出される事は、虚《むな》しく入ったことになるであろう。そこで馬を与えておいた。内裏に参った〈未一剋。〉。権大納言行成、中納言兼経・朝経、参議経通・資平・通任・定頼・朝任が参入した。不《ふ》堪佃田《かんでんでん》解《げ》文《ぶみ》と大粮文について、左大弁定頼に問うたところ、云ったことには、「皆、準備して揃えてあります」ということだ。私が云ったことには、「不勘佃田解文と大粮文を、一度に申上させる事は、前例では聞いたことがない」と。権大納言行成卿が云ったことには、「汝《なれ》（実資）が疑うところは、もっともそうあるべきです。古《いにしえ》は大粮文は、或いは筥に納めて覧せました」ということだ。不勘佃田文を申上することとした。大粮文を加えて申上するわけにはいかない。但し備前《びぜん》の減省《げんせい》や周防の勘出《かんしゅつ》の文書は、急いで申すことが有る。枚数が多いとはいっても、加えて申上するよう、大弁に命じた。大弁は座を起った。しばらくして、右《う》大史《だいし》（大宅《おおやけの》）恒則《つねのり》が、文書を杖に挿んで北に移った。私は南座に着した。大弁が座に着し、申して云ったことには、「申文」と。私は目くばせして許した。大弁は称唯《いしょう》し、陣の腋《わき》にいた史の方を見遣った。恒則は書杖《ふづえ》を捧げて、敷政門から入った。小庭《こにわ》に跪《ひざまず》いて伺候した。私は目くば

せした。称唯した。膝突《ひざつき》に着して、これを奉った〈目録は横挿《よこざし》。故意に取り落とした。〉。史は坐り定まり、文を開いた。先ず目録を見た。次いで結緒《ゆいお》を解いた。一々、開いて見た。解文《げぶみ》を見た。淡路《あわじ》国の解文は、受領《ずりょう》の官が署していなかった。他の国々は、或いは使を記していなかった。或いは国の開発《かいほつ》の解文に使を記し、坪付《つぼつけ》を献上する解文に使を記していなかった。一々、見終わって、元のように結んだ。目録は、結緒の外、表巻紙《うわまきがみ》の中にあった。次いで周防の勘出文と備前の減省文を見終わった。皆、元のように表紙《おもてがみ》を巻いた。終わって、板敷《いたじき》の妻に推し出した。史が給わって、先ず目録を束ね申した。文を開いて揃えた。国々が、或いは使を記さなかった事を、大弁に問うた。大弁が云ったことには、「古は、難点とすれば、返されて使を記させました」ということだ。私が云ったことには、「記して載せるように」と。また、淡路の解文は、受領の官の署が無かった。返給して署させるよう、同じく大弁に命じた後、史に向かって命じて云ったことには、「申し給え」と。史は称唯した。次いで減省を束ね申した。命じて云ったことには、「申し給え」と。次いで勘出文を束ね申した。ただ目くばせした。史は称唯した。元のように巻き、終わって杖に取り加えて、帰り出た。次いで大弁が座を起ち、床子《しょうじ》の座に向かった。難書《なんしょ》の趣旨を史に伝え仰せた。左大史《さだいし》貞行宿禰か。その声は、ほのかに聞いた。私は座を起って、退出した。諸卿は従って退出した。三十講所に参ったのか。漸く日没に及んだばかりである。夜に入って、宰相が三十講所から帰って来て云ったことには、「定基僧都が云ったことには、『昨日、禅門《ぜんもん》(道長)に申しました。和気《わき》は甚だ深かったです。自ら申すよう、まずは伝え示すことにしました』ということでした」と。

十二日、庚申。　道長、嬉子御在所登花殿を過ぎ、涕泣

書札《しょさつ》を定基僧都に遣わした。明朝、来るという報が有った。資高が宮から退出して云ったことには、「今日、禅閤は内裏に参られました。関白・内府・両大納言が、御供に供奉《ぐぶ》しました。禅閤が登花殿《とうかでん》を過ぎた際、涕泣《ていきゅう》したことは雨のようでした。この殿は、故尚侍《ないしのかみ》（藤原嬉子《よしこ》）の元の御在所《ございしょ》です」と。

十三日、辛酉。　道長の回答／院源、季御読経に参入の意向／道長邸法華三十講結願を繰り上げる／美濃守罷申

巳剋の頃、定基僧都が来て、禅閤の御書状の趣旨を伝えた。すでに口約束が有った。姻戚《いんせき》（斉信）が応じたのか。慮外の事である。感じなければならない。左少弁為善が云ったことには、「僧正院源が云ったことには、『我が身は法務《ほうむ》であって、今回は御読経に参ることにする。格別な故障が無いのに辞書《じしょ》を進上した輩《やから》は、長く公請《くじょう》を停止するという宣旨を下されれば、請僧は欠員が無いのではないだろうか。法務が参入する度に諸僧が参らないのは、極めて便宜が無いであろう。そこで請書《しょうしょ》は、しばらく出さない。このことは、先日、関白に申した。また、右府（実資）に告げるように』ということでした」と。私が為善に命じて云ったことには、「早く座主が申した趣旨を関白に伝えるように。関白がおっしゃられた趣旨に随って、宣旨に載せるように。更にまた、来て告げることはない。往復の煩いが有るからである」と。右兵衛督《うひょうえのかみ》（経通）が来て云ったことには、「三十講は、十五日に結願《けちがん》します。

ところが坎日《かんにち》ですので、明日、結願とします。今日と明日は、日に三箇度、講説《こうぜち》を行ないます。説《せっ》経《きょう》は馳せるようでした」ということだ。夜に臨んで、美濃守《みののかみ》(藤原)頼明《よりあきら》が、十六日に赴任するということを言った。語って、大掛《おおうちき》を被《かず》けた〈(藤原)資頼《すけより》が禄を執った。〉。

十四日、壬戌。　錦経信、治部省の庁屋を修造し内蔵允に任じられるを請う／大和守罷申

左中弁《さちゅうべん》経頼が、錦　経信《にしきのつねのぶ》が申請した、治部省《じぶしょう》の瓦葺《かわらぶき》の庁屋《ちょうや》を修造して内蔵允《くらのじょう》に任じられる申文を持って来た。すぐに奏聞させた。関白は、一昨日、初めて内裏に参られた。今となっては、官奏《かんそう》を行なわなければならない。特に不堪佃田奏《ふかんでんでんそう》は、頗る時期に違っている。詳細を取って伝えるよう、左中弁に命じておいた。

深夜、大和守《やまとのかみ》(藤原)保昌《やすまさ》が、明後日、赴任するということを言ってきた。遇って、長い時間、清談した。綾の掛《うちき》を与えた。少納言《しょうなごん》資高が禄を取った。

十五日、癸亥。　頼通、除目に備える／犯土を避く

大外記頼隆が云ったことには、「今日、関白は欠官《けっかん》を問われました。また、要官《ようかん》を勘申するよう命じられました。考えるに、除目《じもく》の時期が近々だからでしょうか」ということだ。今夜、深夜、北隣に移った〈宰相の宅である。小女も同じく移った。〉。明朝、犯土《ぼんど》であるからである。

十六日、甲子。　東廊の礎石を据える／王子親仁、教通の二条第に移御／藤原長家室七々日法事／源朝任、着座

卯剋、東廊《ひがしろう》の礎石《そせき》を据えた。すぐに帰った。

巳剋、東宮（敦良《あつなが》親王）の若宮《わかみや》（親仁《ちかひと》）が、法成寺《ほうじょうじ》の犯土によって、禅閤の二条第《にじょうてい》に渡御《とぎょ》された。「何箇月か、内府が住んでいます。そこで饗饌《きょうせん》の準備が有りました」と云うことだ。「内裏の殿上人《てんじょうびと》は、騎馬で前駆《ぜんく》を勤める事について、関白はあらかじめ誡められました」と云うことだ。「禅閤が口入《こうじゅ》されました」と云うことだ。「上達部は車に乗って追従《ついしょう》しました」と云うことだ。宰相と刑部少輔《ぎょうぶのしょう》資頼は、すぐに若宮の御供に供奉する為に、参入した。資高もまた、来た。今日の事は、云々のとおりである。

「関白以下は、皆、吉服《きっぷく》を着した」と云うことだ。今日、中宮大夫《ちゅうぐうだいぶ》（斉信）の女〈中納言長家の室。〉の七々日の法事を、法住寺《ほうじゅうじ》に於いて修した。僧の食膳を調備して送った〈高坏《たかつき》十二本。折敷《おしき》を加えた。破子《わりご》三荷《か》は、手作布《たづくりのぬの》三端《たん》に代えた。あの穢《え》は、未だ満たしていない。そこで実際の破子を送らなかった。信濃布《しなののぬの》百端。〉。

参議朝任は、戌剋、着座《ちゃくざ》を行なった。

十七日、乙丑。　火事／美濃守から進物

「暁方、富《とみ》小路以東・土御門《つちみかど》大路以南の小屋が焼亡した。京極《きょうごく》に及んだ」と云うことだ。美濃守頼明が、綿二十屯を志してきた。これは二度の俸料《ほうりょう》の他の物であるばかりである。

十八日、丙寅。　官奏、延引／慈増の季御読経辞書／錦経信、内蔵允に任じられる／紀伊守・尾張守から進物／五節舞姫献上を通告

「明日の官奏は、定まっていない。射場始《いばはじめ》が行なわれることになっている」と云うことだ。そこで左中弁に問い遣わした。報じて云ったことには、「明日、射場始が行なわれますので、官奏を行なうことはできないのではないでしょうか。『中間に除目を行なわなければならない』と云うことでした。除目と官奏について、定めている間は、しばらく汝(実資)に伝えてはならないということを、関白が命じられました。今日、参入して、議定《ぎじょう》の詳細を承り、来て伝えることにします」ということだ。貞行宿禰を召した。明日の官奏は、定まっていない事を伝えた。左少弁為善が来た。御読経の欠請《けっしょう》を補した。慈増《じぞう》の辞書に云ったことには、「故障によるものです」ということだ。たとえ偽りの障りとはいっても、病もしくは穢であることを申さなければならない。そこで返給させた。左中弁経頼が、関白の書状を伝えて云ったことには、「明日、射場始が行なわれる。官奏を行なうことはできない。この他の日に伺候するように」ということだ。明後日に伺候するよう伝えた。格別な忌みは無いので、関白が軽服《きょうぶく》であった後、見られているであろう。そこで重日《じゅうにち》や復日《ふくにち》を避けただけである。大弁が参るよう、同じく命じた。錦経信が申請した、治部省の瓦葺の庁屋を修造して、内蔵允に任じられる中文について、宣旨が下った。

紀伊守《きいのかみ》(藤原)貞光《さだみつ》が、俸料の他に、十疋を加えて進上してきた。尾張《おわり》の荘園《しょうえん》が、絹五十疋を進上してきた。尾張守《おわりのかみ》(源)則理《のりまさ》が、絹三十三疋を送ってきた〈三疋は八丈、十疋は俸料か。〉。

明日、射場始を行なうことを、出納《すいとう》〈某《なにがし》。〉が来て告げた。少し病悩があって参らないということを答えた。

蔵人式部丞《くろうどしきぶのじょう》(藤原)親任《ちかとう》が来て、五節の舞姫を献じるよう伝えてきた。去月に定められたのに、今日、来て告げた。極めて奇怪である。そこで逢わなかった。ただ承ったということを申させた。大略は、承っていながら、懈怠《けたい》した事は、弁解するところは無い。至愚《しぐ》と称さなければならない。

十九日、丁卯。

興照の熊野詣に餞す／射場始／近江守重任を裁許し、常陸介延任を裁許せず／物節の定文／御読経不参の僧の公請を停止する宣旨を改める／重尹、射場始に遅参し、勘責される

阿闍梨興照《こうしょう》は、熊野《くまの》に参る。浄衣料《じょうえりょう》の手作布十端を遣わした。「二十二日に参ります」と云うことだ。

今日、射場始が行なわれた。

早朝、貞行宿禰を召し遣わして、明日の官奏について伝えた。明日から除目が行なわれるということを、大外記頼隆が申し送ってきた。「関白の邸第《ていだい》に伺候して、この事を承っておりましたので、来て申しませんでした」ということだ。その後、貞行宿禰が来て云ったことには、「明日から除目の議が行なわれるということについて、陣頭に於いて、頼隆宿禰が申しました。明日の官奏について、事情を承る為に、参入したものです」ということだ。左頭中将が、前日、定め申した国々の申請文を下給した。この中の近江守の重任の裁許《さいきょ》は、極めて便宜のないものである。常陸介《ひたちのすけ》(藤原信通《のぶみち》)も延任《えんにん》を申請したのに、裁許は無かった。偏頗《へんぱ》は明らかである。目くばせするばかりである。左頭中将が関白の書状を伝えて云ったことには、「明日の除目に、参入するように」ということだ。参るということを報じた。右近将曹正方が、物節の定文〈番長五人・案主代《あんじゅだい》一人・府掌《ふしょう》三人。〉を持って来た。頭中将顕基が、これを書いた。将たちは、未だ署していない。見終わって、下給した。署させるよう、命じただけである。「但し、大将は署さない」と云うことだ。大将が府生《ふしょう》を定める時は、陣に着して、一緒に定める。その次いでに、物節を定めるのか。府生を定めない時は、物節を定める為に陣に着して定め行なうのは、如何なものか。そこで各々の申文を将たちに廻らして見せ、頭中将を介して書き下させたのである。史奉政が来た。御読経に、格別な故障が無く、参らないのは、公請を停止する宣旨書は、通例の状ではない。そこで改め直すよう、命じておいた。左少弁為善は、文章生《もんじょうしょう》であった。能く見て、下給しなければならない。

大外記頼隆が参って来た。除目について申した。「明日、召仰《めしおおせ》が行なわれるということについて、関白の命が有りました」ということだ。資頼の解由《げゆ》は、未だ下っていない。そこで今朝、下すよう、源《げん》中納言《ちゅうなごん》（道方）と藤中納言に伝えた。「共に参入することになっています」ということだ。「両大弁（定頼・重尹）は、病悩が有ります」ということだ。重ねて右大弁に伝えた。「参入します」ということだ。今日、射場始が終わった後、深夜に臨んで必ず下すよう、伝えておいた。宰相がまた、来た。子細を伝えておいた。解由と申文について、直接、貞行宿禰に命じた。宿禰（貞行）は準備して揃えさせてあるということを申した。左大弁が云ったことには、「右大弁が参入しないということを、官掌《かじょう》が来て申しました。そこで参入することができません」ということだ。深夜、宰相が来て云ったことには、

「射場始は終わりました。源中納言が、伯耆《ほうき》の解《げ》由状《ゆじよう》を下そうとしています。ところが、右大弁重尹は、恐懼《きようく》に処されているところが有って、退出しました。そこで中文の儀は行なわれませんでした。重尹は能射《のうしや》の者です。ところが遅参《ちさん》しました。そこで勘責《かんせき》が有りました」と云うことだ。

二十日、戊辰。　政／京官除目／藤原能信に油火の怪異／小一条院女房、道長子女死ぬ夢想

今日、京官除目《きようかんじもく》が行なわれた。早朝、諷誦を三箇寺〈東寺《とうじ》・清水寺《きよみずでら》・祇園《ぎおん》社。〉に修した。早朝、頼隆真人と貞行宿禰を召し遣わした。先ず頼隆が来た。欠官文《けつかんもん》を進上した。昨日の政の事情を問うた。申して云ったことには、「今日、政を行なわせるという事を、(源)頼国《よりくに》朝臣が関白に申しました。許容が有りました。『先ず政を行なった後、除目の召仰を行なうように』ということでした。只今、関白の邸第に参り、仰せに随って処置することにします」ということだ。筆一双《そう》と墨一廷《てい》を、頼隆真人に下給した。硯筥《すずりばこ》に入れさせる為である。次いで貞行が参って来た。政の有無を問うたところ、申して云ったことには、「頼国の不与状《ふよじよう》を下すことになりました」ということだ。今日、伯耆の解由状を申させる事を命じておいた。山階《やましな》(興福寺)別当僧都扶公が来て、探題の慶賀を言った。深く喜悦《きえつ》していた。今日、政が終わって、召仰が行なわれた。伯耆の解由状を下したということを、頼隆が申させた。資頼の中文を右頭中将の許に送った。奏下《そうか》させて勘解由《かげゆし》使に下す為である。申剋の頃、内裏に参った。すぐに召し宰相は車後に乗った。これより先、諸卿が参入していた。私は敷政門から陣座《じんのざ》に着した。外記を召して、筥文《はこぶみ》を揃えるよう命じた。外記三人が、硯と筥文を持った。日華門《にっか》から入って、軒廊《こんろう》の前に列した。私は座を起って、恭礼門《きょうらいもん》の内に入って小便《しょうべん》をした。すぐに帰り出た。階《かい》下《か》を経て、御所に進んだ。内大臣〈教通〉以下が従った。射場《いば》の東砌《ひがしのみぎり》および南砌《みなみのみぎり》に列立《れつりつ》した〈大臣は廊内に立った。南面した。〉。外記は硯と筥文を捧げて、射場の東庭《とうてい》に列立した。次いで私が揖礼《ゆうれい》を行なって、殿上間《てんじょうのま》に参上した。これより先、関白は殿上間にいた。次いで内大臣が参上した。この頃、日暮に及んだ。関白が先ず御前の座に着した。次いで私と内大臣。次いで大納言三人〈行成・頼宗・能信。〉が、筥文を執った。諸卿が座に着した。左大臣〈頼通〉を召した。称唯して、御前の円座《わろうだ》に進んだ。次いで左大臣が、仰せを承って、私を召した。称唯して、円座に着した。次いで内大臣も、同じであった。御殿油《おんとのあぶら》を供した。おっしゃって云ったことには、「早く」と。私は笏を置《しゃく》いた。一筥の書を他の筥に移し盛った。欠官二巻を入れた。御簾《みす》を褰《かか》げて、差し入れた〈笏は挿すように傍らに置いた。老人〈実資〉は挿すことができないばかりである。〉。笏を執って、伺候した。御覧が終わって、返給した。笏を挿んで伺候した。おっしゃって云ったことには、「早く」と。大間書《おおまがき》を取って繰《く》って置いたことは、通常のとおりであった。また伺候した。おっしゃって云ったことには、「早く」と。先ず三省の奏〈式《しき》部《ぶ》・兵部《ひょうぶ》・民部省《みんぶしょう》。〉を取った。意向を取って、式部省を書き入れた。次いで兵部・民部省。次いで笏を執った。事情を関白に伝えて、院宮《いんぐう》の御給《ごきゅう》の文書を取り遣わすよう奏上した。勅許《ちょっきょ》によって、参議広業を召した〈召詞《めしことば》に云ったことには、「伊予権守《いよのごんのかみ》藤原朝臣」と。〉。すぐに私の後ろに来た。おっしゃって云ったことには、「院宮の御給の文書を取り遣わせ」と。次いで公卿給《くぎょうきゅう》を下給して、一々、袖書《そでがき》した。

この頃、広業は院宮の御給の請文《うけぶみ》を取って進上した。「太皇太后《たいこうたいごう》（彰子）・東宮・前一品宮《さきのいっぽんのみや》（脩子《ながこ》内親王）」ということだ。こちらからは、公卿給十四枚を、すぐに広業に下給して、勘申させた。時剋を経て、勘上《かんじょう》した〈「四枚は誤りが有って、留めた」ということだ。〉。一々、書き入れた。その後、京官の御給の文書を、同じく下し勘じさせた。関白は、受領の功過《こうか》を定め申すよう、権大納言行成卿に命じた。文書を召した。揃っていないということを称し、進上しなかった間に、公卿給はすべて成った。大間書を巻き、紙を大間書の上に巻いた。中を結び、結び目に墨を引いた。また、成文《なりぶみ》は、作成するに随って鉤点《かぎてん》を懸けた。皆、結んで、墨で結び目に引いた。筥の内に加え入れた。御簾の中に献上した。後一条天皇はすぐに入御した。序列どおりに退下した。参議は筥を撤去した。明日の未だ暮れないうちに諸卿が参るよう、関白が戒められた。亥剋、諸卿は退出した。

参入した上達部は、大納言三人〈行成・頼宗・能信。〉、中納言三人〈実成・道方・朝経。〉、参議五人〈経通・資平・通任・定頼・広業。〉。関白が云ったことには、「先夜、大納言能信に油火《あぶらび》を立てた。これは怪異《かいい》である。今、占うと、『特に重いわけではない』ということだ。ところが、『慎しまなければならない』ということだ」と。或いは云ったことには、「前日、院の女房《にょうぼう》の夢に、『入道殿《にゅうどうどの》（道長）の男子や女子は、死ぬであろう』ということであった。尚侍は夢想《むそう》に合った。『その後、関白以下は恐懼した』と云うことだ。ところが、この怪異が有ったのは、如何であろう」と云うことだ。

二十一日、己巳。　京官除目／受領功過定／治国加階

早朝、諷誦を三箇寺〈東寺・広隆寺《こうりゅうじ》・北野社《きたの》。〉に修した。内裏に参った〈宰相は車後に乗った。〉。温明殿《うんめいでん》の壇上を経て、敷政門から陣座に着した。時に申剋。また、内大臣が参入した。諸卿が参入した。未だ議所に着さない頃、召しが有った。筥文を揃えるよう、外記に命じた。外記三人が筥文を持って、軒廊の南庭《なんてい》に列した。夜、雨であったので、地はまだ湿っていた。そこで紫宸殿《ししんでん》を経て、射場殿《いばどの》に向かった。納言以下は射場の内に列した〈東面した。〉。外記は筥を持って、紫宸殿の下を経て、射場に列した。私が先ず参上した。関白は殿上間にいた。内大臣が参上した。関白は御前の座に着した。次いで私と内大臣。他は皆、昨日のとおりであった。筥文を取る人は、昨日と同じであった。諸卿は座に着した。左大臣を召した。御簾の前の円座に着した。また、私および内府が、円座に着した。皆、召しに応じただけである。大間書を納めた筥を推し出された。私が給わって、伺候した。おっしゃって云ったことには、「早く」と。刀で大間書を結んだ緒を切って、繰って置いたことは、通例のとおりであった。また、公卿給五、六枚を下給した。合不と給不を記し付けた。参議広業を召し、下給して勘えさせた。この間、京官を少々、任じた。また、受領の功過を定めた〈伯耆は資頼、讃岐《さぬき》は(源)長経《ながつね》。〉。除目が漸く終わる頃、権大納言が受領功過の勘文を進上した。関白に伝えて、奏聞した。大間書の日を書き入れた。終わって、元のように巻いて、筥に納めた。成文は、中を結んで、結び目に墨を引いた。しばらく筥の外に置いた。治国《ちこく》の加階《かかい》が行なわれた。蔵人を召して、紙について命じた。すぐに持って来た。治国の者二人〈従五位上に資頼と(藤原)時重《ときしげ》の二人。〉を書いた。大間書の筥に加え入れ、御簾の中に献上した。御覧が終わって、返給された。成文を加えて盛って、権中納言朝経に給わった。私は本来ならば笏を取って退出しなければならない。ところが笏を挿んでいたので、進退《しんたい》が叶わなかった。また、御前に於いて清書《せいしょ》の上卿に下給するのは、近代は通例としている。私は退下した。次いで内府。

但し関白は、未だ大間書を給わない前に、座を起って退下した。亥二剋、除目が終わった。参入した上達部は、左大臣、私・内大臣、大納言行成・頼宗・能信、中納言道方・朝経、参議経通・資平・定頼・広業。

二十二日、庚午。　藤原斉信、長家室七々日忌の僧前を謝す／風病、発動／大和守の任符紛失／源道方、兵部省に給う下名も式部省に給う

早朝、大外記頼隆を召して、雑事を命じた。これは除目の間の事である。中宮大夫斉信卿が、四位侍従経任を遣わして、僧の食膳について謝した。「今朝、法住寺から出て、懐寿《かいじゅ》僧都の車宿《くるまやどり》に移り住みました。容顔《ようがん》が寒痩《かんそう》したことは、敢えて言うことができません。衆人《しゅうじん》は目をそばだてるでしょう。無力は特に甚しいものです。今のようならば、衆に交わることはできません。行歩《ぎょうほ》することは難しいのではないでしょうか」と。当講道讃《とうこうどうさん》が来た。維摩会は終わったということを言った。風病《ふうびょう》が発動《はつどう》したので、逢わなかった。資頼が加階の慶賀を申した。宰相が来て云ったことには、「今夕、除目の召名《めしな》所《どころ》に着すことにします。資頼は先ず御堂に参ります。私(資平)は一緒に参入します」と。

「今日、大和守保昌の任符《にんぷ》に請印《しょういん》します。この任符は、先日、捺印《なついん》しました。ところが、途中に於いて落失しました。国から関白に申しました。そこで捺《お》し漏らしたようで、また更に請印を行ないます」と云うことだ。

後日、宰相が云ったことには、「今夕、中納言道方は、外記庁《げきちょう》に於いて除目を式部省に下給しました。次いで兵部省に下給しなければなりません。ところが兵部省は、急に故障を申して、参りませんでした。そこで式部省に下給しました」ということだ。奇怪な事である。議所に於いて、二省が参っているかどうかを問うて、着し行なわなければならない。もし参らなければ、後日、行なわなければならない。兵部省の除目を式部省に下賜することは、往古《おうこ》から聞いたことがない。不覚と称すべきであろう。

二十三日、辛未。　阿波守から進物／季御読経発願／中宮季読経発願／院源、輦車に乗り参入

阿波守《あわのかみ》(藤原)義忠《よしただ》朝臣が、封物《ほうぶつ》の俸料の他に、また十疋と鴨頭草の移一帖を志してきた。相模介《さがみのすけ》(源)季範《すえのり》が来た。申請する事を言わせた。逢わなかった。今日、季御読経《きのみどきょう》が行なわれた。申二剋、発願《ほつがん》であった。暁方から痢病《りびょう》が発動した。我慢して内裏に参った〈宰相は車後に乗った。路頭《ろとう》で四位(経任)に逢った。或いは路頭に跪いていた。老人(実資)は確かに見なかった。宰相に見物させたのである。〉。敷政門から入った。諸卿は未だ参っていなかった。随身に命じて時剋を見させた。「午三剋」ということだ。左少弁為善を召して、請僧の見参《げんざん》を問うたところ、申して云ったことには、「未だ参っていません」ということだ。欠請および揃えている文書を進上させた。史が進上した。次いで硯を宰相の座に置いた。すぐに御前僧《ごぜんそう》を定めた。皇太后宮権大夫《こうたいごうぐうごんのだいぶ》資平がこれを書き、座を起って進上した。この頃、関白が里第《りてい》から参入した。和徳門《かとく》から入って、御所〈御前。〉に参った。僧の定文は、筥に納めた。左少弁為善を介して奏上させた。先ず内覧《ないらん》するよう伝えた。この頃、上達部が参入した。しばらくして、御前僧の定文を返給した。関白が書状を遣わされたことには、「申剋に及ばないとはいっても、鐘を打たせても何事が有るであろう」ということだ〈未四剋。陰陽寮《おんみようりよう》が勘申した時剋は、申二剋であった。〉。未だその意味がわからない。ところが、打たせるよう命じた。また、見参した僧を見させた。「漸く参入しました」ということだ。命じて云ったことには、「山座主《やまのざす》院源は、未だ参っていない。催し遣わさせなければならない」と。外記を召して、紫宸殿の出居《でい》と堂童子《どうどうじ》、図書寮《ずしよりよう》の堂童子について問うた。申して云ったことには、「左近の出居は、参って伺候しています。右近は、未だ参入していません。図書寮の官人は、伺候しています。堂童子は、ただ二人が参入しています」ということだ。催し遣わすよう、命じておいた。座を起って、御所に参った。中納言朝経と左大弁定頼卿が伺候していた。更に事情を伝えず、直ちに参上した。古伝《こでん》に云ったことには、「下臈《げろう》の納言および下臈の参議は、紫宸殿に伺候する。但し大弁がいる時は、大弁が伺候する」ということだ。今日、広業は、紫宸殿に伺候していた。そうであってはならない。左大弁定頼が伺候しなければならない。故実《こじつ》を知らないのか。私は殿上間に参上した。しばらくして、関白が台盤所《だいばんどころ》から殿上間に出居を行なった。しばらく清談した。請僧が参入した。そこで出居は、先ず座に着した。次いで関白以下が、御座に着した。次いで僧侶が参上した。僧正院源〈天台座主。〉、権少僧都遍救《へんく》・明尊《みょうそん》、権律師延尋《ごんのりつしえんじん》、凡僧《ぼんそう》十三人であった。作法は恒例のとおりであった。行香が終わって、退出した。中宮《ちゅうぐう》〈藤原威子《たけこ》〉の御読経始《みどきょうはじめ》が行なわれた。諸卿が参入した。私は病悩を中宮亮《ちゅうぐうのすけ》経頼に告げて、参らなかった。今日、参入したのは、関白、大納言行成・頼宗、中納言朝経、参議経通・資平・通任・定頼・広業。今日、私が退出した時、和徳門に於いて、権大納言が資平を遣わして、書状を伝えて云ったことには、「中宮御読経に参りますので、御供に供奉しません」ということだ。大臣〈実資〉を送らなければならないので、この書状が有ったのか。「今日、僧正院源は輦車に乗って、待賢門《たいけんもん》から入り、春華門《しゅんかもん》に到った。陪従《べいじゅう》の法師は、数が多かった」と云うことだ。

二十四日、壬申。

宰相が云ったことには、「明朝、法成寺阿弥陀堂《あみだどう》の九体阿弥陀仏《くたいあみだぶつ》を、新造の西堂に移し奉ります。元の堂は、西大門の南腋《みなみわき》に移して建てることになっています」と云うことだ。

二十五日、癸酉。　夢想紛紜／法成寺阿弥陀堂の九体阿弥陀仏を新造の西堂に移す

夢想が紛紜《ふんうん》していた。諷誦を六角堂に修した。

両宰相が来て云ったことには、「巳剋、九体阿弥陀仏を西堂に遷し奉ります。午剋、元の堂を壊すことになっています」ということだ。蔵人所衆《くろうどどころのしゅ》〈某。〉が来て云ったことには、「明日、御読経が結願します。『天皇の御物忌《ものいみ》である』と云うことです。夕方、籠って候宿《こうしゅく》してください」ということだ。病悩が有って参ることができないということを申させた。

二十六日、甲戌。　季御読経結願／大宰大弐から進物

暁方に呵梨勒丸《かりろくがん》三十丸《がん》を服用した。

今日、御読経結願に参ることができないということを、大外記頼隆真人に伝えた。また、大夫史貞行宿禰を召して、官奏の日について命じた〈来月二日。〉。権左中弁《ごんのさちゅうべん》（藤原）章信《あきのぶ》が宣旨を持って来た。すぐに下した。また、国々が申請した文書を、同じ弁に下した。

夜に臨んで、権僧正《ごんのそうじょう》（慶命《きょうみょう》）が立ち寄った。長い時間、清談した。夜に入って、退帰した。

（藤原）俊忠《としただ》朝臣が、大宰大弐《だざいのだいに》（藤原惟憲《これのり》）の使として、その書状を持って来た。この中で云ったことには、「絹百疋と檳榔《びんろう》二百把《は》を進上します。檳榔については、前日の書状によって、進上するものです。絹は、頼隆真人が云ったことには、『五節の舞姫に献上する』ということでした。そこで献上するものです」ということだ。

二十七日、乙亥。　俸料の絹を麁悪により返却／延暦寺定心院、焼亡

備後守《びんごのかみ》（橘）義通《よしみち》が、俸料の代わりの絹二十疋を進上してきた。麁悪《そあく》は特に甚しかった。充て用いることはできない。そこで返給させた。米で弁進《べんしん》するのが通例である。「特にこの絹は、紗《しゃ》のようです。未だこのような絹は有りません」と云うことであった。

亥剋の頃、天台（延暦寺《えんりゃくじ》）に焼亡の様子が有った。火焔《かえん》が高く昇り、浮雲《うきぐも》に映えた。人々が云ったことには、「東塔《とうとう》か」と。

二十八日、丙子。　陸奥守から進物／後院司を補す／但馬僧経重に千古のために観音を供養させる

大外記頼隆が云ったことには、「昨夜、天台定心院《ていしんいん》および廊が、すべて焼亡しました」ということだ。

陸奥守《むつのかみ》(平)孝義《たかよし》が、馬二疋〈鴾毛《ときげ》と栗毛駮《くりげまだら》。〉を志してきた。

右頭中将顕基が綸旨《りんじ》を伝えて云ったことには、「後院別当《ごいんべっとう》に権左中弁章信、預《あずかり》に我孫孝道《あびこのたかみち》・惟宗義《よし》賢《かた》・主計允佐伯親明《かずえのじょうさえきのちかあき》・蔵人右兵衛志穴太保信《うひょうえのさかんあのうのやすのぶ》を宣下するように」ということだ。「但し今月三日の宣旨とする」ということだ。今夜、但馬《たじま》の僧経重《けいじゅう》師に、枕上《まくらがみ》に於いて、念誦《ねんじゅ》と読経《どきょう》を行なわせた。「この師は顕密《けんみつ》に通じ、頗る験徳《げんとく》が有る」と云うことだ。来月朔日、住国《じゅうこく》に帰ることになっている。小女の祈願について、語り付けておいた。住国に於いて観音《かんのん》を供養《くよう》し奉ることにした。観音の像および供料《くりょう》は、明日、送ることとする。


二十九日、丁丑。　備前守から進物／後院司を宣下／平孝義、馬を道長家の他、実資・行成に贈る／能信、実資の言により金剛般若経を転読

備前守《びぜんのかみ》(源)経相《つねすけ》が、俸料の他に米百石を志してきた。任国は亡弊《ぼうへい》している。また、任終《にんしゅう》である。ところが、この志が有った。かえって嘆きとするばかりである。

後院司《ごいんし》について、左中弁経頼に宣下した。

宰相が来た。語った次いでに云ったことには、「陸奥守孝義は、馬を四箇所〈禅門・関白・汝(実資)・内府。〉に貢上しました」と。後に聞いたことには、「馬二疋を権大納言に志した」と云うことだ。代わって下すべきである。国々の司は、禅門の家の子たちに、皆、志している。ところが孝義は、そうではない。考えるところが有るのか。昨日、事の次いでに、私が〈藤原〉為盛《ためもり》朝臣に問うて云ったことには、「中宮権大夫《ちゅうぐうごんのだいぶ》〈能信〉は、油火の怪異によって、重く慎しまれているということを、云々している。如何か」と。為盛が云ったことには、「内外に、特にその慎しみを致します」と。私が云ったことには、「自ら金剛般若経《こんごうはんにゃきょう》を転読《てんどく》され、厄会《やくえ》を消除《しょうじょ》するか」と。今日、為盛の子の左衛門佐《さえもんのすけ》〈藤原〉親国《ちかくに》が云ったことには、「為盛は、すぐに長秋納言《ちょうしゅうなごん》〈能信〉に伝え談りました。そこで明日、読み奉るということを、承っているところです」ということだ。

三十日、戊寅。　当季仁王講始／金剛般若を転読させ、五節の無事を祈る／中宮威子、寛子・嬉子の喪に服す／清原為成七々日法事／内匠属から進物

当季仁王講始《にんのうこうはじめ》を行なった〈念賢・運好《うんこう》・忠高《ちゅうこう》〉。先ず賀茂講《かもこう》を行なった。次いで当季講《とうきこう》を行なった。賀《か》茂大明神《ものだいみょうじん》の仁王講《にんのうこう》は、これは恒例では、二度、講演《こうえん》を行なうが、一度に修した〈盛算《じょうさん》・尹覚・念賢・皇《こう》基《き》・慶範《けいはん》〉。

今日から光円《こうえん》を招請して、金剛般若経を転読させ奉った。五節の間について祈り申させた。関白が頼隆真人を遣わして、大間書を請われた。すぐにこれを奉った。大和守保昌は、末子《しりご》の亡母《もうぼ》の穢である。そこで下仕《しもづかえ》四人の擣衣《うちぎぬ》四重《かさね》を調備して送ることができないということを、今朝、言い送ってきた。はなはだ述べるところは、そうあるべきである。あれこれ命じてはならない。時期に臨んで違ってきた。はなはだ急いだ。

頼隆が云ったことには、「中宮は、未だ院の御息所《みやすどころ》(藤原寛子《ひろこ》)と尚侍の服喪《ふくも》に着されていません。今夕、両人の服喪に着されました。極めて奇怪な事です。服喪の日を延期されて、更にまた、重ねて着されます。もっとも忌諱《きき》が有る事です」ということだ。故(清原)為成《ためなり》真人の七々日の法事を、今日、修すということについて、従者が申させた。雑布二十端を下給した。

内匠属《たくみのさかん》孝任《たかとう》が、菓子および銀餅《ぎんべい》〈二十七両。〉を進上してきた。功徳《くどく》に充てることとする。

○十一月

一日、己卯。　淡路守、下向の挨拶／経重、但馬下向を延引

淡路守《あわじのかみ》(菅野)敦頼《あつより》が云ったことには、「明後日、任国に下向します。遅く着任しますので、罷申《まかりもうし》を行ないません。明日、ただ内(後一条天皇《ごいちじょう》)に申すだけにします」ということだ。

昨日、経重《けいじゅう》師が云ったことには、「但州《たんしゅう》に下向します」と。そこで(惟宗《これむね》)貴重《たかしげ》朝臣《あそん》を介して、観音《かんのん》像および供料《くりょう》を送った。ところが、急に仁海僧都《にんかいそうず》に留められた。「来年の正月に至るまで、洛中《らくちゅう》に滞在することにします」ということだ。すぐに仏像を留め奉り、供料を返送してきた。今となっては、心閑《しず》かに供養《くよう》させ奉ることとする。


二日、庚辰。　藤原隆家、絹を進上／大粮申文・後不勘申文／不堪佃田荒奏／官奏／防鴨河使除目

／右大史を交替／千古の為の秋季聖天供始／橘好任女の着裳を行なう

（小槻《おつきの》）貞行宿禰《さだゆきすくね》だけを召して、今日の不堪佃田奏《ふかんでんでんそう》および不堪佃田申文《ふかんでんでんもうしぶみ》について命じた。東寺《とうじ》に誦経《ずきょう》を行なわせた。不堪佃田奏の上卿《しょうけい》を勤めなければならないからである。都督《ととく》（藤原隆家《たかいえ》）が絹百疋を志してきた。早朝、持って来た。宰相（藤原資平《すけひら》）が云ったことには、「去る夕方、犬の死穢《しえ》が有りました」ということだ。そこで座に着さなかった。

内裏に参り〈午四剋。〉、仗座《じょうのざ》に着した。未だ座を暖めない頃、外記政《げきせい》の上卿である中納言《ちゅうなごん》（源）道方《みちかた》、参《さん》議《ぎ》（藤原）定頼《さだより》・（藤原）広業《ひろなり》・（源）朝任《あさとう》〈朝任は、着座《ちゃくざ》の儀を行なった後、今日、初めて外記庁《げきちょう》の政事《まつりごと》に従事したのである。〉が、弁たちを率いて、侍従所《じじゅうしょ》から参入した。大粮文《たいろうぶん》について左大弁《さだいべん》定頼に問うたところ、「揃っています」ということだ。道方と広業は、陣座《じんのざ》にいた。左大弁が座を起った。しばらくして、右大史《うだいし》基信《もとのぶ》が、文書《もんじょ》を挿して北に移った。私は南座《なんざ》に着した。大弁が陣座に着し、敬屈《きょうくつ》して云ったことには、「申文」と。私は目くばせして、揖礼《ゆうれい》を行なった。称唯《いしょう》して、史《し》の方を見た。基信は書杖《ふづえ》を捧げて、小庭《こにわ》に控えた。私は目くばせした。称唯し、走って来て、膝突《ひざつき》に着して、文書を進上した〈横挿《よこざし》の文書が有った〉。私は取って座に置き、右の方に掻き遣《や》った。一々、開き見た〈大粮文と後不堪《ごふかん》三枚〔尾張《おわり》一枚・因幡《いなば》二枚。〕。〉。終わって、元のように巻き、板敷《いたじき》の端に置いた。史はこれを給わって、一々、束ね申した〈大粮文の先に、目くばせした。後不勘の後、「申し給え」と命じた。〉。目くばせするに随って、仰せに随い、基信が称唯した。元のように巻き、杖に加えて退出した。不堪佃田奏について大弁に問うた。準備して揃えてあることを申した。私が答えて云ったことには、「『急ぐ中文が有る』と云うことだ。漸く歳暮《せいぼ》に及んで、少々を加えても何事が有るであろう。特に不堪佃田文《ふかんでんでんぶん》は、多く減じることは、往昔《おうじゃく》に従っている〈中文の時、二合《にごう》の国は、返して難じた。あと二十余箇国である。〉」と。加える文書を、大略、伝えた。今朝、子細を貞行宿禰に伝えておいた。大弁は事情を問い、座を起って、床子《しょうじ》の座に着した。時剋が大いに推移した。右大史行高《ゆきたか》が、奏書を挿んで北に移った。大弁が座に着した〈これより先に、大納言《だいなごん》(藤原)頼宗《よりむね》が参入して云ったことには、「今日、防鴨河使《ぼうかし》の長官と次官の除目《じもく》を行なわなければなりません」ということだ。〉。敬屈し、笏《しゃく》を挿んで云ったことには、「奏」と。私は目くばせして、揖礼を行なった。称唯した。大弁は史の方を見遣った。行高は、奏書を捧げて跪《ひざまず》き、小庭に控えた。私は目くばせした。称唯して進み、膝突に着して、文書を進上した。私は取って座に置き、結《ゆい》緒《お》を解いた。先ず他の文書を開いて見た。また、不堪佃田文は、別に目録および黄勘文《きかんもん》を結んで、奏に加えた。結緒の内にあった。他の文書十四通は、結緒の外、表巻紙《うわまきがみ》の内にあった。三河《みかわ》・甲斐《かい》の国《こく》司《し》が、減省《げんせい》を申請した。当任四箇年の任終《にんしゅう》の不《ふ》堪佃田《かんでんでん》を申請した。税帳《ぜいちょう》の勘進《かんしん》の時期は、明年二月である。そこで所司《しょし》は継がなかった。ところが、この両国は、代々、裁許《さいきょ》し、また奏報《そうほう》を継いでいる。事の疑いが無かったので、これを許した。また、信濃《しなの》国も、このようであった。見終わって、片結びにし、板敷の端に置いて、行高に下給した。結緒を解かず、文書一枚を引き抜いて、揃えるべき文書の数を申した。終わって、退出した。本来ならば結緒を解き、文書を開いて申さなければならないのである。礼を失したことは、最も甚しかった。そこで他の史を奏に伺候させるよう、大弁に命じた。左中弁《さちゅうべん》(源)経頼《つねより》を介して、内覧《ないらん》について命じた。この頃、関白《かんぱく》(藤原頼通《よりみち》)が里第《りてい》から直廬《じきろ》に参った。大納言頼宗と参議広業が参入した。経頼が関白の書状を伝えて云ったことには、「三河と甲斐については、先例が有る。何事が有るであろう。これは事情を伝えたのである」と。また、云ったことには、「積善寺《しゃくぜんじ》が申請した伊賀《いが》講師《こうじ》の文書は、誤った事が有った。奏に入れてはならない」ということだ。すぐにこれを伝えた。また、大弁に命じ、すぐに左中弁を介して、奏が揃ったということを奏上させた。薄暮に臨んで、召しが有った。座を起って、参上した。右大史基信が、奏杖《そうじょう》を捧げて従った。射《い》場《ば》の軒廊《こんろう》に到り、奏を執って参上した儀は、通常のとおりであった。一国の文を御覧になる間に、すでに日没に及んだ。私は男たちを召して、御殿油《おんとのあぶら》について命じた。先ず御座の南《みなみのほとり》頭に供した。次いで奏者の北辺り。御覧が終わり、片結びして推し出された。杖を置いて進み、給わった。一々、束ね申した。終わって、元のように結び、取って書杖に加えた〈文書の上に杖を置いた。〉。年中行事御障子《ねんじゅうぎょうじのみしょうじ》の西を経て、退下した。射場の廊に於いて、史に下給し、陣座に復した。史は文書を返し、進上した。私は先ず文書を開き、表紙《おもてがみ》を取り、板敷の端に開いて置いた。史がこれを給わった。次いで文書を取って、史に給わなければならない。文書を開いて、見せた〈文書を板敷の端に打ち充てた。前例を失した。〉。命じて云ったことには、「申したままに」と。次いで不堪佃田文を推し出した〈結緒を解かなかった。目録一巻と黄勘文一巻は、結緒の中にあった。〉。史は目録を開き、成文《なりぶみ》と定め申さなければならない文書の数を申した。終わって、元のように巻いた。敬屈して控えた。私は結緒を執って、これを給わった。文書を結んで杖に加え、走り出た。大弁は座を起った。次いで座を起って、退出した。小女（藤原千古《ちふる》）の秋季聖天供始《しょうでんぐはじめ》を行なった。銀体を造顕《ぞうけん》し奉るという願を立て申した。小女の為、祈り申す事が有るからである。事が成就した後、すぐに果たし奉ることとする。

故（橘）好任《よしとう》朝臣の女《むすめ》に、今夜、我が家に於いて着裳《ちゃくも》の儀を行なわせた。五節《ごせち》の舞姫《まいひめ》とするからである。少納言《しょうなごん》（藤原）資高《すけたか》が、裳《も》の腰を結んだ。

三日、辛巳。　周防国減省の誤謬／行高を優免／五節舞姫の準備を指示／藤原行成、藤原長家聟取りを道長に談る

基信が奏報を進上した。周防《すおう》国の減省は、四箇年、見えるところは無い。総数は十二箇年である。ところが八箇年を経て、分付《ぶんつけ》している。そこで返給した。事情を問わせたが、弁解するところは無かった。改め書いて、これを進上した。愚頑《ぐがん》の甚しいものか。特に失錯《しっさく》を優免《ゆうめん》し、勘当《かんどう》に処さなかった。貞行宿禰を召して、雑事を伝えた。また、昨日、行高は失礼を行なった。基信を官奏《かんそう》に伺候させた。特に行高を優免するよう、貞行を介して大弁に伝え仰させた。漸く歳末に及び、また神事が連続する月であるので、戒めて免《ゆる》したものである。

舞姫が理髪《りはつ》を行なった。使を遣わして、雑事を申させた。蔽髪《ひたい》と釵子《さいし》を準備して揃えておく事を召し仰せた。但し、借料《しゃくりょう》を給うよう、同じく戒め仰せた。前例では、絹二疋である。八日の頃、給わせるよう、仰せ伝えておいた。
宰相が、立ったまま、二度、来て云ったことには、「権大納言《ごんだいなごん》(藤原行成《ゆきなり》)の女について、定基《じようき》僧都を介して禅門《ぜんもん》(藤原道長《みちなが》)に申させました。その報は、泥のようでした」ということだ。「これは(源)政職《まさもと》朝臣が談ったところです。大納言(行成)は、密々に政職に談りました」と云うことだ。新中納言《しんちゆうなごん》(藤原長《なが》家《いえ》)を聟《むこ》とするという事である。大略は、許容は無いのではないだろうか。人々の謀計《ぼうけい》は、知ったことではないばかりである。

四日、壬午。　経重、但馬に帰る／頼通、大間書を返却

今日、経重師がやはり但州に帰るということは、去る夕方、貴重朝臣が申したところである。まずはあの師に、先日の布を返し授けた。「あの国に於いて、十六日から観音を供し奉ります」ということだ。そこで送らせておいた。
関白が、(清原)頼隆真人《よりたかまひと》を介して大間書《おおまがき》を返された。大間書を頼隆に下給した。公卿《くぎよう》の中文の加給を伝えさせる為である。

五日、癸未。　春日祭に奉幣／但馬守から進物／藤原資頼男子、誕生／中原師重、平野使を命じられる／頼通、資平の兼官を受容する意向／頼通、実資に隔心無きを悦ぶ／源経頼、春日祭上卿を代行

春日祭《かすがのまつり》に奉幣《ほうべい》した。発遣の後、念誦《ねんじゆ》と読経《どきよう》を行なったことは、通常のとおりであった。祭使《さいし》の右少《うしよう》将《しょう》〈藤原〉行経《ゆきつね》に摺袴《すりばかま》を遣わした。但馬守《たじまのかみ》〈藤原〉実経《さねつね》が、桑糸六十疋〈十疋は俸料《ほうりょう》、五十疋は志。〉を志してきた。この絹は、頗る宜しい。他国のもののようではない。芳心《ほうしん》が有るようである。父大納言〈行成〉が諷諫《ふうかん》した〈これは志す以前のことか。〉。

「〈藤原〉資頼《すけより》の妻は、昨夜から産気が有るようだ」と云うことだ。「昨夜から修法《しゅほう》を行なっている」ということだ。考えるに、物が無いのではないか。そこで米三十石を遣わした。早朝、〈中原〉恒盛《つねもり》が云ったことには、「昨夜、産気が有りました。一晩中、解除《げじょ》を行ないました。夜明に臨んで、産気はありませんでした」ということだ。恒盛がまた来て、云ったことには、「只今、平産《へいざん》しました〈申剋。男子。〉」ということだ。〈中原〉師重《もろしげ》を遣わして、詳細を問うた。帰って来て云ったことには、「我が身は穢《え》に触れませんでした。五節および大宮《おおみや》〈藤原彰子《あきこ》〉が、物忌《ものいみ》に籠る事を命じられたことが有ったからです。只今、内裏から小舎人《こどねり》が来て、伝えて云ったことには、『明日、平野使《ひらのし》を勤めるように。今夕、御物忌に籠って候宿《こうしゅく》するように』ということでした。我が身は触れていないとはいっても、神事を勤めてはならないのではないでしょうか、如何でしょう」と。穢《けが》れていなければ、勤仕《ごんし》すべきであるということを仰せ遣わした。夜に入って、云ったことには、「穢れていないとはいっても、思い悩《や》むことが有ります」ということだ。門外に参って申させるよう命じた。

宰相が来た。夜に入って、また来て云ったことには、「今日、関白の邸第《ていだい》に参って、長い時間、談話しました。兼官《けんかん》については、恩許《おんきょ》が有るという意向を示されました。また、云ったことには、『右府

（実資）は、公事《くじ》を行なう間、隔心《かくしん》が無い。はなはだ悦び思っている。向後《こうご》は比肩《ひけん》する人は無いであろう』ということでした」と。

「上達部《かんだちめ》は、障りが有って春日祭に参りません。左中弁源経頼が参入しました」と云うことだ。「彼（経頼）を上卿の代わりとします」と云うことだ。「異姓《いせい》の弁官を上卿の代わりとした例は、年々、例が有ります」と云うことだ。「大外記《だいげき》頼隆が申したものです。関白は、彼の申したところによって行なわれたところです」と云うことだ。

七日、乙酉。　五節の為の金剛般若読経、結願／頼通、触穢

五節について祈った。金剛般若読経《こんごうはんにゃどきょう》が結願《けちがん》した。光円《こうえん》が熊野《くまの》に参るからである。但し、一日から堂の預《あずかり》法師得命《とくみょう》に、また毘沙門天《びしゃもんてん》に祈り申させている。晩方に臨んで、宰相が来て云ったことには、「只今、祭使所《さいししょ》に罷り向かいます」と云うことだ。

夜に入って、宰相が来た。祭使の還饗《かえりあるじ》について語った。また云ったことには、「今日、関白の邸第に犬の死穢が有りました」と。

八日、丙戌。　五節の小師を迎える／五節の過差の禁制／童女御覧、停止／王子親仁、土御門第に還御／越後守から進物

早朝、宰相が来て、五節の雑事を談った。五節の大師《だいし》から、昨日、必要な物についての書状が有った。前例が無いとはいっても、今日、桑糸三疋を送った。理髪の使が参って来た。絹二疋を下給させた。

蔽髪《ひたい》の借料である。

夜に入って、車を遣わして小師《しょうし》を迎えた。大師が申請したからである。先ず菓子を下給し、次いで飯と菜を下給した。今日は精進日《しょうじび》である。そこで精進《しょうじ》の菜に味物《うましもの》を交えただけであった。

夜に臨んで、蔵人式部丞《くろうどしきぶのじょう》〈藤原親任《ちかとう》〉が来て云ったことには、「五節の過差《かさ》は、特に禁制《きんせい》が有ります。織物《おりもの》の衣を着してはなりません」ということだ。私が問うて云ったことには、「織物の唐衣《からぎぬ》や裳の腰は如何か」と。「制が有ることはないでしょう」ということだ。また問うたことには、「童女《どうによ》を御覧になる事は如何か」と。云ったことには、「御覧になることはありません。また、他の色を改めて着することはできません」ということだ。談じ承ったということを申させた。もしも制法《せいほう》が有るのならば、あらかじめ宣旨《せんじ》を下されなければならないのではないか。準備がすでに終わってから、宣旨を下されるのは、益が無いばかりである。

「今日、東宮〈敦良親王《あつなが》〉の若宮《わかみや》〈親仁《ちかひと》〉が還られた」と云うことだ。「内府〈藤原教通《のりみち》〉が饗饌《きょうせん》を準備した。また、贈物を献上した」と云うことだ。越後守《えちごのかみ》〈藤原〉隆佐《たかすけ》が、漆物《うるしもの》を志してきた〈手洗《てあらい》［大・小、各一。］、榛《はんぞう》二［大・小、各一。］、衫筥《さんのはこ》二十口。〉。


九日、丁亥。　悪米を貢上した綱丁に杖八十を科す／舞姫の舞師に謝礼を下賜／舞の教習／河内守から進物

丹波《たんば》・讃岐《さぬき》両国の悪米《あくまい》の綱丁《こうちょう》に、検非違使《けびいし》が獄門《ごくもん》に於いて、杖八十を科した。新たに起請《きしょう》した法であるだけである。

舞師《まいし》に、今夜、合薫物《あわせたきもの》・白物《しろもの》の絹三疋・綿三屯・米五石を送り遣わしておいた。前例では、絹三疋と綿二屯を下給した。ところが、懇切《こんせつ》に物を求めた。その詞は、恥とは異なる。そこで綿一屯を加えて下給した。また、特に米を下賜しただけである。我が家に旧い五節の舞姫がいる。そこで何日か、内々に習わせていた。師を迎える間の日、ただ昨日・今日とはいっても、練習するには日が有るばかりである。

河内守《かわちのかみ》(慶滋《よししげの》)為政《ためまさ》が、下仕《しもづかえ》の綿の掛《うちき》二領《りよう》〈蘇芳《すおう》。〉を調備して送ってきた。前日、命じたところは、四領を云った。ところが、あと二領を減じた。未だその理由がわからない。使者に仰せ含めさせておいた。我が家に於いて、調備させなければならない。甚だ言うに足りない。

十日、戊子。　**因幡守から進物／五節舞姫参入の命／河内守、不足分の料を進上／平維衡進上の品、要求に違う**

因幡守《いなばのかみ》(源)道成《みちなり》が、漆物の台四本〈大二、小二。〉・盤《ばん》三枚〈大二、中一。〉・手洗二〈大小、各一。〉を志してきた。国々および僧俗が、贄《にえ》を進上した。

宰相五人が来た〈(藤原)経通《つねみち》と資平は三箇度。(藤原)通任《みちとう》・定頼・広業。〉。五節の準備を訪ねた。夜に入って、蔵人所《くろうどどころ》〈某《なにがし》。〉が来て云ったことには、「五節の舞姫を参らせるように」ということだ。病悩が有って参らないということを申させた。但し明日の夕方、参入させることとした。

為政朝臣が、もう二領の掛の料を進上してきた。(平)維衡《これひら》朝臣が、絹十疋と支子《くちなし》一石を進上してきた。先日、袴《はかま》四腰《こし》について命じた。その定に違っていた。奇怪に思ったところである。

十一日、己丑。　五節舞姫を参入させる／彰子より舞姫装束を贈られる／藤原章信、舞姫装束を調進

今夜、舞姫〈故好任朝臣の女。〉・傅《かしずき》十人・童女二人・下仕四人を参入させた。左兵衛督《さひょうえのかみ》(藤原)公信《きんのぶ》卿が来た。しばらく清談《せいだん》した。右兵衛督《うひょうえのかみ》経通・皇太后宮権大夫《こうたいごうぐうごんのだいぶ》資平・(藤原)資房《すけふさ》・資頼・資高が、五節《ごせち》所《どころ》に向かった。行事《ぎょうじ》を勤めさせる為である。前駆《ぜんく》の数は多かった。舞姫は、私の車に乗った。出車《いだしぐるま》は、左衛門督《さえもんのかみ》(藤原)兼隆《かねたか》・右兵衛督経通・皇太后宮権大夫資平〈二両。〉・右宰相中将《うさいしょうちゅうじょう》(藤原)兼経《かねつね》・藤宰《とうさい》相《しょう》広業、以上は檳榔毛《びんろうげ》。網代車《あじろぐるま》三両〈下仕や上雑仕女《うえのぞうしめ》の分。〉。太皇太后宮《たいこうたいごうぐう》(彰子)から、太皇太后宮大進《たいこうたいごうぐうだいじん》(藤原)季任《すえとう》を介して、舞姫の装束《しょうぞく》〈赤色の織物の唐衣・蘇芳の織物の掛・打綾《うちあや》の掛・地摺《じずり》の裳・三重袴《みえばかま》。〉を給わった。逢った。宰相を介して、禄〈綾の掛と袴。〉を下給させた。内府が(藤原)兼成《かねなり》朝臣を呼んで、舞姫の装束を送ったことは、太皇太后宮と同じであった。但し、紅梅の綾の掛を加えた。兼成は下官〈実資〉の家司《けいし》である。ところが、また内府の家人《けにん》でもある。禄を下給した〈白い袷《あわせ》の掛と袴。〉。舞姫の装束を、権左中弁《ごんのさちゅうべん》(藤原)章信《あきのぶ》に命じて調備させた。打衣《うちぎぬ》・紅梅の織物の掛・唐衣・裳・袴は、通例のとおりであった。大蔵卿《おおくらきょう》通任は、寅の日の舞姫の衣を調備して送ってきた。織物の紅梅の掛・打綾の衣・袴である。通例は、ただ打衣のみである。特に芳意《ほうい》が有って、織物の掛を加えたのか。

左衛門督の出車の車副《くるまぞい》四人と牛童《うしわらわ》に疋絹《ひっけん》を下給した。各々、私の為に芳心が有った。

十二日、庚寅。　**道長、嬉子の為に三昧堂を建立／五節大師・理髪・五節所に交菓子を下給／公任、童女装束を送る／舞姫の装束料具を送る**

禅閤《ぜんこう》(道長)は、故尚侍《ないしのかみ》(藤原嬉子《よしこ》)の為に、新たに三昧堂《ざんまいどう》を造立した〈十余日の内に造営を終えた。不日《ふじつ》と称さなければならない。〉。「今日、供養を行なう」と云うことだ。宰相が来て云ったことには、「先ず禅門に参ります。退出した後、五節所に向かって、行事を行ないます」ということだ。交菓子《まぜがし》二櫃《ひつ》を大師の許に送らせた。また、一櫃を理髪に下給した。菓子を五節所に遣わした。

今日の朝食は、中宮権大夫《ちゅうぐうごんのだいぶ》〈(藤原)能信《よしのぶ》。〉が調備した。女房《にょうぼう》の衝重《ついがさね》は(橘)為賢《ためかた》朝臣。夜に入って、行《ぎょう》事所《じしょ》から貴重朝臣が申させて云ったことには、「中宮権大夫は、朝食に衝重二十前《ぜん》を加えました」ということだ。朝食を大師の許に遣わすよう命じておいた。夜に臨んで、四条大納言《しじょうだいなごん》〈(藤原)公任《きんとう》〉が、童女の装束一襲《かさね》〈葡萄染《えびぞめ》の汗衫《かざみ》・表袴《うえのはかま》・綾の薄色《うすいろ》の三倍の重袙《かさねあこめ》・打の茜の袙《あこめ》。〉を送ってきた。使の男に疋絹を下給した。

夜に入って、舞姫の青色の唐衣・袷の襠《まち》の長袖《ながそで》・末濃《すえご》の裳・裙帯《くんたい》・領巾《ひれ》・長鬘《ながかずら》・本結《もとゆい》のための紫の糸・木彫《きぼり》の櫛・下櫛《したぐし》・蒔絵櫛《まきえぐし》を遣わした。この櫛は、蔵人所から給うのか。ところが、先日、作物《つくも》所《どころ》の預《あずかり》(宇治《うじの》)良明《よしあき》宿禰に命じて作り、進上させたものである。理髪の禄の白い袷の掛と袴を、同じく遣わした。

十三日、辛卯。　六衛府陣に酒肴を下給／実資亡母忌日／藤原資房・源師良、織物を着し、勘事に処される／若宮親仁、百日の儀

六衛府《えふ》の陣に酒肴《しゅこう》を下給させた。

今日は忌日《きにち》である。諷誦《ふじゅ》を道澄寺《どうちょうじ》に修した。念賢《ねんけん》に斎食《さいじき》させた。自ら斎食することはできなかった。念賢を招請して、法華経《ほけきょう》と般若心経《はんにゃしんぎょう》を講じ奉った。僧の食膳の次いでに、家中の僧にも行なった。昨日、蔵人左少将《さしょうしょう》資房と左少将（源）師良《もろよし》が、織物の衣を着した。過差の制が有る時期に、織物を着用した。そこで両人は勘事《かんじ》に処された。道理のまた、道理である。

宰相が来て云ったことには、「今日、東宮の若宮の百日《ももか》の儀が行なわれます。太皇太后宮に於いて、饗饌が有ります。関白以下が参入します。資房に調備することを課した籠物《こもの》二枝《し》を持って来ました。一枝は銀、一枝は竹に銀枝を付しています。銀を折敷《おしき》の飾りとしました。殿上人《てんじょうびと》は皆、奉仕します。また、百合《ごう》の折櫃《おりびつ》は、地下人《じげにん》が奉仕します。金銀を飾りとします」と云うことだ。朝食は右大弁《うだいべん》（藤原）重尹《しげただ》、衡重は（宇治）忠信《ただのぶ》宿禰が調備した。

十四日、壬辰。〈節会部にある。〉　**豊明節会／藤原兼隆・源朝任から進物**

今日、豊明節会《とよのあかりのせちえ》が行なわれた。申剋の頃、参入した。宰相は車後《くるまじり》に乗った。陽明《ようめい》門に車二両が有った。「関白および納言の車です」と云うことだ。陣頭に人はいなかった。この頃、雨脚が止んだ。右頭中《うとうのちゅう》将《じょう》（源）顕基《あきもと》を呼んで、天皇の出御《しゅつぎょ》の時剋を問うた。答えて云ったことには、「只今、出御しようとしています」と。左頭中将《さとうのちゅうじょう》(藤原)公成《きんなり》が仰せを伝えて云ったことには、「所司が揃っているかどうかは、如何か」と。未だ内弁《ないべん》について承っていないので、問うて宣すことはできなかった。内々に頼隆に問うたところ、申して云ったことには、「小忌《おみ》の上卿と中納言が、未だ参っていません。他については、皆、揃っています」ということだ。右頭中将が云ったことには、「(藤原)朝経《あさつね》卿は、五節所にいて、催し仰せられることが有りました」と。また、云ったことには、「仰させるように」ということだ。標《しめ》について、これより先に、頼隆真人に問うたところ、申して云ったことには、「すでに立ててあります〈雨儀《うぎ》。〉」と。内弁の兀子《ごつし》は、深く入って立てていた。そこで左中弁経頼に命じて、立て直させた。小忌の参議朝任と少納言(源)経長《つねなが》が参入した。外記《げき》を召した。(源)成任《なりとう》が参入した。外任《げにん》の奏について問うたところ、申して云ったことには、「揃っています」ということだ。奉るよう命じた。すぐに進上した。左頭中将公成を介して奏上させた。返給して云ったことには、「列に侍らせるように」と。外記に返給し、列に侍らせるよう命じた。酉剋、天皇が紫宸殿《ししんでん》に出御した。秉燭《へいしょく》の後、小忌の中納言朝経が参入した。内大臣(教通)が云ったことには、「脚病《きゃくびょう》が重く発《おこ》り、列に立つことができません。そこで事情を奏上して、腋《わき》から参上することにします」ということだ。大納言行成・能信、中納言兼隆・(藤原)実成《さねなり》・道方・公信・朝経、参議経通・資平・通任・兼経・定頼・広業・朝任が、外弁《げべん》に出た。大歌別当《おおうたのべっとう》(藤原)斉信《ただのぶ》卿は参らなかった。左兵衛督公信を大歌別当の代官《だいかん》とすることを、左頭中将を介して奏上させた。おっしゃって云ったことには、「申請によれ」と。近衛府《このえふ》が陣を引いた〈平張《ひらばり》を立てた。雨儀であるからである。〉。御座が定まった。近衛府が警蹕《けいひつ》を行なった。私は宜《ぎ》陽殿《ようでん》の兀子に着した。内侍《ないし》は檻《かん》に臨んだ。私は座を起って、二歩、兀子の南西に当たって謝座《しゃざ》を行ない、参上して座に着した。次いで開門した。闈司《いし》は分かれて坐った。舎人《とねり》を召したことは二声。大《おお》舎人《とねり》は同音に称唯した。少納言経長が参入し、承明《しょうめい》門の壇上に立った。宣したことには、「刀禰《とね》を召せ」と。称唯して退帰した。次いで群臣が参入して、版位《へんい》に就いた〈宜陽殿と春興殿《しゅんこうでん》。〉。宣したことには、「座に侍れ」と。謝座と謝酒《しゃしゅ》が終わった。諸卿が参上し、座に着した。内大臣が参上した。大納言行成卿以下が座を起った。五節所に向かう為である。ただ左大弁定頼は、座に留まった。長い時間が経って、資平が内豎《ないじゅ》を介して、事情を申させた。そこで退下した。大納言能信卿は、故尚侍の事によって、憚るところが有る。先ず関白の処分を経た。おっしゃられた詞は、許さないようなものであった。卿相《けいしょう》は思慮した。行成卿が、左頭中将を介して事情を取った。報命は、決定していなかった。「この間、諸卿は露台《ろだい》を徘徊《はいかい》した」と云うことだ。更に五節所を訪ねられてはならないということを、資平を介して諸卿に告げさせた。舞姫を早く参上させる事を資平に命じて、様子を見させた。この事は、内議《ないぎ》が有るようなものである。今年は頻りに凶事《きょうじ》が有り、他処の事ではない。また、過差を禁じられて、美服《びふく》の者を勘当した。また、天皇は童女を覧られなかった。ひとえに尚侍の喪によるものか。上達部が五節所に向かい、酒事《さかごと》を行なった。脱衣《だつえ》の興は、禅閤の雅意《がい》に違うのであろうか。そこで禁制されたようなものである。やはりその非難を避けなければならない。時剋が推移し、諸卿は還り昇った。資平が云ったことには、「上達部二、三人と殿上《てんじょう》の人々・右頭中将が、揃いました。密々に脱衣しようとしました。また、地下《じげ》の人々も、その気持が有りました。事は便宜《びんぎ》が無かったので、停止《ちょうじ》しました。今、三箇所に、懇切に殿上人五、六人、地下人四、五人を招き呼んで、密々に脱衣させて理髪に被《かず》けました」と云うことだ。私は、あの趣旨に背き、汎愛《はんあい》して脱衣させるのは、はなはだ流俗《りゅうぞく》であろう。そこですべて止めたものである。御膳を西階《にしのきざはし》から供した〈雨儀。〉。白酒《しろき》・黒酒《くろき》を供した。臣下は粉熟《ふずく》。白酒・黒酒が応じた。御飯および臣下の饌は、通常のとおりであった。一献《こん》の後、国栖《くずの》奏《そう》が行なわれた。三献の後、御《み》酒勅使《きのちょくし》について奏し行なった〈勅使は参議広業。召詞《めしことば》に云ったことには、「参議藤原朝臣」と。〉。次いで大歌別当代《おおうたのべっとうだい》左兵衛督公信が、承明門に向かった。長い時間が経って、一節を奏した。私は左兵衛督藤原朝臣を召すよう奏上した〈奏詞《そうし》に云ったことには、「左の兵舎人《つわものとねり》の司《つかさ》藤原朝臣を召そう」と。〉。大蔵卿藤原朝臣を召して、これを伝えた〈その詞に云ったことには、「大蔵の司の藤原朝臣」と。云ったことには、「左の兵舎人の司の藤原朝臣」と。〉。左兵衛督が参上した。次いで参議広業に命じて、大歌の床子の座を宜陽殿に移し立てさせた。次いで内豎を召して、小忌の座を下させた。次いで内豎に大歌を召させた。大歌が座に着した。次いで歌笛《かてき》の声を発した。次いで舞姫が進み出た〈これより先、主殿司《とのものつかさ》の女官《にょうかん》が脂燭《しそく》を執り、柱に副って立った。〉。舞が終わって、小忌が退下した。次いで諸卿が宜陽殿の標に就いた〈小忌を先とした。今日は万事、小忌はこのようであった。〉。拝舞《はいぶ》が終わった。僕〈実資〉は、左仗《さじょう》に着して外記を召し、見参簿《げんざんぼ》と禄の目録〈この中に、俘囚《ふしゅう》の見参簿が有った。〉を進上させた。

見終わって、返給した。内記《ないき》を召した。内記〈源〉経任《つねのり》〈蔵人。〉が参入した。宣命《せんみょう》について命じた。退いて、進上した。見終わって、返給した。私は軒廊に進んだ。外記成任が、宣命と見参簿を進上した〈一つの書杖に合わせて挿した。通例である。〉。私が執って参上し、内侍に託した。終わって、笏を把《と》り、柱の下に退き立った。御覧が終わって、返給した。退下して、書杖を外記に返給し、宣命と見参簿を笏に取り副えて、参上した。右兵衛督経通を召して、宣命を給わった〈詞に云ったことには、「右の兵《つわもの》の舎人《とねり》の司藤原朝臣」と。〉。次いで左大弁定頼を召して、見参簿を給わった。この頃、主上《しゅじょう》〈後一条天皇〉が還御《かんぎょ》した。私は座を起って、警蹕を行ない、更に座に復した。序列どおりに退下した〈小忌が先ず起った。〉。小忌以下は、宜陽殿に列した。宣命使《せんみょうし》が版位に就いた。宣制《せんせい》したことは両段《りょうだん》。群臣が拝舞した〈初段に拝礼《はいらい》し、後段は拝舞した。〉。私は還り昇らず、退出した。心神《しんしん》が宜しくなかった。禄所《ろくしょ》に着さなかった。子の終剋の頃、儀が終わった。

舞姫の袙の分および朝食と衝重を、左衛門督が労送《ろうそう》した。源宰相《げんさいしょう》朝任は、舞姫の日陰《ひかげ》の蔓《かずら》および扇二枚を労送した。大師の食膳および禄は、大納言頼宗が労送した。

十五日、癸巳。　頼宗・能信・教通に五節の間の配慮を謝す／理髪に謝礼を下賜

早朝、少納言資高を春宮大夫《とうぐうだいぶ》〈頼宗〉と中宮権大夫の御許に遣わし奉り、五節の間に訪問した事を謝した。「中宮権大夫は、長笛《ながぶえ》を資高に預けた」ということだ。理髪が車に乗り、門外に来て申させて云ったことには、「徒然《つれづれ》な事が多いのです」と。先ず菓子を五折櫃、下給した。次いで薫物《たきもの》・白い袷の褂一重《かさね》・絹十疋・綿三屯・手作布《たづくりのぬの》二十端《たん》。喜悦《きえつ》は極まり無かった。「随身《ずいじん》(下毛野《しもつけのの》)公安《きんやす》たちは、歓んだ詞が多かった」ということだ。

大蔵省《おおくらしょう》が、昨日の手禄の絹一疋を進上した。昨夜の事を、書状で源中納言《げんちゅうなごん》(道方)に伝えた。舞姫の装束を調備して志された悦びを、宰相を遣わして内府に申し伝えた。夜に入って、帰って来て、報じた趣旨を伝えた。

仁海僧都が来た。語った次いでに、東寺の解文《げぶみ》二枚を託してきた。

十六日、甲午。　**春日社読経／彰子に五節の間の配慮を謝す／長家、行成女との再婚を考えずとの説／道長、長家と千古との婚姻を実資に約すとの説／頼通、賀茂臨時祭に篳篥を奉仕するため、下毛野公武を府生に補すことを命ず／千古の為の当季聖天供始／尊星王供・如意輪供・薬師・請観音経供養**

春日《かすが》御社の読経を行なった〈春日祭に十列《とおつら》を奉献《ほうけん》しなかった代わり。〉。

昨日、仁海僧都が託した東寺の解文二枚〈一枚は定額僧《じょうがくそう》、一枚は座主《ざす》。〉を、大夫史《たいふのし》貞行宿禰に下給した。申上させる為である。また、早く官符《かんぷ》を作成するよう命じておいた。

舞人《まいびと》が障りを申してきた替わりに、小舎人が来て、少納言資高を召した。去る夕方に病気であることを申させておいた。晩方、太宮《おおみや》(彰子)に参った。宰相は車後に乗った。中宮権大夫を介して、舞姫の装束を給わった恐縮を啓上《けいじょう》させた。しばらく伺候して、退出した。夜に入って、定基僧都が来て、談って云ったことには、「今のとおりでしたら、改変の様子はありません。但し、禅門があの人〈長家〉におっしゃられたところ、急には結婚を思い立たないということを申しました。また、権大納言は、直接、申しました。禅門が答えられて云ったことには、『法師〈道長〉の口入《こうじゅ》は、便宜が無い。但し右府〈実資〉が、先日、この事を伝えてきて、すでに許諾しておいた。今となっては、ただあの人〈実資〉に伝えられるべきであろう』ということでした。このような御詞は、放埓《ほうらつ》のようなものです」ということだ。夜更けに左頭中将が来て、関白の御書状を伝えて云ったことには、「臨時祭《りんじさい》は、篳篥《ひちりき》を奉仕することのできる人がいない。右近番長《うこんのばんちょう》下毛野公武《きんたけ》は、調楽《ちょうがく》に召し預かることが、年々、重なっている。但し番長を陪従《べいじゅう》とするのは、前例は無いのではないか。府生《ふしょう》に補しては如何か。もしもその欠員が有れば、府の奏を進上すべきか。また、諸衛府の府生を陪従とすることは、その説は確かではない。この事を思慮して、伝えるように」ということだ。報じて云ったことには、「物節《もののふし》が御前の役に従事しないことは、格別な例は無いとはいっても、府生については、何事が有るでしょうか」と。

小女の当季《とうき》聖天供始を行なった〈延政《のぶまさ》。今回は、七日間、供する。〉。今日から三七箇日、三井寺《みいでら》〈園城寺《おんじょうじ》〉に於いて、阿闍梨《あじゃり》千算《せんさん》を招請して、尊星王《そんしょうおう》を供させ奉る。いささか祈り申す事が有る。今日から七箇日を限り、経重師を招請して、如意輪法《にょいりんほう》を供させ奉る〈但馬《たじま》国。〉。秋・冬季の薬師経《やくしきょう》と請観音経《しょうかんのんきょう》を供養し奉る。

十七日、乙未。　府生奏／賀茂臨時祭試楽／教通男、赤斑瘡を煩う

府生奏《ふしょうそう》〈下毛野公武。〉について、右近将監《うこんのしょうげん》〈高《こうの》〉扶宣《すけのぶ》を介して、頭中将《とうのちゅうじょう》〈顕基〉の許に示し遣わした。

これは奏を作成させるという事である。その後、右近将曹《うこんのしょうそう》(紀)正方《まさかた》が参って来た。事情を伝えた。しばらくして、奏を持って来た。加署《かしょ》しておいた。将たちの署を加えさせ、頭中将に託すよう、正方に伝えておいた。

今日、臨時祭試楽《りんじさいしがく》が行なわれた。参入しなかった。右頭中将の許に示し遣わした。大外記頼隆が、大間書を返して進上した。

昨夜、定基僧都が云ったことには、「内府の子息の童《わらわ》が、赤斑瘡《あかもがさ》を煩いました。この疾病は、冬季に入っては聞かないものです。如何なものでしょう」と。

十八日、丙申。　吉田祭／賀茂臨時祭使に饗饌なし／道長、資平の兼官を容れ、行成の希望は容れざる意向

吉田祭《よしだのまつり》が行なわれた。祭使は右近将監藤原為資《ためすけ》。

宰相が云ったことには、「昨日の試楽は、舞人六人が参入しました」と。また、云ったことには、「源中納言が云ったことには、『上達部が五節所に向かってはならないという事は、あらかじめその議が有ったのか。禅室《ぜんしつ》(道長)の御決定か。臨時祭の祭使は、親疎《しんそ》を論じず、関白の直廬に於いて饗饌を準備される。特に今回の祭使である右頭中将顕基は、関白の子のような人である。ところが、その準備が無かった』と云うことでした。資頼が云ったことには、『五節の際、殿上の垸飯《おうばん》は停止されました』ということでした」と。長らく禅閤に謁見《えっけん》していない。明後日、参って謁見するということを定基僧都の許に示し遣わしておいた。禅閤がおっしゃって云ったことには、「これを承った。材木が置き散らかしてある。入られる路は、軽々です。あらかじめ恐縮している」ということだ。定基僧都の報書であるだけである。夜に入って、宰相が来て云ったことには、「僧都が云ったことには、『あの事は、深く許容が有りました。権大納言が懇切であることは、極まりありませんでした。ところが承引《しょういん》は無いようです。明日、参入する事は、またまた詳細を取らなければなりません。御堂《みどう》の北廂《きたびさし》を壊されています。この間は、如何でしょう。意向を伺って、明朝、伝え告げることとします』ということでした」と。今、この告げが有った。これによって、重ねて事情を知らせるべきであろうか。宰相が云ったことには、「上計《じょうけい》です」ということだ。

十九日、丁酉。　道長参謁について意を伺う

臨時祭は、病悩が有って参ることができなかったということを、資頼を介して両頭（公成・顕基）の許に示し遣わした。早朝、明日、参るかどうかについて、定基僧都に問い達した。報じて云ったことには、「禅閤の御書状に云ったことには、『早く来るべきである。往還の路は泥のようである。新堂の東を経るのが宜しいであろう』ということでした」と。

二十日、戊戌。　周防守から進物／道長に参謁／外記政／伊勢斎宮着裳の為の勅使

周防守《すおうのかみ》（橘）俊遠《としとお》が、絹二十疋を志してきた。「五節の準備の分です」ということだ。事情を仰せ遣わさなかった。ところが使を遣わして、馳せ送ってきた。芳心が有るようである。

早朝、禅室に参った。対面して言談したことは、通常のようであった。すでに契約《けいやく》している。しばらくして、退帰した。宰相は車後に乗った。「昨夕、雨によって、神楽《かぐら》は行なわれませんでした」と云うことだ。宰相がまた、来て云ったことには、「外記政に参りました。春宮大夫と藤宰相が着しました」と。

来たる二十五日、斎宮《さいぐう》(媄子《よしこ》女王)の着裳の儀が行なわれる。「今日、蔵人右兵衛佐《うひょうえのすけ》(源)資通《すけみち》を、あの宮に遣わされた」と云うことだ。

二十一日、己亥。　内裏触穢／宅神祭

右兵衛督の書状によって、白い袷の掛と袴を遣わした。

夜に乗じて、資頼が門外に来て云ったことには、「昨日から内裏に犬の産穢《さんえ》が有ります」と。時剋を問うたところ、云ったことには、「確かには知りません。東宮から奏上されました」と云うことだ。宰相が云ったことには、「昨日、内裏に参りましたが、穢であるとは聞きませんでした。もしかしたら晩方の事でしょうか。資高は東宮に伺候していますが、穢について承っていません。疑うに、もしかしたら晩方の事でしょうか」と。

宅神祭《たくじんさい》を行なった。

二十二日、庚子。　大原野祭、停止せず／道長、長家と千古の婚儀を勧めるとの説／讃岐守、下向を告げる

禁中《きんちゅう》に穢が有る。祭の有無を大外記頼隆に問い遣わした。申させて云ったことには、「昨夕、関白が前例を問われました。行なわれるということを申しました。そこで所司を召し仰せました。今日、如《じょ》在《さい》の礼は、恒例のとおりに行なうこととなりました」ということだ。頼隆が参って来て云ったことには、「或いは穢によって、祭を停止しました。或いは行なわれることが有りました。このことを関白に申しました。おっしゃられて云ったことには、『行なわれる例によって、祭を停止しないこととする』ということでした。そこで今日の祭は、通常のとおりです」ということだ。

桑糸二疋を陰陽師《おんみょうじ》中原恒盛に下給した。時々の卜占《ぼくせん》は当たった。その事を褒《ほ》める為、特に下給したものである。右兵衛督の男(藤原)近佐《ちかすけ》が、その使として、長途《ちょうと》を来た。そこで疋絹と文子を下給した。

大原野祭《おおはらののまつり》に奉幣した。宰相も同じく奉幣した。

夜に入って、宰相が来て云ったことには、「禅室に於いて、春宮大夫が云ったことには、『新中納言については、右府が申したので、禅室は懇切に勧めておられる』と。その御詞は、敢えて申すことができません」と。伝え談った詞は、詳しく記すことはできない。

讃岐守《さぬきのかみ》(源)長経《ながつね》が云ったことには、「二十五日に任国に下向することにします」と。また、云ったことには、「延任《えんにん》の中文を奏上してください」と。

二十三日、辛丑。　千古についての吉夢／経通・資平に綿・絹を送る／度縁を良円・念賢に送る

昨夜、二度、吉夢《きちむ》が有った。小女についてである。綿二屯を右兵衛督の許に遣わした。書状による。

絹十疋を宰相の許に遣わした。その要請によって送った。度縁《どえん》二十枚を関白の御許から送られてきた。申し伝えたからである。十七枚を内供《ないぐ》良円《りょうえん》の許に遣わした。三枚を念賢師に与えた。

二十五日、癸卯。　但馬守、造待賢門用途物の進献を申請／経通男二人、元服

左中弁経頼が、但馬国司〈実経。〉の申請した造待賢門《ぞうたいけんもん》の用途物《ようどぶつ》の文書を持って来た。奏上するよう命じた。

宰相が来た。夜に入って、また来た。今夜、右兵衛督経通の子二人〈藤原経季《つねすえ》・藤原経平《つねひら》〉が、首服《しゅふく》を加えた。左兵衛督公信と皇太后宮権大夫資平が、加冠《かかん》を勧めた。理髪は左少将資房と刑部少輔《ぎょうぶのしょう》資頼。夜に入って、四位侍従《しいじじゅう》〈藤原〉経任《つねとう》と前少将《さきのしょうしょう》〈藤原〉実康《さねやす》が、新冠者《しんかじゃ》〈経季・経平〉を率いて来た。逢って礼を言い、帰らせた。

二十六日、甲辰。　大原野祭神馬代仁王講／秋冬季聖天供・当季修法／彰子、内裏入御／教通、岡屋に赴き、塩湯治

大原野祭の神馬《じんめ》の代わりの仁王講《にんのうこう》は、新たに四部経《しぶきょう》を模写《もしゃ》し、五口《く》の僧を招請した。一日二講は、通例のとおりである〈尹覚《いんかく》・念賢・皇基《こうき》・運好《うんこう》・忠高《ちゅうこう》。〉。

秋季および当季聖天供《しょうてんぐ》〈六箇日。〉、当季の修法〈阿闍梨良円、伴僧《ばんそう》四口。〉を行なった。

東宮の御読経始《みどきょうはじめ》が行なわれた。参入しなかった。風病《ふうびょう》が発動《はつどう》していることを披露《ひろう》させた。「今夜、大后《おおきさき》〈彰子〉が内裏に御入《ぎょにゅう》された」と云うことだ。黄昏に臨む頃、宰相が来て云ったことには、

「行啓《ぎようけい》に扈従《こしよう》します。行啓の時剋は戌です」と云うことだ。今日、内府は岡屋《おかのや》に向かった。「塩湯治《しおとうじ》を加えることは、七箇日ほどである」と云うことだ。「塩湯《しおゆ》は河尻《かわじり》から小船に入れ、（平）維時《これとき》朝臣の宅に運んだ。近辺の宅および往還の人は、事の煩いがあったであろう」と云うことだ。

二十七日、乙巳。　資平の子女、着袴／高扶宣、伊勢で病む。子扶武、伊勢に下向

今日〈時は亥剋。〉、宰相の男子（藤原資仲《すけなか》）と女子に、密々に着袴《ちやつこ》させた。男子と女子の装束や膳物を調備して送った〈織物の直衣《のうし》・茜染《あかねぞめ》の打衣一襲・紅梅の萌黄《もえぎ》の綾の掛・三倍の重袴《かさねのはかま》である。〉。早朝、宰相が来た。右兵衛督が冠者二人を随身して来て、云ったことには、「経季は、今日から家に住まわせることにします」ということだ。私が答えて云ったことには、「遠行《えんこう》を忌む日〈十死《じつし》一生《いつしよう》。〉は、忌避《きひ》しなければならない。来月の二日と三日は、暦面《れきめん》が頗る宜しい。その日から住まわせるのが、もっとも佳《よ》い」と。武衛《ぶえい》（経通）は承諾した。

随身府生（高）扶武《すけたけ》が申させて云ったことには、「父の右近将監扶宣は、斎宮の勅使に供奉《ぐぶ》して、伊勢《いせ》に罷り向かいました。ところが、胸病《きようびよう》を煩って、万死《ばんし》一生《いつしよう》であるとのことを申し送ってきました。そこで馳せ向かうということを申させます」と。假《か》を免しておいた。

二十八日、丙午。　千古、鼠に指を嚙まれる

権左中弁章信が、宣旨を持って来た。すぐに下した。大夫史貞行が参って来た。重ねて明日の不《ふ》堪佃《かんでん》田定《でんさだめ》について命じた。黄昏に臨む頃、大外記頼隆が来て云ったことには、「大納言行成・頼宗、中納言道方・公信、参議経通・資平・定頼・広業・朝任が、明日、参入します。他は皆、故障を申されました」ということだ。「夜分、宰相の子たちの着袴所《ちゃっこしょ》は、左近衛府《さこのえふ》の官人たちが、多く饗応しませんでした。空しく退出しました」と云うことだ。

今朝、小女の左方の人差し指を、鼠が嚙んで血が出た。侍医《じい》(和気《わけの》)相成《すけなり》が申したので、甘草《かんぞう》を煮て、その汁を付けた。また、云ったことには、「猫の糞の焼灰《やきばい》を付けるのが良いでしょう」ということだ。甘草は効験《こうげん》が有った。そこで猫の糞を付けなかった。痛苦は平癒《へいゆ》した。陰陽師恒盛が占って云ったことには、「大した事はありません。もしかしたら北西と南東の方角の神明《しんめい》が祟《たた》ったのでしょうか。未だ奉仕していなかったので、驚かしたものでしょうか」と。覆推《ふくすい》して云ったことには、「北野社《きたの》でしょうか」ということだ。「事の懼《おそ》れが有るわけではありません」ということだ。

二十九日、丁未。　東宮読経、結願／発願の日に褐衣を着して出居に伺候した帯刀を勘当／不堪佃田定／諸国司の延任を議定

宰相が、着袴した児を随身して来た。小女にいささか玩具を与えた〈壺二口。丁子《ちょうじ》を納めた。〉。宰相は役所に参った。

左中弁経頼が宣旨一枚〈但馬国が申請した造待賢門の料物《りょうもつ》。〉を持って来た。同じ弁に下した。左頭中将公成が来た。宣旨〈「播磨《はりま》国が申請した給復《きゅうふく》は、定め申さなければならない。延任については、許さなかった。定めてはならない」ということだ。〉を下給した。内裏に参った。地面が湿っていたので、温明殿《うんめいでん》の壇を経て、敷政門《ふせいもん》から入った。右中弁《うちゅうべん》(藤原)経輔《つねすけ》と右少弁《うしょうべん》(藤原)家経《いえつね》が、床子の前に立った。私は敷政門に於いて小揖《しょうゆう》し、陣座に着した。下臈《げろう》の弁は、退いて隠れるのが宜しいのではないか。今日、東宮の御読経《どきょう》が結願した。上達部は関白の直廬から陣座に来た。御読経の結願の時剋を問うたところ、「詳細を知りません」ということだ。随身を遣わして、宮司《みやづかさ》に問い遣わした。申して云ったことには、「鐘を打ち終わって、僧たちは参入しました」ということだ。播磨国司(藤原泰通《やすみち》)が申請した給復の文書を左中弁経頼に下し、例を継がせた。今日、定め申さなければならないのである。只今、継ぎ遣わすよう、命じておいた。上達部と一緒に東宮に参った。春宮権大夫《とうぐうごんのだいぶ》(公信)たちが云ったことには、「出《い》居《で》の帯刀《たちはき》が、陣に参って伺候していません。帯刀は束帯《そくたい》を着していました。褐衣《かちえ》を着すのは、便宜が無いでしょう。発願《ほつがん》の日は、褐衣を着して出居に伺候しました。しばらくして、他の帯刀が、束帯を着して参入し、出居に伺候しました。その事によって、勘当しました」と。今日、出居の帯刀が褐衣を着していたのは、如何なものか。僧侶が参入した。他の帯刀を召し遣わしても、参ることは難しいのではないか。陣定《じんのさだめ》が行なわれることになっている。もしかしたらこの事によって、深夜に臨むのは、如何なものか。今となっては、褐衣を着して伺候するよう、春宮大夫(頼宗)が命じた。帯刀は胡床《こしょう》に控えた。東宮については、陵遅《りょうち》が特に甚しい。言うに足りない。私は御前の座に着した。序列どおりに座に着した。次いで僧たちが参上した。春宮亮《とうぐうのすけ》公成が春宮大夫に仰せを伝えて云ったことには、「中納言朝経、参議広業・朝任に昇殿《しょうでん》を聴《ゆる》すように」と。堂達《どうたつ》が云ったことには、「御発願の日、已講《いこう》智真《ちしん》が御導師《どうし》を奉仕しました。僧綱《そうごう》が参入したので、僧綱が奉仕すべきでしょうか」と。私はあれこれを述べずに、春宮大夫に目くばせした。春宮大夫が云ったことには、「僧綱が奉仕するように」ということだ。堂達が進んで、そのことを伝えた。また帰って来て云ったことには、「僧都定基が呪願《じゅがん》を奉仕するように。僧都永昭《えいしょう》は重服《じゅうぶく》である。成典《じょうてん》は顕宗《けんしゅう》ではない」ということだ。春宮大夫が云ったことには、「永昭は、すでに座に控えている。どうして更に御導師の役を忌むのか」ということだ。そこで永昭が奉仕した。行香《ぎょうごう》などの儀は、恒例のとおりであった。殿上の饗饌に着した。一巡《じゅん》が終わって、汁を据えた。箸を立て、座を起って、仗座に向かった。私は更に北座に着さず、直ちに南座に着した。不堪佃田定を行なうからである。左中弁が播磨国の続文《つぎぶみ》を進上した。不堪佃田文を奉るよう、左大弁定頼に命じた。すぐに史行高が、これを進上した〈不堪佃田の解文一結《ゆい》。その他、目録と黄勘文。目録を黄勘文の上に巻いた。〉。史〔小野〕奉政《ともまさ》が、硯を大弁の前に置いた。諸卿は座にいた。私は、ほぼ目録と黄勘文を見た。筥《はこ》のまま、権大納言行成卿の前に推し遣わした。大納言がほぼ見たことは、下官と同じであった。順番に見下して、更に運上《うんじょう》した。私は権大納言に目くばせした。大納言は黄勘文を開いて見て、大弁に目くばせして、書かせた〈懐中の草子《そうし》を置いて書いた。〉。主殿寮《とのもりょう》が火櫃《ひびつ》を据えた。また、燎《ひ》を執った。大弁が書いた。下から見終わった。行成卿の前に至って、筥に納めた文書に加えた。僕の前に推し寄せた。定文《さだめぶみ》を開いて、見終わった。次いで国々の申請文を分けて定めさせた。左頭中将が、讃岐の申請した延任の文書を下給した。本来ならば官底《かんてい》に下給し、文書を継がせなければならない。ところが諸国の申請は、皆、これは同じ事である。続文はそこにある。そこで勘えて継がせず、定め申したものである。五箇国について定め申した〈但馬の実経が申請した造塔の功での二箇年の延任。播磨の泰通が申請した給復。安芸《あき》の（藤原）頼宣《よりのぶ》が申請した延任二箇年。讃岐の長経が申請した延任二箇年。〉。右頭中将が宣旨二枚を下給した〈摂津《せっつ》が申請した拒捍使《こかんし》の事。鎮守府将軍《ちんじゅふしょうぐん》（藤原）頼行《よりゆき》が申請した交替《こうたい》の事。〉。大弁は国毎に定の詞を書いて、読み揚げた。夜は深夜に及び、清書《せいしょ》することはできなかった。大弁の筆は軽く、満座は感嘆した。史に命じて、筥文《はこぶみ》と硯を撤去させた。諸卿は座を起った。次いで私が座を起って、退出した〈時は亥二剋。〉。宰相は車後に乗った。

見参《げんざん》した上達部〈大納言行成・頼宗・能信、中納言道方・公信・朝経、参議経通・資平・定頼・広業・朝任。〉。

三十日、戊申。　**源倫子、長家と千古の婚姻を道長・実資に約すとの説／法華経講釈／小野宮に盗人／頼通、懇望した桜樹の枝を切った津守致任を拘引**

宰相が来た。雑事を談った次いでに云ったことには、「高尊《こうそん》師が云ったことには、『今日、永円《えいえん》僧都に謁見し、密語《みつご》して云ったことには、「中納言長家について、禅室の北方《きたのかた》（源倫子《ともこ》）が云ったことには、『禅室は右府に約束した』ということです」と』と」と。宰相は関白の邸第に参った。夜に入って、重ねて来た。法師功徳品《ほうしくどくほん》を釈し奉った〈慶範《けいはん》。〉。亥剋の頃、中門の北腋《きたわき》の縁の下に入った者がいた。男たちが続松《つぎまつ》を執って、追い出した。逃げ走って、中宮大夫《ちゅうぐうだいぶ》（斉信）の家に入った。すぐに捕え出して、検非違使左衛門尉《さえもんのじょう》（藤原）顕輔《あきすけ》を召して、引き渡した。獄所《ごくしょ》に於いて拷訊《ごうじん》した。「二度、北廊《きたろう》の戸を切り壊し、内で雑物を盗み取ったことを承伏《しょうふく》しました。これは漆工公忠《しっこうきんただ》の従者の紀為頼《ためより》です」ということだ。「(津守《つもりの》)致任《むねとう》宿禰の宅の桜樹を、関白が選定された。今日、皆、使を遣わして掘らせたところ、昨夜のうちにすべて必要な枝を切った。そこで致任の身を召し搦め、厩戸《うまやど》の内に籠めた。この間の陵轢《りょうれき》は、特に甚しかった」と云うことだ。

○十二月

一日、己酉。　備前守、鹿田庄について愁訴／酒殿北垣・職曹司南垣の修築／源顕基室、死去

早朝、宰相(藤原資平《すけひら》)が来て云ったことには、「備前守《びぜんのかみ》(源)経相《つねすけ》が言上《ごんじょう》した事を申す為、関白《かんぱく》(藤原頼《より》通《みち》)の御許に参ります。鹿田庄《かだのしょう》の愁事によります」ということだ。宰相が来て云ったことには、「関白に謁見《えっけん》し奉りました。清談《せいだん》の次いでに云ったことには、『必ず事は成就するようである』ということでした。また、永円僧都《えいえんそうず》に逢って、祈願について伝え示させました。大略は聞いたところです」ということだ。法橋元命《ほっきょうげんみょう》が来た。逢って雑事を談った。多くはこれは、石清水《いわしみず》八幡宮《はちまんぐう》造営についてであった。左中弁《さちゅうべん》(源)経頼《つねより》が関白の書状を伝えて云ったことには、「酒殿《さかどの》の北垣と職曹司《しきのそうし》の南垣は、多く破壊している。元日の間は便宜《びんぎ》が無いであろう。土用《どよう》以前に修築する事を定め行なうように」ということだ。私が答えて云ったことには、「もしかしたら内議《ないぎ》が有るのか」と。経頼が云ったことには、「周《す》防《おう》国が西大垣《おおがき》を築造することになっています。あの垣については止め、この垣をすぐに修築させては如何でしょう。弁済使《べんさいし》（惟宗《これむねの》）義賢《よしかた》に問われたところ、勤仕《ごんし》するということを申しました」ということだ。早くあの国に奉仕させるよう、左中弁に命じた。但し御忌方《いみかた》に当たるのではないか。経頼が云ったことには、「関白が云ったことには、『この疑いが有るが、破壊を修補するについては、何事が有るであろう』ということでした。今、八卦《はっけ》を見ると、御絶命《ぜつめい》の方角に当たります。先ずやはり陰《おん》陽寮《みょうりょう》に問われるのが宜しいでしょう」と。関白に申して処置するよう、これを命じた。但し、来て伝えることはない。事の煩いが有るからである。夜に入って、経頼が来て云ったことには、「（安倍）吉平朝臣《よしひらあそん》に問い遣わしました。申して云ったことには、『絶命・禍害《かがい》の方角は、重く犯土《ぼんど》を忌みます。頽壊《たいかい》した築垣《ついがき》と云うとはいっても、犯土は軽くはありません。まったく犯されてはなりません』ということでした」と。弁が云ったことには、「未だ関白に申していません」ということだ。早く申すよう、伝えておいた。また、定文《さだめぶみ》を同じ弁に託して、奏上させた。左頭中将《さとうのちゅうじょう》（藤原公成《きんなり》）は、妹の喪によって、仕えることはできない。右頭中将《うとうのちゅうじょう》（源顕基《あきもと》）の妻である。「今日、死んだ」と云うことだ。これは右衛門督《えもんのかみ》（藤原）実成《さねなり》卿の二娘である。

二日、庚戌。東宮王子親仁、侍所始

左中弁が来た。（藤原）資高《すけたか》を介して伝えさせて云ったことには、「職曹司の築垣について、昨夜、関白に申しました。吉平が申したことに随って、明年の春節《しゅんせつ》を過ぎて修築することになりました」ということだ。風病《ふうびょう》が発動《はつどう》したということを称し、逢わなかった。黄昏に臨んで、宰相が来て云ったことには、「今日、東宮（敦良親王《あつながしんのう》）の若宮《わかみや》（親仁《ちかひと》）の侍所《さむらいどころ》を始められました。召しに応じて参入しました。関白・内府及び卿相《けいしょう》が参られました」と。

三日、辛亥。当季修法、結願／藤原長家と千古との婚儀を、源明子・長家・道長、承諾との説／千古、清水寺に参詣

修法《しゅほう》が結願《けちがん》した。阿闍梨《あじゃり》（良円《りょうえん》）と伴僧《ばんそう》の布施《ふせ》の他に、布を加えた〈阿闍梨に□段。伴僧五口《く》。〉。阿闍梨の禄は絹五匹であった。今日、山（延暦寺《えんりゃくじ》）に登った。

宰相が来て、（源）道成《みちなり》が述べた事を談った。新中納言《しんちゅうなごん》（藤原長家《ながいえ》）についてである。「高松《たかまつ》（源明子《あきこ》）は、すでに合応《ごうおう》しました。あの納言もまた、感心しました。但し、早くとの意向はありませんでした。ただ、身を恥じているからでした」と云うことだ。「もう一、二日の間、意向を取って、来て伝えることにします」ということだ。

定基《じょうき》僧都が伝え送って云ったことには、「朔日、新中納言に逢いました。道成が言ったとおりでした」と。

「禅閤《ぜんこう》（藤原道長《みちなが》）が、丁寧におっしゃられました」と云うことだ。「納言は、晦日《つごもり》の頃から禅閤の北方《きたのかた》（源倫子《ともこ》）の御許〈上東門第《じょうとうもんてい》。〉に住んでいます」と云うことだ。道成の説である。

（藤原）能通《よしみち》朝臣が云ったことには、「一昨日、禅閤が新中納言についておっしゃられました。そうあるようにとの意向が有りました。定基僧都もその御前にいて、同じく聞いたところです。その後、僧

都に問うたところ、云ったことには、『最も許容したようである』と」と。小女(藤原千古《ちふる》)は今夜、清《きよ》水寺《みずでら》に参った。(藤原)資頼《すけより》と資高が供奉《ぐぶ》した。

四日、壬子。　雪起

夜に入って、小雷があった。「世に雪起こしと称す」と云うことだ。

六日、甲寅。　長家、明年二月以降の婚儀を語る

宰相が云ったことには、「道成が云ったことには、『詳しく納言(長家)に伝え語りました。すでに承引《しょういん》が有りました。但し、一周忌《いっしゅうき》の間は、やはり過ごしたいと思っています。変改の心はありません。只今、思うところです。先ず明年二月以前には、思い立つことはできないでしょう。この事は、禅門《ぜんもん》(道長)が催し仰されたところです。また、納言が自らの心に思っているところです』と云うことでした」と。

七日、乙卯。　藤原経季、来訪／荷前の日時勘文を進上させる／武蔵秩父牧駒牽／頼通、東三条院の造作を始める

(藤原)経季《つねすえ》は、今日、我が家に泊まった。

十三日に荷前使《のさきのつかい》を定めなければならない。ところが慎しまなければならない日に当たっている。そこで十四日に定めることとしたのである。

日時勘文《にちじかんもん》を早く進上する事を、大外記《だいげき》(清原)頼隆《よりたか》に命じておいた。何年来、中務省《なかつかさしょう》が定の日になるまで進上しなかったからである。頼隆が云ったことには、「先日、秩父牧《ちちぶのまき》の御馬を牽きました。ところが、今になっても、未だ取っていません。極めて便宜のない事です」ということだ。或いは云ったことには、「去る二日、始めた」と云うことだ。「関白は東三条院《ひがしさんじょういん》に向かい、造作を始めた」と云うことだ。実説であろうか。

八日、丙辰。　道長、法成寺に尼戒壇を建立／公任、長谷解脱寺に向かう／神祇官・主殿寮の大粮

能通朝臣が云ったことには、「法成寺《ほうじょうじ》の内に尼戒壇《あまかいだん》を立てられることになりました。今日、材木を準備されました」ということだ。

黄昏に臨んで、按察《あぜち》〈藤原公任《きんとう》〉が立ち寄られて云ったことには、「今月の内に長谷《ながたに》〈解脱寺《げだつじ》〉に向かうこととした。方忌《かたいみ》が有るので、年を越すであろう。ところが帰京の日は、未だその時期を定めていない」ということだ。疑うに、もしかしたら出家するのであろうか。

〈藤原〉家経《いえつね》朝臣が来た。神祇官《じんぎかん》および主殿寮《とのもりょう》の大粮《たいろう》について申した。大略、これを作成しておいた。但し関白に申して、その処分を聴くよう、命じておいた。

十日、戊午。　前皇后宮職年給申文の前例／阿波守、親仁家司の慶賀に上京／位記召給

〈藤原〉永道《ながみち》法師に手作布《たづくりのぬの》十端《たん》を遣わした。申請させたからである〈使は〈中原〉恒盛《つねもり》。〉。

十四日の不堪佃田奏《ふかんでんでんそう》・元日の擬侍従《ぎじじゅう》・荷前使の定について、左中弁経頼に伝えた。関白に伝えさせる為である。十三日に荷前使について定めなければならない。ところが厄日《やくび》に当たっている。そこで参入することができない。不堪佃田奏の文書《もんじょ》を加える事を、また指示しておいた。蔵人左少将《くろうどさしょうしょう》（藤原）資房《すけふさ》が、前皇后宮職《さきのこうごうぐうしき》が爵を申請した申文《もうしぶみ》を下給しなければならない。給不の例を勘申《かんじん》しなければならない。去る八日、申文を奏上させたところである。阿波守《あわのかみ》（藤原）義忠《よしただ》が来て云ったことには、「一昨日、参上しました。今夕、帰国します。若宮の家司《けいし》の慶びを申す為に、単騎で参上しました」ということだ。

宰相が来て云ったことには、「今日、位記《いき》の召給《しょうきゅう》が行なわれます。そこでこれに参入します」と。夜に入って、宰相が来て云ったことには、「召給は終わりました。上卿《しょうけい》は源中納言道方《げんちゅうなごんみちかた》、参議《さんぎ》三人〈資平・（藤原）定頼《さだより》・（藤原）広業《ひろなり》。〉」と。宰相が関白の書状を伝えて云ったことには、「直物《なおしもの》を行なわなければならない。御仏名会《ぶつみょうえ》の間が宜しいであろうか」ということだ。

十一日、己未。　資平、春日社に参詣・奉幣／前皇后宮職年給申文

宰相が来て云ったことには、「明朝、春日《かすが》御社に参ります。明後日の未明に奉幣《ほうべい》し、その日の内に帰京します。明日は宜しくないからです。今夕は資頼の宅に宿します」ということだ。

大外記頼隆が云ったことには、「十四日に荷前使を定めるという事を、今日、関白に申しました。おっしゃって云ったことには、『吉い事である』ということでした」と。前皇后宮《さきのこうごうぐう》（藤原娍子《すけこ》）が爵を申請された申文を頼隆に下給した。すぐに勘申させた。資房に託しておいた。

十二日、庚申。　斉信・顕基を弔問

（藤原）親国《ちかくに》朝臣を遣わして、右衛門督および右頭中将を弔問《ちょうもん》した〈金吾《きんご》（藤原斉信《ただのぶ》）の二娘。頭亜将《とうのあしょう》（顕基）の妻である。去る朔日に逝去《せいきょ》した。〉。

十三日、辛酉。　前皇后宮職年給申文を下す／行成、但馬減省申文を奏することを請う／大安寺申文／資平、帰京／暴風

前皇后宮職が申請した、内官《ないかん》・外官《げかん》の御給《ごきゅう》の爵を返上する文書は、内記《ないき》兼行《かねゆき》に下給し、位記を作成するよう命じた〈藤原経孝《つねたか》〉。前皇后宮職が申上した、内官・外官の未給《みきゅう》の爵については、大外記頼隆に伝えた。「明日の官奏《かんそう》については、左大弁《さだいべん》（定頼）が物忌《ものいみ》を称しています。右大弁《うだいべん》（藤原重尹《しげただ》）は假《か》を申請しました」と云うことだ。そこで史《し》（丹生《にうの》）挙光《たかみつ》に命じて、両大弁の許に示し遣わした。また、私は書状を左大弁に遣わした。報じて云ったことには、「参入します」ということだ。但馬《たじま》の減省《げんせい》を奏に入れる事を、権大納言《ごんだいなごん》（藤原行成《ゆきなり》）が、二、三度、伝え送ってきた。報じて云ったことには、「未だ上卿に申していません」ということだ。明日、南所《なんしょ》に申さず、陣座《じんのざ》に於いて申させるよう、伝え報じておいた。すぐに感悦の書状が有った。左中弁経頼が、大安寺《だいあんじ》の申請した条々の文書を持って来た。見終わって、奏聞《そうもん》するよう伝えた。

宰相は、晩方に春日から帰った。問いを託したので、使を遣わして伝えたところである。夜に臨んで、挙光が申して云ったことには、「右大弁が云ったことには、『明日・明々日は堅固《けんご》の物忌で、假を給わりました』と。次いで左大弁に罷り向かいました。門を閉じて、通じませんでした」ということだ。

未剋の頃、暴風が西方から起こり、家中の檜皮《ひわだ》および板屋の板を吹き損じた。大いに静かではなかった。後に聞いたことには、「上下の人々の宅は、多く吹き損じた」と。


十四日、壬戌。　官奏／不堪佃田和奏／元日擬侍従・荷前使定／年給申文

諷誦《ふじゅ》を六角堂《ろっかくどう》に修した。宰相が来て云ったことには、「扶公《ふこう》僧都に知らせず、威儀師《いぎし》慶範《けいはん》の宅に宿しました。ところが一昨日、夜に臨んで来訪しました」と。

内裏に参った。宰相は車後《くるまじり》に乗った。陽明《ようめい》門に納言の車一両と宰相の車三両が有った。人は陣頭にいなかった。陣官《じんかん》が申して云ったことには、「上達部《かんだちめ》は侍従所《じじゅうしょ》に着しています」と。時剋を問うたところ、「未二剋です」と。しばらくして、中納言《ちゅうなごん》(藤原)朝経《あさつね》、参議定頼・広業・(源)朝任《あさとう》、弁以下が、拾《しゅう》遺《い》(藤原経任《つねとう》)の館から参入した。官奏に入れる文書について、左大弁定頼に問うた。また、「但馬と備《び》前《ぜん》の文書を、南所に申しました」ということだ。奏に入れるよう、大弁に命じた。左中弁経頼が云ったことには、「両国の文書は、すでに申上しました」ということだ。権大納言が参入した。奏に伺候する事を大弁に命じておいた。私は南座《なんざ》に着した。大弁は座に着した。申して云ったことには、「奏」と。私は揖礼《ゆうれい》した。次いで右大史《うだいし》行高《ゆきたか》が、奏書を挿んで小庭《こにわ》に控えた。私は目くばせした。称《い》唯《しょう》して進み、膝突《ひざつき》に着して、これを奉った。不堪佃田文《ふかんでんでんぶん》は、一つに結んであった。結緒《ゆいお》の他に、七枚、表紙《おもてがみ》が有った。また結んだ。他の文書を見て、次いで不堪佃田定《ふかんでんでんさだめ》の文を見た。他の文書は、ほぼ見た。

元のように巻き結び〈片結び。〉、板敷《いたじき》の端に置いた。史が給わり、申して云ったことには、「揃えなければならない文書は、若干枚」と。杖に取り副えて走り出た。経頼を呼び、内覧《ないらん》について命じた。大弁は座を起った。この頃、関白は里第《りてい》から参入した。「禅閤が参られる」と云うことだ。長い時間が経って、経頼が云ったことには、「早く奏上するように」ということだ。そこで奏し申させた。黄昏、召しが有った。陣座を起って、御所に進んだ。史行高は、書杖《ふづえ》を捧げて従った。射場《いば》の廊に於いて、奏を執って参上した。年中行事御障子《ねんじゅうぎょうじのみしょうじ》に平頭《へいとう》に跪《ひざまず》いた。称唯して御前に進み、文書を奉って、円座《わろうだ》に着した。日没に到り、男たちを召して、御殿油《おんとのあぶら》について命じた。しばらくして、供した。御覧が終わって、片結びにして御前に置いた。私は進んで給わり、座に復した。表の結緒を解いて開いた。先ず国々が申請した減省と後不堪《ごふかん》の文書を束ね申した。次いで不堪佃田文を束ね申した〈その詞に云ったことには、「その国々の申請した当年の不堪佃田《ふかんでんでん》は、このように定め申した」と。〉。元のように結び、退下した〈年中行事御障子の西を経た。〉。初めの所に於いて、史に返給した。陣座に復し、座に着した。史が奏書を返し進めた。先ず表巻紙《うわまきがみ》を賜い、次いで一々、他の文書を取り給わった。板敷の端に置いた〈命じて云ったことには、「申したままに」と。史は称唯した。後不堪文は前年の跡によって、使を遣わすことを停め、三分の二を免じた。〉。次いで結んだまま、不堪佃田文を推し廻らせ、これを給わった。手に取らなかった。史は給わり、定文を開いて、これを見た。命じて云ったことには、「諸卿の議定《ぎじょう》によって、これを行なえ」と。称唯した。終わって成文《なりぶみ》と定め申さなければならない文書の数を申した。元のように文を巻いて、伺候した。次いで結緒を取って、板敷の端に置き、これを給わった。結び終わって、杖に加えて走り出た。大弁は座を起ち、外記《げき》を召した。元日の擬侍従と荷前使の文書を奉るよう命じた。すぐに進上し、また硯を置いた。大弁を呼び、着した。先ず擬侍従を書かせた。次いで荷前使。書き終わって、これを奉った。中務省解《なかつかさしょうげ》〈日時。詞だけ。〉および定文を一筥《はこ》に加え入れ、左中弁を介して奏聞させた〈先ず内覧を経て奏上するよう、詞を加えただけである。〉。しばらくして、返給された。元のように旧い定文と侍従《じじゅう》の歴名《れきみょう》を加えて納め、外記に下給した。昨年から二箇年の荷前《のさき》の定文は、使の上達部の障りについて記し付けていなかった。大外記頼隆に問うたところ、申して云ったことには、「見申しましたが、怪しいことです」ということだ。記し付けるよう命じた。後々の定の為である。役が遠い上達部を、特に頼隆に命じて記し勘じさせ、筥に入れさせた。後に注進《ちゅうしん》する文書を、旧い文と見合わせれば、すでに事の煩いは無い。戌剋の頃、退出した。

今日、公卿給《くぎょうきゅう》を、陣座に於いて大外記頼隆に給わった〈公卿給の二合《にごう》と停任《ちょうにん》。〉。陣座の後ろに於いて、二合と停任を、蔵人式部丞《しきぶのじょう》済通《なりみち》に給わった。

十五日、癸亥。　長家、会見を求む／大蔵省、豊明節会の禄を進上／長家、資平に亡妻を忘れがたき心事を述べる／方違

宰相が来て云ったことには、「新中納言が、主税允《しゅぜいのじょう》を遣わして伝え送って云ったことには、『逢おうと思う事が有る。今夕、御堂《みどう》（道長）に参会するように。もし便宜が無ければ、皇太后宮《こうたいごうぐう》（藤原妍子《きよこ》）に於いて申すこととする』ということでした。大略、推量すると、あの事でしょうか」ということだ。

右大史行高が奏報《そうほう》を進上した。

大蔵省《おおくらしょう》が豊明節会《とよのあかりのせちえ》の禄〈色革《いろがわ》二十三枚。絹と綿の代わり。〉を進上した。夜に入って、宰相が来て云ったことには、「今日、皇太后宮に於いて、新中納言に逢いました。述べて云ったことには、『遠くは明後年の春、もしくは一周忌の頃を過ぎなければならない。この事は、やはり心肝《しんかん》に染み、今に忘れない。これは只今、思うところである。年が改まった後、もしくはまた、変改が有るであろうか。我が情と云うとはいっても、わからないところである。禅室《ぜんしつ》(道長)および北方が、共に催促しておっしゃられていることも、またわかっているところである。但し時々、驚かし伝えるであろう。したがってまた、思うところを答えるのである』ということでした。彼が述べたところは、もっとも道理です。無理に督促するのは難しいでしょう。また、姻戚《いんせき》(斉信)も有る事です」と。

諷誦を賀茂下神宮寺《かものしもじんぐうじ》に修した。いささか祈り申す事が有った。

今夜から資高の曹司《そうし》の北対《きたのたい》の北東の角に宿す。十九日に東廊《ひがしろう》を造立することになっているので、大将軍《たいしょうぐん》が遊行《ゆぎょう》する方角を避ける為である。


十六日、甲子。　播磨守の給復・志摩検交替使文・大安寺申請の宣旨を下す／太皇太后・中宮読経始／彰子、明春に出家

左中弁経頼が、先日の定文を持って来た。命じて云ったことには、「播磨《はりま》(藤原泰通《やすみち》)の給復《きゅうふく》は、申請による。他は裁許《さいきょ》することは無い」と。同じ弁に下しておいた。また、志摩《しま》の交替使《こうたいし》の文書を下給した。
また、大安寺が申請した条々の宣旨《せんじ》を下された。子細は目録にある。宰相が来て云ったことには、「昨夕、新中納言が述べたところは、『すべて更にこの事は、一分も便宜が無く思わない事である。相府(実資)の所に伺候するのが、我が身の為にもっとも佳《よ》い事である。ただ、愁嘆《しゅうたん》が尽きない間に、思ったところは、このとおりである』ということでした。やはりこれは、旧い姻戚が拘留《こうりゅう》しているのでしょうか」と云うことだ。夜に入って、宰相が云ったことには、「今日、太皇太后《たいこうたいごう》(藤原彰子《あきこ》)と中宮《ちゅうぐう》(藤原威子《たけこ》)の御読経始《みどきょうはじめ》が行なわれました。甲子は、三宝不吉《さんぽうふきつ》の日次《ひなみ》です」と。また、云ったことには、「正月に大后《おおきさき》(彰子)が出家されることになっています。その後、また行幸《ぎょうこう》が行なわれるということについて、上達部が談ったところです」と。

十八日、丙寅。　道長、念仏を修す/常陸の豊作/千古の為に大威徳法を修す/等身毘沙門天像を造顕

宰相が来て云ったことには、「昨日、按察の御許に参りました。ところが他行《たぎょう》していたので、会えませんでした。今朝、また来るという御書状が有りました。そこで先ず、その御許に向かい、相次いで禅門の御念仏《ねんぶつ》に参ります。また、皇太后宮の御仏名会に参ることにします」と。常陸介《ひたちのすけ》(藤原)信通《のぶみち》の書状に云ったことには、「前司《ぜんじ》(平維衡《これひら》)以来の作田《さくでん》は、僅か三百町であって、人民は飢餓《きが》しています。今年は七百町で、人民は漸く食が足りています。前司以来、二、三代の間は、毎年、不作に逢い、国はますます亡弊《ぼうへい》しています。今年、収穫したところは、三年の貯えを得ました。今年は豊作に逢って、復興の時となっています。不審であったでしょうから、まずは言上するところです」ということだ。手作布五十段を送って、小女の為に、今夜から七箇日を限り、興昭《こうしょう》阿闍梨を招請して大威徳法《だいいとくほう》を修させた。妨害や悪念《あくねん》を攘《はら》う為である〈伴僧は二口。〉。新たに等身《とうしん》の毘沙門天《びしゃもんてん》像を造顕《ぞうけん》し奉った。今日から七箇日、阿闍梨を招請して供養《くよう》させ奉る。

勘解由主典《かげゆのさかん》紀為資《ためすけ》の名簿《みょうぶ》を、(藤原)保相《やすすけ》に託して関白に奉らせた。

十九日、丁卯。　公任、長谷解脱寺に参籠／前美濃守、加階を申請

「今日、按察は長谷に向かい、籠居《ろうきょ》する」と云うことだ。「また四十五日を過ぎて、帰京する」と云うことだ。決定を知らない。今朝、書状で按察に問うた。報じた趣旨は同じであった。宰相が来て云ったことには、「昨日、按察の邸第《ていだい》に向かい、対面しました。今日、北山《きたやま》に向かうという事の他、また格別な言葉はありませんでした」と。

資房が宣旨を持って来た〈「前美濃守《さきのみののかみ》(藤原)頼任《よりとう》が申請した、任国の功によって、一階を叙される申文」と。内々に云ったことには、「明日、定められることになっています」ということだ。資房が云ったことには、「定め申すよう命じられました」ということだ。急ぎ申しているので、まずは資房を遣わして左中弁経頼に伝えさせた。〉。

二十日、戊辰。　直物、延引

今日、直物が行なわれる。諷誦を三箇寺〈東寺《とうじ》・清水寺・祇園《ぎおん》社。〉に修した。

関白が資房を遣わして伝えられて云ったことには、「御仏名会の間に直物を行なうのは、如何なものか。もしかしたら前例が有るのか。中文を撰ぶのに、その処は無いであろう。また、何日頃が宜しいであろうか」ということだ。報じて云ったことには、「御仏名会の間に直物を行なうということについて、先日、御書状が有りました。そこで今日、行なうということを、申させたところです。御仏名会の中間の例は覚えていないものです。二十六・七・八日の間では如何でしょう。二十六日・七日は、内(後一条天皇《ごいちじょう》)の御物忌に候宿《こうしゅく》させ、勘文《かんもん》を揃えておかねばなりません。また、二十二日は慈徳寺《じとくじ》の御八講《みはっこう》が終わる日です。そうとはいっても、行なわれては如何でしょう」と。伝えられて云ったことには、「二十二日は慈徳寺に参らなければならない。行なわれるわけにはいかない。二十五日が宜しいであろうか」ということだ。報じて云ったことには、「二十五日は荷前の日です。行なわれてはならないのではないでしょうか」と。また伝えられて云ったことには、「もっともそうあるべきである。定めて申すように」ということだ。内々に談られて云ったことには、「二十六日は私(頼通)の物忌とはいっても、午の後剋に参入するだけである」ということだ。右大弁重尹が、人々の申文を持って来た。すぐに志摩国司の申請した交替使の申文を下した。

今日、公卿分配《くぎょうぶんぱい》を定める事について、関白の御書状が有った〈大外記頼隆。〉。資房を介して、直物の日を定めるよう申させた。今日、風が吹いた。厳寒は堪えることができないばかりである。

二十一日、己巳。　京官除目の直物を明春の県召除目の直物に加えた例を勘申

京官除目《きょうかんじもく》の直物を明春の除目の直物に加えた例を、大外記頼隆を召して勘申させた。頼隆が云ったことには、「今回の除目は、特に誤りはありません。直物は幾《いくば》くもありません。また、京官除目が冬に臨んだ時の直物を、翌春の除目の直物の時に一度に行なわれた例は、覚えているところです。夜間、調べて勘申し、申させることにします」ということだ。「あの二十六日は、関白の御物忌である」と云うことだ。物忌を破って参入されるのは、如何であろう。明日、これらの例を伝えさせ、その御報に随って、あれこれすることとする。極寒の上に、あの御物忌についての煩いは、頗る思い悩《や》む事である。後日、もし慮外の御患が有れば、事の非難が有るであろうからである。

二十二日、庚午。　**経季の衣服料／但馬守、待賢門の損色を申請／道長、慈徳寺法華八講に参る／太皇太后宮読経、結願／道長、長家の婚儀について変更無きを語る**

絹五疋と綿三屯を経季の乳母《めのと》の許に遣わした。経季の綿衣《わたぎぬ》と袴《はかま》の分である。

左中弁経頼が、但馬国司（藤原実経《さねつね》）の申請した待賢《たいけん》門の損色《そんしょく》の文書を持って来た。奏聞するよう伝えた。直物の事情を伝えておいた。「今日、伝えることにします」ということだ。また、東宮の明年の御給爵《ごきゅうしゃく》について、思失《ししつ》して今まで意向を取っていない。「今日、申すことにします」ということだ。「禅門は慈徳寺に参られた」と云うことだ。大外記頼隆が来て云ったことには、「昨日、伝えられた直物について、今日、関白に伝え申させることにします」と。宰相が来た。「役所に参ります。また、太后宮《おおきさいのみや》（彰子）の御《み》読経《どきょう》結願に参ります」ということだ。

蔵人(源)資通《すけみち》朝臣が、宣旨〈山城《やましろ》国が申請した条々の事。〉を持って来た。左中弁が来た。すぐに山城国が申請した申文を下した。左中弁が関白の報を伝えて云ったことには、「二十六日の直物は、今日と明日、風病が宜しければ、その日に行なわれることとする。年を越して行なわれるのは、穏かな事ではないのである。東宮の御給爵は、宮の間に所望を聞いていない。禅門と大宮《おおみや》(彰子)の間に事情を取って伝えることとする」ということだ。定基僧都が、夜に臨んで、来て云ったことには、「あの事は、変改の意向はありません。昨日、禅門が同じ事をおっしゃられました。深く御心に染みているのでしょう」と。また、資頼の明年の所望について、洩らし伝えるよう、命じておいた。頼隆真人《まひと》が来て云ったことには、「直物について関白に申しました。おっしゃられて云ったことには、『経頼朝臣を介して申し伝えておいた。二十六日は読経《どきょう》の結願である。慎しむところは重くはない。やはり行なわれることとする』ということでした」と。あれこれ、ただその命に従わなければならない。
太皇太后宮大進《たいこうたいごうぐうだいじん》(藤原)範基《のりもと》が来て、明日の御読経について告げてきた。

二十三日、辛未。

二十六日に申文を申上させる事を、右大弁重尹に示し遣わした。参るという報が有った。左大弁は、前々、遅参《ちさん》している。そこで先ず右大弁に伝え、その日、……

万寿三年（一〇二六）

藤原実資七十歳（正二位、右大臣・右大将）　後一条天皇十九歳　藤原道長六十一歳　藤原頼通三十五歳　藤原彰子三十九歳　藤原威子二十八歳

○正月

十七日、乙未。（『院号定部類記』一・上東門院による）　**外記政／彰子出家について頼通に諮問／詔書の有無／賭射、延引**

宰相（藤原資平《すけひら》）が来て云ったことには、「外記政《げきせい》に参ります」と。大内記《だいないき》（菅原）忠貞《たださだ》が云ったことには、「太后《おおきさき》（藤原彰子《あきこ》）の御出家は、詔書《しょうしょ》を出すべきでしょうか。東三条院《ひがしさんじょういん》（藤原詮子《あきこ》）の時の例を調べたところ、詔書は出ませんでした」ということだ。詔書を□ことを□ておいた。左中弁《さちゅうべん》（源）経頼《つねより》が関白《かんぱく》（藤原頼通《よりみち》）の書状を伝えて云ったことには、「先夜、大略、太后の御出家について聞いた。この間の事々は不審である。東三条院の例は、確かに記し置いたものは無い。もしかしたら詔書を出さなければならないのか、如何か。また、御出家は誠に秘蔵の事とはいっても、外聞に及んでいる。ところが明日の賭弓《のりゆみ》については如何であろう。勝負楽《しょうぶがく》を行なうのは、便宜《びんぎ》が無いのではないか。御《み》堂《どう》（藤原道長《みちなが》）から伝えられて云ったことには、『右府（実資）に伝えて、そうあるべき様に行なわせるように』ということであった」と。報じて云ったことには、「賭弓については、定が有るべきでしょう。明後日、御

出家が行なわれます。後一条《ごいちじょう》天皇が明日の賭射《のりゆみ》を見られるのは、便宜が無いのではないでしょうか。延引《えんいん》の例は多いのです。どうしてましてや、この事については当然です。円融院《えんゆう》が太政官《だいじょうかん》にいらっしゃった時、射場《いば》が無かったので、賭弓は行なわれませんでした。あの時に、賭弓が行なわれない例を勘申《かんじん》された際に、貞観《じょうがん》の年の例を勘申しました。ほのかに覚えているところです。行なわれない事は、勅定《ちょくじょう》があるべきです。但し十九日を過ぎて行なわれるのが宜しいでしょう。東三条院の例は、確かには覚えていませんが、いささか暦に記しています。詔書の事はありませんでした。『母后《ははきさき》（詮子）は職曹司《しきのそうし》にいらっしゃり、月明《げつめい》の事に当たって〈諒闇《りょうあん》の間。〉、還御《かんぎょ》の後、御出家された。大僧都《だいそうず》暹賀《せんが》〈天台座主《てんだいざす》。〉、少僧都覚慶《しょうそうずかくぎょう》、律師《りっし》勧修《かんしゅう》、阿闍梨《あじゃり》厳久《ごんく》・明豪《みょうごう》が伺候した』ということです。諸卿が陣座《じんのざ》に復し、院号《いんごう》・判官代《はんがんだい》・主典代《さかんだい》の例を定められました。明後日に参入し、承ることにします」と。大外《だいげ》記《き》（清原）頼隆《よりたか》が云ったことには、「関白の仰せによって、東三条院の例を勘申しました。その例では、詔書はありませんでした。明後日、参入して上卿《しょうけい》を勧めてください」と。宰相が来て云ったことには、「外記政が終わって、禅門《ぜんもん》（道長）に参りました。明日の賭弓は定まらないとのことでした」と云うことだ。右兵衛督《うひょうえのかみ》〈（藤原）経通《つねみち》。〉が来て、談った。日没の頃、分散した。夜に臨んで、蔵人《くろうど》（源）経任《つねのり》が綸《りん》旨《じ》を承り、来て云ったことには、「明日の賭射は、太后の御出家によって延引するということを、仰せ下すように」ということだ。四衛府《えふ》に伝えるよう、大外記頼隆に命じた。事に関わる所司《しょし》に伝えるよう、左中弁経頼朝臣《あそん》に命じた。装束司《しょうぞくし》である。事に関わる所司というのは、主殿寮《とのもりょう》・掃部司《かにもりのつかさ》・大《だい》膳職《ぜんしき》・造酒司《ぞうしゅし》・内膳司《ないぜんし》である。事が終わった。

十九日、丁酉。（『院号定部類記』一・上東門院による）

彰子、出家し、上東門院となる／道長、詔書を用いることを主張／実資、宣旨を用いることを進言、道長、これに従う／彰子の処遇についての議定の上卿を勤む

清水寺《きよみずでら》で誦経《ずきょう》を行なった。大外記頼隆と左大史《さだいし》（小槻《おつきの》）貞行《さだゆき》を召して、太后の御出家に関わる雑事を尋ね仰せた。太皇太后《たいこうたいごう》（彰子）は御出家される。そこで上東門院《じょうとうもんいん》（土御門院《つちみかどいん》）に参った〈宰相は車後《くるまじり》に乗った。〉。これより先に、諸卿は西対《にしのたい》の南廂にいた。禅閤《ぜんこう》（道長）は、宰相中将《さいしょうちゅうじょう》（藤原）兼経《かねつね》を介して、御書状を届けた。渡殿《わたどの》の簾中《れんちゅう》に於いて謁談《えつだん》した。起って太后の御出家について語った。涕泣《ていきゅう》は雨のようであった。関白・内府（藤原教通《のりみち》）・民部卿《みんぶきょう》（源）俊賢《としかた》が、この座にいた。禅閤が云ったことには、「御出家については、重事と称さなければならない。詔書が有るべきであろう。御封戸《ふこ》・御季御服《おんきのごふく》・年官《ねんかん》・年爵《ねんしゃく》について、詔の中に載せるのが佳《よ》いであろう。東三条院の例は、詔書は無かった。ただ宣旨《せんじ》が有った。これもまた、年官・年爵について、あの年の正月五日に宣旨を下した事は、寂しいようであった。これらの事は、すべて詔書に載せるのが、もっとも宜しいのではないか」と。私が答えて云ったことには、「ひとえに東三条院の例によるのが、疑いが無いのではないでしょうか。但し、年官・年爵の宣旨は、今日、一度に下されるのが宜しいでしょう。このような事は、まずは前跡《ぜんせき》によって、詔書は太皇太后宮《たいこうたいごうぐう》

の職号《しきごう》を停め、尊号《そんごう》が無いのならば、ただ后を停め奉られるようなものです。それは後代、如何なものでしょう」と。禅閤は容納《ようのう》の様子が有った。民部卿が云ったことには、「その懇請《こんせい》されたことに任せて、職号を停められ、その院を称しても、何事が有るでしょう」と。私が答えて云ったことには、「その院を称し奉るのは、尊号と申すことはできない。何の尊号によって、詔書に載せることができるのか」と。禅閤が云ったことには、「右府が述べた事は、そうあるべきである。今となっては、東三条院の例によるのが、宜しいであろう。今日、年官・年爵の宣旨を下されるのが、宜しいであろう。内膳司の御飯は、今日、止められるべきである。諸卿が陣座に伺候し、仰せ下される事に随って定め申すのが宜しいのではないか。東三条院の例によるのが宜しいであろう。宣旨を下される事は、淡薄のようではないか。右府は諸卿を率いて内裏に参り、陣座に伺候して、仰せ事を待つように。関白も参られるように」ということだ。私は内裏に参った。諸卿も同じく参った〈大納言《だいなごん》（藤原）斉信《ただのぶ》・（藤原）行《ゆき》成《なり》・（藤原）頼宗《よりむね》、中納言《ちゅうなごん》（藤原）兼隆《かねたか》・（源）道方《みちかた》・（藤原）朝経《あさつね》、参議《さんぎ》経通・資平・兼経・（藤原）定頼《さだより》・（藤原）広業《ひろなり》。内府・大納言（藤原）能信《よしのぶ》・中納言（藤原）長家《ながいえ》は、宮（彰子）に伺候した。中納言（藤原）公信《きんのぶ》は、妻（藤原光子《みつこ》）が不覚であることを称して、宮から退出した。〉。諸卿は陣座に伺候した。左中弁が仰せを伝えて云ったことには、「太皇太后が出家されることが有る。東三条院の例によって、行なわれるべきか。諸卿が定め申すように」ということだ〈この頃、日没に及んだ。〉。私は座を起ち、南座《なんざ》に着した。正暦《しょうりゃく》二年の皇太后《こうたいごう》宮《ぐう》（詮子）の御出家の日記を進上するよう、外記《げき》（源）成任《なりとう》に命じた。すぐにこの日記を進上した。諸卿は、東三条院の例によるべきであるとのことを定め申した。御在所《ございしよ》である上東門院を院号とすることとした。御封戸・御季御服・大炊寮《おおいりよう》の御稲・内膳司の御飯・年官・年爵は、元のとおりとする。但し御厨《みくりや》は、もしかしたら停止《ちようじ》されるべきであろうか。左中弁を介して、諸卿が定め申した趣旨を奏上させた〈「関白は参入し、御在所に伺候した」と云うことだ。〉。天皇がおっしゃって云ったことには、「太皇太后宮職《ごうぐうしき》を停めて、上東門院とするように。太皇太后宮進《たいこうたいごうぐうのじよう》と太皇太后宮属《たいこうたいごうぐうのさかん》を停め、判官代と主典代とするように。年官・年爵・御封戸・御季御服・御菜は、元のとおりとする。但し、内膳司の御飯は止めるように。御厨の事については、追って定め下すように」ということだ。すぐに同じ弁に伝えた。次いで太皇太后宮職を停めて、上東門院とし、太皇太后宮進と太皇太后宮属を判官代と主典代とし、年官・年爵は元のとおりであるということを、大外記頼隆に伝えた。諸卿と一緒に新院《しんいん》〈彰子〉に帰り参った。諸卿が伺候した。禅閤が春宮大夫《とうぐうだいぶ》〈頼宗。〉を介して伝えられて云ったことには、「御出家は、戊か亥剋。御衰時《すいじ》は忌むべきであろうか、如何か」ということだ。避けられるよう申した。この頃、僧たちが参上した〈僧正院源《そうじよういんげん》［天台座主。］・権僧正慶命《ごんのそうじようきようみよう》［法性寺座主《ほつしようじざす》。］、大僧都心誉《しんよ》・大僧都永円《えいえん》・少僧都定基《じようき》。〉。「東三条院の例によって、先日、三僧を請用《しようよう》されることになった」ということだ。そうであるけれども、東三条院は五口《く》であったとのことを申させた。そこで加えて招請された。禅閤の書状によ る。上達部《かんだちめ》は渡殿に進んで伺候した。亥の初剋、儀が始まった。公家《くげ》〈後一条天皇〉は、禄の絹百疋と布千端《たん》を奉献《ほうけん》された。勅使《ちよくし》は左中弁経頼〈内蔵頭《くらのかみ》。弁を率いて進んだ。〉。禄を下給された。両宮〈皇太后宮

（藤原妍子《きよこ》）と中宮《ちゅうぐう》（藤原威子《たけこ》）。〉が、后（彰子）の御装束《しょうぞく》を奉献された。御使は禄を下給された。子剋の頃、儀が終わった。請僧《しょうそう》たちの禄は、上達部が取り次いだ〈座主《ざす》に綾の掛《うちき》と絹三十疋、権僧正に同じ掛と絹二十五疋。もう三人は同じ掛と絹二十疋。〉。僧たちが退下した。禅閤は渡殿に出居《でい》を行なった。御出家について談られ、落涙《らくるい》した。大納言斉信と行成が、この座にいた。禅閤が云ったことには、「賭弓は、どの頃が宜しいか」と。斉信・行成卿が、この座にいた。議して云ったことには、「二十四日に行なわれるべきでしょうか。道虚日《どうこにち》を避けられてはなりません。式日《しきじつ》は十八日です。二十五日は除目始《じもくはじめ》です。三箇日は行なうわけにはいきません。二十八日は国忌《こき》、二十九日は春日祭使《かすがさいし》が出立《しゅったつ》する日です。射手《いて》たちは舞人《まいびと》や陪従《べいじゅう》となるでしょう」と。禅閤が云ったことには、「行幸《ぎょうこう》を行なうべきであろうか」と。私が答えて云ったことには、「御出家の後、もっとも行幸を行なうべきでしょう。但し、昨年の秋、宜しくない事が有りました〈八月に尚侍《ないしのかみ》（藤原嬉子《よしこ》）が薨じた。〉。周忌《しゅうき》の間に、その処に臨幸《りんこう》するのは、如何なものでしょう」と。禅閤が云ったことには、「もっとも憚りが有る事である」と。両大納言が云ったことには、「凶事《きょうじ》の周忌中に、行幸の例は無いでしょう」と。禅閤がまた、談って云ったことには、「内裏に御入《ぎょにゅう》されるのは如何か」と。私が答えて云ったことには、「上計《じょうけい》です。度々、必ず臨幸の書状が有ったのではないでしょうか。八月以前は憚りが有るということを答えられたのですが、内裏に御入されるのは、疑いは無いでしょう」と。禅閤は感心した。来月の神事の間は憚って、吉日《きちにち》に従って参られるということを、両卿が同じく申した。この定の間、関白は関わられるべきであったか。禅閤は意に任せているようである。子剋の頃、退出した。

○二月

五日。(『魚魯愚別録』一・職事撰申文事による) **除目**

左兵衛督《さひょうえのかみ》(藤原)公信《きんのぶ》が、申文《もうしぶみ》を奉られた。この申文は、御所から下給された。関白《かんぱく》(藤原頼通《よりみち》)が、同じく怪しんだところである。妻(藤原光子《みつこ》)の喪中に申文を奏上するのは、往古《おうこ》から聞いたことがない。

○四月

一日。(『官奏記』による) **孟夏旬/官奏/輦車を聴される**

…陽明《ようめい》門にいた上達部《かんだちめ》一、二人が、関白《かんぱく》(藤原頼通《よりみち》)の□□□□□□□にいた。左頭中将《さとうのちゅうじょう》(藤原)公《きん》成《なり》に問うて云ったことには、「補されることになっている□□が有る。事情を経て□□」と。大外記《だいげき》(清原)頼隆真人《よりたかまひと》が云ったことには、「中務省《なかつかさしょう》の侍従《じじゅう》の欠員の勘文《かんもん》および□□□〈侍従に補すことになっている者は□。〉、左頭中将に託しました」ということだ。左頭中将が関白の書状を伝えて□「□傾いた。もし侍従を補した□、暮景に及ぶのではないか。先ず□□□□□如か」と。私が答えて云ったことには、「あれこれ、仰せに従います。ただ、今の間にこれを補せば、黄昏に及ぶことはないのではないでしょうか。また、出居《でい》の侍従が伺候していません。修理大夫《しゅりだいぶ》(源)済政《なりまさ》が遅参《ちさん》しています。右大弁《うだいべん》

（藤原）重尹《しげただ》は、母（藤原尹忠女《まさただのむすめ》）の病によって参りません。讃岐守《さぬきのかみ》（源）長経《ながつね》は任国にいます。先ず出居の侍従を補されなければならないでしょう」と。すぐに外記《げき》勘文《かんもん》および中務省の欠員の勘文を下給した。おっしゃって云ったことには、「出居の侍従は、その数は何人か」と。私が申して云ったことには、「十二人です。□□□□□□□を見ると、次侍従《じじじゅう》と出居の侍従を補さなければなりません」ということだ。出居の侍従については、特別な人を、仰せ下されるに随って補すということを奏上させた。後一条《ごいちじょう》天皇がおっしゃって云ったことには、「勘解由長官《かげゆのかみ》（藤原）資業《すけなり》・左中弁《さちゅうべん》（源）経頼《つねより》・侍従（藤原）経任《つねとう》・（藤原）良経《よしつね》を出居の侍従に補すように」ということだ。外記《げき》が硯を進上した。私が自ら書いた〈一通は出居の侍従四人、一通は次侍従二十四人。古昔《こせき》は必ずしも奏上しなかった。今、考えると、やはり内覧《ないらん》を経て、その命に随って奏聞《そうもん》を経るばかりである。〉。外記の筥《はこ》を召して、二通の文書《もんじょ》を納めた。左頭中将に託して、奏上させた。すぐに返給された。中務丞《なかつかさのじょう》（源）光成《みつなり》を召して、次侍従の名簿《みょうぶ》を給わった。次いで出居の侍従の名簿を左近少将《さこんのしょうしょう》（源）隆国《たかくに》に給わった〈隆国は、片手に笏《しゃく》を持ち、片手で出居の侍従の名簿を給わった。違例《いれい》と称さなければならない。〉。官奏《かんそう》について、左大弁《さだいべん》（藤原）定頼《さだより》に伝えた。座を起って、陣の腋《わき》に向かった。しばらくして、座に復した。敬屈《きょうくつ》して云ったことには、「奏」と。私は小揖《しょうゆう》した。大弁は陣の腋の方を見た。史《し》に目くばせするのが通例である。右大史《うだいし》行高《ゆきたか》が奏書を挿み、敷政《ふせい》門から入り、跪《ひざまず》いて小庭《こにわ》に控えた。私は目くばせした。称唯《いしょう》し、膝突《ひざつき》に着して、これを奉った。これを取って、結緒《ゆいお》を解き、開いて見た〈三枚。皆、国々の鈎匙文《かぎさじぶみ》。〉。片結びして、板敷《いたじき》の端に置いた。□□□□

□一枚を開いた。申して云ったことには、「揃えるべき文、三枚」と。巻き結び、文夾《ふばさみ》に取り副えて退出した。左中弁経頼を遣わし、関白に覧せた。すぐに関白の報を伝えて云ったことには、「見た」と。官符《かんぷ》および内案《ないあん》を奉るよう、外記信親《のぶちか》に命じた。庭立奏《にわだちのそう》が行なわれることになっているからである。信親は官符三枚を筥に納め、これを奉った〈一枚は備前目《びぜんのさかん》の任符《にんぷ》、二枚は讃岐《さぬき》と土佐《とさ》の大領《たいりょう》の任符。〉。見終わって、返給した。次いで少納言《しょうなごん》(源)経長《つねなが》が、内案を文夾に挿し、宜陽殿《ぎようでん》の西壇の上を経て、石階《いしばし》から小庭に進み、跪いて控えた。私は目くばせした。進んで来て、膝突に着し、これを奉った。私は取った。見終わって、返給した。文夾に取り副えて、砌《みぎり》から退出した。天皇は紫宸殿《ししんでん》に出御《しゅつぎょ》した。開門について督促された。左近将曹茂助《さこんのしょうそうしげすけ》〈束帯《そくたい》を着すよう、あらかじめ大外記頼隆に伝えて、束帯を着させたのである。他の官人は褐衣《かちえ》を着した。〉が、近衛《このえ》二人〈褐衣を着した。〉を率いて走り出し、左腋門《わきもん》を開いた。帰って来た。門外に伺候し、門を閉じ終わって、帰って来るよう命じた。そこで軒廊《こんろう》の辺りから退帰し、腋門の外に控えた。長い時間が経って、闈司《いし》が腋門から入った。所々に留まり立った。事情を知らないようなものである。僅かに版位《へんい》に就いた。勅答《ちょくとう》の後、退出した。次いで大監物《だいけんもつ》(源)重季《しげすえ》が独りで版位に就いた〈典鎰《かぎとり》を率いなければならない。ところが独りで参入したのは、違例である。〉。奏上した。勅答が有った。称唯して、退出した。御鎰《みかぎ》を給わらなかった。そこで殿上《てんじょう》から右近衛府《うこのえふ》の官人を介して、御鎰を給わるよう命じられた。重季は、更にまた、腋門から入って、長楽門《ちょうらくもん》の下に立った。御鎰を給わらず、直ちに退出した。本来ならば典鎰や大舎人《おおとねり》を率いて、これを給わらなければならない。

重季が版位に就いた際の作法や、傍らの行ないは、散楽《さんがく》のようなものであった。上下の者は頤《あご》が外れるほど笑った。門を閉じて、左近将曹茂助が走って帰った。次いで内侍《ないし》が檻《かん》に臨んだ。私は座を起ち、東敷政門の内に於いて靴を着し、宜陽殿の壇上を経て、軒廊の西第一間に立った〈南向き。北に迫り、東に寄って立った。口伝《くでん》である。〉。右大史行高が奏書を文夾に挿んで、軒廊の東第一間から入って、廊の内から西行し、私の前に跪いて、これを奉った。笏を挿んで、これを取った〈行高は杖を翻して、これを奉った。西を杖の本とした。〉。行高は初めの道を経て走り帰り、宣仁門《せんにん》の内に入った。諸卿は、なお陣座《じんのざ》にいた。私は東階《ひがしのきざはし》から昇り、簀子敷《すのこじき》の上に留まって立った。遥かに天皇の竜顔《りようがん》を望んだ。目くばせされた。称唯した。東廂《ひがしびさし》から北行し、母屋《もや》の北の細間《ほそあい》から入り、西行して北の御屛風《びようぶ》の南頭《みなみのほとり》に到った〈先日、装束司《しようぞくし》左中弁経頼に命じて古跡《こせき》を調べたところ、西に進んで御屛風を立てさせる。近代は多く東に進んで立てる。そこで改めて立てなければならない。〉。頗る屈行《くつこう》した。次いで膝行《しつこう》して奏を奉った。終わって退いて、右廻りに柱の下に立った〈節会《せちえ》の日に見参簿《げんざんぼ》を御覧になる時に、立つ所である。〉。御覧が終わって、東の置物机《おきものづくえ》に置いた。終わって、私は右膝を突き、文夾を置いた。叉手《さしゆ》を行ない、初めのように屈して膝行し、奏を給わって〈御帳台《みちようだい》の下に進んで給わった。但し帳台に昇らなかった。ただ及んで給わった。あらかじめ左中弁に伝え、御置物机を頗る東に進んで立てさせた。また、奏文は東透《ひがしすき》に置かれるように伝えさせたのである。〉、退去した。束ね申したことは、恒例のとおりであった。巻き結んだ。左廻りに書杖《ふづえ》の所に到り、更に帰り立って、西を向いた。右膝を突いて、文夾を執った。左手で奏書を執り、右手で文夾を執り、文書の上に杖を置いた。左廻りに初めの道を経て退下し、軒廊〈初めの所。〉に立った。□□行高は、初めの道から走って来た。跪いて控えた。文書および杖を返給した。前に於いて巻き結び、元のように杖に挿んで退帰し、小庭に立った〈東辺り。西向きに敬屈して立った。〉。私は東第二間から〈通例の出入の間。〉陣に向かい、靴を着したまま陣に跪いた〈右足は地を踏み、左足は引き上げた。〉。大弁定頼が座に着した〈(藤原)行成《ゆきなり》・(源)道方《みちかた》・(藤原)朝経《あさつね》は、皆、大弁を経た人である。ところが云ったことには、「大弁は座に着しません」ということだ。定頼が云ったことには、「座に伺候しなければなりません。見えるところが有ります」ということだ。私が後日、調べて見たところ、定頼の言のとおりであった。〉。この頃、出居の右近少将《うこんのしょうしょう》(藤原)良頼《よしより》〈四位。〉が参上した。史行高は、奏文を返し奉った。私はこれを取り、結緒を解いて文書を開いた。先ず表紙《おもてがみ》を給わった。一々、文書を行高に給わった。枚毎に見させた。命じたことには、「申したままに」と。成文《なりぶみ》の数を申した。終わって推し巻き、敬屈して控えた。次いで結緒を給わった。行高は元のように結び、杖に取り副えて走り出た〈この頃、諸卿は陣座に伺候していなかった。〉。上達部は、紫宸殿の障子を切り破って、官奏の儀を見た。また、敷政門の内に群れ立って、陣頭の作法を見た。昇降の間、はなはだ静かではなかった。また、殿上人《てんじょうびと》たちは御後ろから紫宸殿の南西の戸および簀子敷に及んでいたのか。現在、未だこの儀は行なわれていなかった。また、太政《だいじょう》官《かん》の上官たちは、宜陽殿の壁を壊して、これを見た。また、諸大夫《しょたいふ》や諸司の官人たちは、日華《にっか》門や月《げっ》華《か》門に群れ立って、これを伺い見た。「関白は紫宸殿の東廂の格子《こうし》の穴から陣座の儀を見た」と云うことだ。私は敷政門の内に帰り入った。諸卿は靴を着し、連れだって参上した〈大納言《だいなごん》行成・(藤原)能《よし》信《のぶ》、中納言《ちゅうなごん》(藤原)長家《ながいえ》・(藤原)実成《さねなり》・道方・朝経、参議《さんぎ》(藤原)資平《すけひら》・(藤原)広業《ひろなり》・(源)朝任《あさとう》。〉。出居の侍従左中弁経頼は、靴を着して日華門から入り、参上して座に着した〈北に着した。〉。采女《うねめ》が御台盤《だいばん》を舁いて西第二間に到った頃、私は出居の良頼に目くばせした。すぐに内豎《ないじゅ》を召したことは二声。同音に称唯した。長い時間、参らなかった。外記は頻りに催促した。時剋が推移した。内豎所別当之清《ないじゅどころべつとうゆききよ》が参入した。良頼が命じたことには、「御飯を給え」と。称唯して退出した。内豎は台盤を舁いて、東階の下に到った。箸や匕《さじ》を置かなかった。そこでそのことを伝えた。軒廊に持って還り、箸と匕を置いた。台盤を立てた〈上達部の膳は、四尺四脚と八尺一脚。〉。出居の膳は、四尺一脚を立てた。もう一脚は立てなかった。立てるよう命じた。しばらくして、八尺一脚を立てた。先例が無いということを伝えたところ、四尺の台盤が無いことを申した。遂に改めて立てなかった。供膳《きょうぜん》について、云々した。初度の下器《かづき》は、内豎が盤《ばん》の上に器を据えず、御前に渡した。内膳司《ないぜんし》についても、器が無かったので、索餅《さくべい》を受けることができなかった。「そこで内豎は、密々に階下《かいか》から内膳司に向かって索餅を受け、御前から帰り渡った」と云うことだ。次度の下器は、内豎二人が盤を持って御前に渡した。西階《にしのきざはし》に就いて下物《おろしもの》を受け、還り渡った。東階から昇って、上達部の座に来た。私は匕で掻き取り、交ぜようとして、箸で菜物《さいぶつ》を夾んだ。上﨟《じょうろう》から出居の座に至った。下物を分け取った。匕と箸を用いる事は、諸卿は知らなかったようである。左頭中将が、階下に於いて事情を申させた〈下﨟《げろう》の宰相から序列どおりに逆上って告げた。〉。私は座を起って、退下した。頭中将《とうのちゅうじょう》(公成)がおっしゃって云ったことには、「すでに夜分に臨んでいる。庭立奏を停止《ちょうじ》するように」ということだ。外記を召して、これを伝えた。座に復した。御前および臣下の饌宴の違濫《いらん》は、もっとも多かった。詳しく記すことはできない。出居が行なわなければならない。はなはだ不審である。侍従厨別当《じじゅうくりやべっとう》の権左中弁《ごんのさちゅうべん》(藤原)章信《あきのぶ》が、内豎を率いて、御《み》贄《にえ》〈四捧《ささげ》。檑子《らいし》に入れた。〉を持った。帰り退いた。奇怪とするに足る。階下の外記たちが、高声に、右衛門府《えもんふ》に番奏《ばんそう》の簡《ふだ》が無い事を催し行なった。右衛門督《えもんのかみ》実成卿は、座を起って退下した。その事を調べたのか。長い時間、奏さなかった。そこで下官(実資)は退下した。大外記頼隆を召し、事情を問うたところ、申して云ったことには、「右衛門府は右衛門権佐《えもんのごんのすけ》(源)為善《ためよし》が伺候しています。ところが番奏の簡を揃えていません。そこで簡を揃えずに参入した事を責めたとはいっても、急には方策が無いということを申しました。右衛門督が準備するということを述べています。今朝、冊を召して署を加え、問われたのです」と。ところが儀に臨んで準備するのは、不覚と称さなければならない。後に聞いたことには、「右衛門督は、左近衛陣の同じ奏の簡を借りて持たせた。奇怪な事である。怪異《かいい》か」と。私は座に復した。すぐに六衛府《えふ》が番奏に参列した〈左少将《さしょうしょう》(源)師良《もろよし》と右少将《うしょうしょう》(源)実基《さねもと》[四位。]。実基は四位であるので、左将の上に立った。『式部省式《しきぶしょうしき》』に叶っている。〉。勅答が有った。六衛府の将と佐《すけ》が、称唯した。闈司二人が腋門から入って、左将の上に立った。序列どおりに帖《じょう》の上□三枚を□□、参上して内侍に託した。内侍一人が、左近衛府《さこのえふ》の冊を取って奏覧《そうらん》した。終わって退帰した。また、右近衛府の簡を奏上したことは、左近衛府と同じであった。先例では、内侍二人が左右近衛府《このえふ》の簡を取り、御帳《みちょう》の東に就いて御覧になった頃、簡の頭を東の御置物机に懸けた。今日はそうではなかった。先例を失したばかりである。三献《こん》〈一・二・三献□□□参□□。違例は多端《たたん》であった。先例では、唱平《しょうへい》して盞《かわらけ》を勧めた。貫首《かんじゅ》の人が揖礼《ゆうれい》して勧めれば、跪いて飲み、起ってまた、唱平して勧める。ところが揖礼して飲まず、勧めた。或いは飲む度に唱平せず、直ちに勧めただけであった。〉。左右衛府は、乱声《らんじょう》を発した。次いで参入音《まいりおん》声《じょう》を奏した〈左右衛府の各三舞の中に、陵王《りょうおう》と納蘇利《なそり》が有った。〉。罷出音声《まかでおんじょう》を奏さなかったのは、如何なものか。やはり奏すということは、故殿《ことの》（藤原実頼《さねより》）の御記《ぎょき》に見える。行成卿は、座を起って退下した。すぐに座に復して云ったことには、「左頭中将□□□、しばらく伺候するように。輦車宣旨《てぐるませんじ》について伝える為である。また、右府（実資）に伝えることとする」ということだ。驚いて恐縮したことは、極まり無かった。舞が終わって、私は陣座に着した。見参簿と禄の目録を奏るよう、外記信親に命じた。すぐにこれを奉った。進退《しんたい》の作法の失礼は、もっとも甚しかった。大納言（藤原）頼宗《よりむね》は参入しなかった。ところが見参簿に入っていた。その理由を問うても、申すところは無かった。見参簿から除く事・禄の数を減じる事を、同じく命じた□□□。私は進んで軒廊に立った。信親が見参簿と禄の目録を奉った。笏を挿んで奏の杖を執り、参上した。内侍に託して退帰し、柱の下に立ったことは、節会の儀と同じであった。御覧が終わって、内侍が伝えて給わったことは、通常のとおりであった。軒廊に退下し、外記に返給した。陣座に着した。外記は見参簿を奉った。少納言（藤原）資高《すけたか》を召し、見参簿を給わった。右少弁《うしようべん》（藤原）家経《いえつね》を召し、禄の目録を給わった。私が参上しようとした頃、天皇は還御《かんぎよ》した。□参上した。資高は、日華門から版位に就いて、見参《げんざん》を唱えた。諸卿が退下した。私は先ず軒廊の東第二間から出て、庭中《ていちゆう》に進んだ。序列どおりに進んで列した〈版位の南東に三丈ほど去って、一行に立った。北面した。〉。見参を唱え終わって、資高は自らの名を読み、称唯して上達部の後列に立った。侍従は参らなかった。諸卿および資高は、拝舞《はいぶ》して帰り入った。私はしばらく陣頭を徘徊《はいかい》した。行成卿は射《い》場殿《ばどの》に参った。□□云ったことには、「左頭中将が勅を伝えて云ったことには、『右府は輦車《てぐるま》に乗って宮中に出入することを聴《ゆる》すように』ということだ」と。そこで射場《いば》に参った。頭中将を介して、慶賀《けいが》を奏上させた。拝舞して、退出した。宰相を介して、恐縮しているということを関白に伝えさせた。関白は中宮《ちゆうぐう》（藤原威子《たけこ》）の御在所《ございしよ》に伺候していた。報じて云ったことには、「恐縮して承った」ということだ。そこで退出された。次いで下僕《げぼく》（実資）が退出した〈亥の終剋。〉。

天暦《てんりやく》十年四月一日の記に云ったことには、「云々。皇帝《こうてい》（村上《むらかみ》天皇）は紫宸殿に出御した。左大臣（実頼）は殿に登った。官奏は通常のとおりであった〈史有柯《ありえだ》が奏の杖を進上した後、本来ならば元の所に還らなければならない。そうした頃に紫宸殿の下に走り入った。また、右大弁（橘）好古朝臣《よしふるあそん》が誤って結政《かたなし》の間、陣座に伺候していなかった。〉」と。西宮《にしのみや》（源高明《たかあきら》）の次第記《しだいき》に云ったことには、「史が走り進んで奏文および書杖を給わった。更に奏文を挿んで、しばらく庭中に立った〈西向き。〉。大臣は元の座に還った」と云うことだ。

天暦三年四月一日の『重明記《しげあきらき》』に云ったことには、「左大臣が事を奏上した。終わって、殿を降りた。出居の右中将《うちゅうじょう》(源)雅信《まさのぶ》が、代わりに昇って座に着した。これより先、陣座にいた王卿が、座を起った。左大弁(源庶明《ひろあきら》)は独り留まった。奏によるのである」と云うことだ。

一日。(『北山抄』九・「羽林要抄」裏書による)　**孟夏旬**

旬政《しゅんせい》が行なわれた。

六衛府が番奏に参列した〈左少将師良、右少将実基〈四位。〉。実基は四位であったので、左少将の上に立った。『式部省式』に叶っている。〉。

天慶《てんぎょう》二年十月一日の『九条丞相記《くじょうじょうしょうき》』に云ったことには、「六衛府の佐以下が、番奏の簡を執って参入し、版位に到って並んだ〈西を上座とした。〉。左近衛府〈左少将藤原師氏《もろうじ》。〉・右近衛府〈右少将小野好古。〉・左《さ》衛《え》門府《もんふ》〈左衛門権佐《さえもんのごんのすけ》平隆時《たかとき》。〉・右衛門府〈右衛《え》門佐《もんのすけ》　藤原季方《すえかた》。〉・右兵衛府《うひょうえふ》〈右兵衛佐《うひょうえのすけ》藤原真忠《さねただ》。〉・左兵衛《さひょうえ》府《ふ》〈左兵衛大尉《さひょうえのだいじょう》　坂上葛亮《さかのうえのかつりょう》。〉。奏詞《そうし》は通常のとおりであった〈司々に随って、府の序列によらなかった。六位は下にいた。〉」と。

天慶八年十月一日、「右近少将藤原真忠・左衛門権佐源俊《すぐる》・左兵衛佐《さひょうえのすけ》源兼材《かねき》・右兵衛佐藤原国紀《くにのり》・左《さ》近将監《こんのしょうげん》播磨当樹《はりまのまさき》・右衛《え》門尉《もんのじょう》紀純之《すみゆき》が、各々、番奏の簡を執って、版位に就いた。五位が前にいた。六位は後ろにいた。各々、北面して西を上座とした。立ち定まって、当樹は元の列を離れ、国紀の下に立った。あれこれが目くばせして驚いたので、真忠の上に立ち、跪いて弓を置き、更に立って奏上した」と云うことだ。

中務卿《なかつかさきょう》重明《しげあきら》親王の去る延長《えんちょう》四年十月一日の私記に云ったことには、「左近将監小子利実《ちいさこのとしざね》は、少し進んで跪き、弓を置いて奏上した」と云うことだ。それならばつまり、六位の列から頗る進んだとはいっても、やはり五位の列には及ばないのか。ところが当樹と五位とは平頭《へいとう》したのか。失儀《しつぎ》のようなものである。

二日、戊申。　輦車を聴された慶賀

輦車を聴された恐縮を申した。早朝、宰相を介して禅閤《ぜんこう》(藤原道長《みちなが》)に伝えた。

二日、戊申。(『官奏記』による)　**諸人、官奏の作法を見る**

宰相が云ったことには、「禅閤に伝えておきました。御報が有りました。輦車についてです。『官奏に失儀が無かったということについて、昨夕、伝え聞いた。明後日、自ら談ることとする』ということでした」と。

宰相が云ったことには、「関白が云ったことには、『昨日の官奏の陣の間の作法は、便宜《びんぎ》の無い事とはいっても、御格子の隙間からこれを見た』と」と。(小槻《おつきの》)貞行宿禰《さだゆきすくね》が云ったことには、「敷政門の内の諸卿は、群れ立ってこれを見ました。また、日華門や月華門の内で、諸大夫や諸司の者が雲集《うんしゅう》してこれを見ました」と。

五日。　輦車を造る日時を勘申

（安倍）吉平《よしひら》と（賀茂《かも》）守道《もりみち》朝臣が、輦車を造る日時を勘申《かんじん》した。

六日。　輦車宣旨の宣下

大外記頼隆が云ったことには、「按察大納言《あぜちだいなごん》行成卿が輦車宣旨の上卿《しょうけい》を勤めました。『弾正台《だんじょうだい》と検非違使《けびいし》に宣すように。外記に宣してはならない』ということでした。度々の例を見ると、外記がこれを承ります」ということだ。私が思慮を廻らすと、必ず外記に宣下しなければならない。外記はまた、諸陣に伝えなければならない。輦車が陣頭に到って、もしも宣旨が無ければ、陣官《じんかん》は咎《とが》めなければならないものである。この事に驚かされて、先例を調べて見ると、外記に下し奉る宣旨の内であった。また、一昨年、僧正院源《そうじょういんげん》が輦車宣旨を承った時、私は外記に宣下したということを、覚えているところである。

十三日。（『三条西家重書古文書』一・異国女寄丹後国事による）**異国の女、丹後に漂着**

民部卿《みんぶきょう》（源俊賢《としかた》）が云ったことには、「女で、身長七尺余り、顔の長さ二尺余りの者が、舟に乗って丹後《たんご》国に打ち寄せられた。舟の中に飯と酒が有った。舟の辺りに触れた者は病悩した。そこで着岸させなかったところ、死去した。国司《こくし》（源親方《ちかかた》）は記し書かなかった。脚力《かくりき》が申したところは、このとおりである」と。不吉《ふきつ》な事は言上《ごんじょう》してはならないということは、戒めたところである。そこで言上しなかったのか。

○五月

八日、癸未。　右少史信重を勘責

按察大納言《あぜちだいなごん》(藤原)行成《ゆきなり》卿が殿上間《てんじょうのま》に参った際、右少史《うしょうし》信重《のぶしげ》は立って射場《いば》の辺りにいなかった。そこで左大弁《さだいべん》(藤原定頼《さだより》)に命じて、勘責《かんせき》に処した〈「敷政《ふせい》門の内に跪《ひざま》ずいていた」ということだ。もしかしたら敷政門と謂うのは、すべて陣内と称すのか。それともまた、敷政門の内は陣頭か。あれこれ、議論した。大中納言《だいちゅうなごん》は、皆、同じであった。調べなければならない事である。〉。

九日。　後一条天皇、病悩／深覚の加持により平癒

宰相(藤原資平《すけひら》)が参入した。後一条《ごいちじょう》天皇の御病悩について、左頭中将《さとうのちゅうじょう》(藤原公成《きんなり》)に問うたところ、云ったことには、「昨夕の夜半の頃、二度、発《おこ》り悩《や》まれました。僧正《そうじょう》(深覚《しんがく》)が、独鈷《どっこ》で悩まれている所を抑えて、加持《かじ》しました。また、他所に移って、腫れられている所を加持しました。すぐに平癒《へいゆ》されました。その効験《こうげん》は、最も明らかです。天皇の御身は、震われていましたが、邪気《じゃけ》は人に移りました。起居《ききょ》は漸く御心に任せました。昨日は人に扶持《ふち》されて起きられました。今日は御意に任せて起居していますす。通例に復されたようです。大床子《だいしょうじ》に昇られました」ということだ。

十一日。　深覚に輦車宣旨

早朝、(藤原)資房《すけふさ》が来て云ったことには、「天皇の御心地《ここち》は、すでに宜しくいらっしゃいます。今日、僧正深覚が退出しました。その効験が有ったので、特に輦車《てぐるま》を聴《ゆる》されました」と。誠に末世《まっせ》とはいっ

ても、やはり仏法《ぶっぽう》の効験が有るようである。いよいよ三宝《さんぽう》に帰依《きえ》し奉らなければならないものである。

○閏五月

五日、庚戌。（『五壇法記』五壇法例による）　**後一条天皇病悩により五壇御修法を行なう**

「後一条《ごいちじょう》天皇の御病悩は、大した事はありませんでした。時々、発《おこ》られる様子が有りました。今日から五壇の御修法《みしほ》を行なわれることになりました」ということだ。

阿闍梨《あじゃり》　大僧都《だいそうず》心誉《しんよ》〈寺（園城寺《おんじょうじ》）。実相坊僧正《じっそうぼうそうじょう》。〉・尋円《じんえん》〈山（延暦寺《えんりゃくじ》）。飯室《いいむろ》僧正。〉・永円《えいえん》〈寺。平等院宮大僧正《びょうどういんのみやだいそうじょう》。〉・少僧都明尊《しょうそうずみょうそん》〈志賀《しが》大僧正。〉、阿闍梨斉祇《せいぎ》〈修学院僧都《しゅがくいんそうず》。〉。

二十日、乙丑。（『五壇法記』五壇法例による）　**五壇御修法、延行**

五壇の御修法は延行《えんこう》された。天皇の玉体《ぎょくたい》は尋常である。

二十七日、壬申。（『五壇法記』五壇法例による）　**五壇御修法、結願**

昨日、五壇の御修法が結願《けちがん》した。度者《どしゃ》を給わった。ただ、大僧都心誉の壇は、未だ結願していなかった。中壇か。験徳《げんとく》は他に異なるのか。もう四壇は如何であろう。

二十九日、甲戌。　**祈禱の賞として心誉に封戸を賜う**

右頭中将《うとうのちゅうじょう》（源）顕基《あきもと》が、勅を伝えて云ったことには、「大僧都心誉は、天皇の御病悩の間、特にその効験《こうげん》が有った。七十戸の封戸《ふこ》を下給するように」ということだ。心誉の功封《こうふう》について、左中弁《さちゅうべん》（源経《つね》頼《より》）の許に伝えた。

○六月

二十六日、庚子。　宋商周良史、爵位を望む

中将《ちゅうじょう》（藤原資平《すけひら》）が云ったことには、「宋人《そうじん》（周《しゅう》）良史《りょうし》は、解纜《かいらん》しようとしています。そこで名籍《みょうせき》を関《かん》白《ぱく》（藤原頼通《よりみち》）に献上し〈民部卿《みんぶきょう》（源俊賢《としかた》）が伝えて献上したもの。〉、栄爵《えいしゃく》を懇望《こんもう》しました。贖労《ぞくろう》の桑糸は三百疋です。もしも朝納《ちょうのう》が無ければ、本朝（宋）に帰って、戊辰の年の明後年に帰り参り、錦・綾・香薬《こうやく》などの類を献上することになりました。この良史の母は、本朝（日本）の人です。関白は贖労の解文《げぶみ》を返却し、黄金三十両を下給しました」と云うことだ。その門客《もんきゃく》（良史）が云ったことには、「徳化《とっか》が異域《いいき》に及んでいるのは、もっとも感嘆に足ります」と。私（実資）が考えたところは、日本の国用位記《こくよういき》を下賜するのは、深く恥じるところである。どうしてましてや、異朝《いちょう》（宋）の商客《しょうきゃく》が献上したとなると、なおさらである。遥かに聞いたところでは、貪欲《どんよく》であって、計略が有るのか。徳化と称するわけにはいかない。神祇《じんぎ》は恥を取ることになるであろうか。

○七月

八日、辛亥。　道長邸仏事／頼通、能信と争論／輦車の準備

明日、初めて輦車《てぐるま》に乗って内裏に参ることになっている。風雨の難が無いよう、賀茂社《かも》に祈り申させた。後日、神馬《じんめ》を奉献《ほうけん》するということを、同じく願い申させた。上御社《かみのみやしろ》の祈師《いのりし》は忠高《ちゅうこう》、下御社《しものみやしろ》は運好《うんこう》。中将《ちゅうじょう》(藤原資平《すけひら》)が来て云ったことには、「禅門《ぜんもん》(藤原道長《みちなが》)に参りました。通例の仏事によるものです。饗饌《きょうせん》が有りました。関白《かんぱく》(藤原頼通《よりみち》)・内府(藤原教通《のりみち》)以下の諸卿及び殿上《てんじょう》の侍臣《じしん》や諸僧が会集しました。大納言《だいなごん》(藤原)能信《よしのぶ》卿の僕従《ぼくじゅう》が濫行《らんぎょう》を行ないました。事の次いでに、能信卿が事実では無い事を披陳《ひちん》した際、関白の為に頗る冷淡《れいたん》な詞を吐きました。関白は大いに怒り、罵辱《ばじょく》はもっとも甚しいものでした。禅閤《ぜんこう》(道長)は能信卿を追い立てられました。往古《おうこ》から未だこのような事は有りませんでした」と云うことだ。輦車はこの二、三日、彩色《さいしき》させている。

九日、壬子。　初めて輦車に乗って参内／陣中文

早朝、諷誦《ふじゅ》を七箇寺〈東寺《とうじ》・広隆寺《こうりゅうじ》・清水寺《きよみずでら》・祇園《ぎおん》社・賀茂《かも》[上・下。]神宮寺《じんぐうじ》・北野《きたの》社。〉に修した。今日、巳剋に輦車に乗ることになっている。これは(賀茂《かもの》)守道朝臣《もりみちあそん》が勘申《かんじん》したものである。そこで輦車を待賢《たいけん》門に遣わした。両宰相〈右兵衛督《うひょうえのかみ》(藤原経通《つねみち》)と左《さ》中将《ちゅうじょう》資平。〉が、先ず来て云ったことには、「一緒に待賢門から参入することにします」ということだ。私はやはり陽明《ようめい》門から参入し、春華《しゅんか》門に参って来て会すよう伝えた。私は時剋を推測して参入した〈室町《むろまち》小路・待賢門(中御門《なかみかど》)大路・西洞院《にしのとういん》大路・陽明門(近《この》衛《え》)大路・大宮《おおみや》大路を経て、待賢門に到った。高陽院《かやのいん》の門前を避けたからである。〉。待賢門の外に於いて車を留め、車から下りて輦車に乗った〈輦車は同門の内に立てていた。〉。春華門の下に到った〈輦車を曳く者は、

冠・褐衣《かちえ》・布帯《ぬのおび》・脛巾《はばき》を着していた。〉。前駆《ぜんく》の人の他に、四位侍従《しいじじゅう》（藤原）経任《つねとう》・刑部少輔《ぎょうぶのしょう》（藤原）資頼《すけより》・少納言《しょうなごん》（藤原）資高《すけたか》が、輦車に扈従《こしょう》した。私は輦車から下りた。両宰相は春華門に来会し、一緒に参入した。敷政門《ふせいもん》から入った〈随身《ずいじん》を介して時剋を見させた。巳二剋。〉。左大弁《さだいべん》（藤原）定頼《さだより》が先に参入していた。私は陣座《じんのざ》に着し、大弁を呼んで中文《もうしぶみ》について問うた。揃えて準備しているということを申した。大弁は座を起って、陣の腋《わき》に向かった。私は南座《なんざ》に着した。次いで大弁が座に着し、敬屈《きょうくつ》して云ったことには、「中文」と。私は目くばせして、揖礼《ゆうれい》を行なった。称唯《いしょう》して陣座の方を見遣った。右大史《うだいし》（伴《ともの》）佐親《すけちか》が、中文を書杖《ふづえ》に挿んで、小庭《こにわ》に控えていた。私は目くばせした。称唯して膝突《ひざつき》に着し、これを奉った。開いて見終わり〈能登《のと》と但馬《たじま》の鈎匙文《かぎさしぶみ》。外記《げき》（三善《みよしの》）為時《ためとき》の馬料の文書《もんじょ》。〉、元のように推し巻いて、板敷《いたじき》の端に置いた。史《し》はこれを給わって、一々、束ね申した。裁き仰せた詞は、云々〈鈎匙文は、「申し給え」と。馬料の文書は、目くばせした。〉。推し巻いて書杖に取り副え、走り出た。次いで大弁が座を起った。蔵人式部丞《くろうどしきぶのじょう》（源）経任《つねのり》が、宣旨《せんじ》を下給した〈十一月の春日祭《かすがのまつり》の幣料《へいりょう》の内蔵寮《くらりょう》の請奏《しょうそう》。あらかじめ伝えたところである。〉。権左中弁《ごんのさちゅうべん》（藤原）章信《あきのぶ》に下した。次いで座を起って、殿上間《てんじょうのま》に参上した。しばらく伺候して、退出した。三人の宰相が共に送って輦車の下に到った。今日、卯剋以前は、大雨・暴風であった。幾程も経ず、天が晴れ、雲は収まった。神感《しんかん》の致したものか。

十日、癸丑。　藤原寛子周忌法事／輦車参内を道長・頼通に報告／道長、陰明門下までの乗車参内を望む／大内裏中隔西方の掃治を命ず

「昨日、小一条院《こいちじょういん》の御息所《みやすどころ》（藤原寛子《ひろこ》）の周忌《しゅうき》法事が行なわれた」と云うことだ。「七僧《しちそう》の他、百僧がいた」と云うことだ。昨日、老骨に堪えず、輦車について、中将を介して禅閤および関白に伝えさせた。皆、報じる趣旨が有った。中将が云ったことには、「禅閤が云ったことには、『私（道長）は衰老《すいろう》・病《びょう》患《かん》の身を我慢して内裏に参った。朔平門《さくへいもん》から歩行して参入した。その距離は、はなはだ遠かった。まったく堪えられそうになかった。故入道殿《にゅうどうどの》（藤原兼家《かねいえ》）は、車に乗って朔平門から入り、玄輝門《げんきもん》の下に到って下りられた。あの例を合わせて思うと、式乾門《しきけんもん》から入って陰明門《おんめいもん》の下に到り、車から下りて参入しようと思う。憚るところが有るとはいっても、進退《しんたい》は難儀《なんぎ》している。歩行の距離は、頗る近々にすべきである。そこで内々に思ったところである。故殿《ことの》（兼家）は御病は無かった。ところが車に乗って中隔《なかへだて》に入られた。我（道長）は病が極めて重い。密々に車に乗って陰明門の下に到り、車から下りて参入しようと思う』ということでした。中隔の西方の路は、甚だ汚穢《おわい》しています。中隔の掃治《そうじ》は、汝《なれ》（実資）が召し仰せられるのでしょうか」ということだ。左大史《さだいし》（小槻《おつきの》）貞行宿禰《さだゆきすくね》を召して、中隔の掃治について命じた。左右兵衛府《ひょうえふ》が奉仕するところである。

二十一日、甲子。　相撲召仰

申剋の頃、大外記《だいげき》（清原）頼隆《よりたか》が来て云ったことには、「相撲《すまい》の召仰《めしおおせ》は、按察大納言《あぜちだいなごん》（藤原）行成《ゆきなり》卿が仰せ下しました。二十九・三十日の假《か》は、正暦《しょうりゃく》五年の例によって行なうことになりました。二説有る事です。左少将《さしょうしょう》（源）隆国《たかくに》と右中将《うちゅうじょう》（源）顕基《あきもと》が、これを承りました。先ず大将（教通・実資）に伝えて□□。

また、左中弁《さちゅうべん》(源経頼《つねより》)に伝えました」ということだ。装束司《しょうぞくし》であるからである。これは通例の事である。隆国が云ったことには、「按察《あぜち》(行成)が云ったことには、『本来ならば円座《わろうだ》二枚を敷いて、一度に二人の将(隆国・顕基)に伝えなければならない』と。ところが兄弟であるので、憚るところが有るということを、隆国が伝えた。そこで一度に伝えなかった」ということだ。

二十三日、丙寅。　空也の錫杖と金鼓を贈与される／右近衛府相撲内取／鷺の怪異

相撲所《すまいどころ》の定文《さだめぶみ》を返給した。

義観阿闍梨《ぎかんあじゃり》が、故空也聖《くうやひじり》の錫杖《しゃくじょう》と金鼓《こんぐ》を志し与えてきた。使の童《わらわ》に手作布《たづくりのぬの》二端《たん》を下給した。義観阿闍梨は空也の入室《にっしつ》の弟子である。そこで伝えることができたものである。この金鼓は、あの聖が腕に懸けて、日夕、身を離さなかった。錫杖も同じであった。不慮に得たもので、随喜《ずいき》は極まり無かった。

山陽道《さんようどう》の相撲使《すまいのつかい》が、相撲人《すまいびと》たちを随身して参って来た。播磨《はりま》国の相撲人を連れて、率いて参るよう命じた。前に召さなかった。今日は右近衛府《うこのえふ》の内取《うちとり》である。そこで先ず右近衛府に遣わした。晩方、伊予《いよ》の相撲人(他戸《おさべの》)秀高《ひでたか》が参って来た。召して見た。秀孝は助手《すけて》である。国々の相撲人が参って来た。召して見て、内取所《うちとりしょ》に参るよう命じた。その後、最手《ほて》(真上《まかみの》)勝岡《かつおか》が参って来た。前に召して、これを見た。随身所《ずいじんどころ》に於いて、瓜を下給した。鷺が南の林に集った。随身(身人部《むひとべの》)信武《のぶたけ》が石で打ち落とした。翼が折れて、飛ぶことができなかった。

二十七日、庚午。　仁寿殿・綾綺殿の相撲室礼について指示／相撲人から進物

左中弁経頼が、仁寿殿《じじゆうでん》の御室礼《しつらい》の疑いについて、中将の許に記し送ってきた。解決する為である。下官が皆、その書状の書出に記し付けて、返し遣わしておいた。弁が云ったことには、「綾綺殿《りようきでん》の前の幔《まん》は、あの殿の格子《こうし》の上に曳くよう、定められました」ということだ。装束司の記文《きぶん》のとおりであった。但し、天暦《てんりやく》九年以来、やはり壇の下に立てる。同十年は、勅定《ちよくじよう》が有って、格子に引いた。天元《てんげん》は壇の下、正暦は格子に曳いた。このことを伝えた。最手勝岡が色革《いろがわ》を進上してきた。

三十日、癸酉。　南海道・西海道相撲使に過状を進上させる／相撲の際の仁寿殿参入の門について／道長の説の誤り／法華経講釈

相撲人たちが、早く罷り帰るということを申させた。

南海道使《なんかいどうし》の右近将曹《うこんのしようそう》(紀)正方《まさかた》は、使節の勤めはなかった。その一は、(越智《おち》)富永《とみなが》が、伯父の死穢《しえ》に触れたということを申してきた。正方に問うたところ、知らないとのことを申した。「正方については、先に参って来た」ということだ。本来ならば相撲人を随身して参上しなければならないのである。その二は、(越智)惟永《これなが》が参上しなかった。解文《げぶみ》に入っている者である。正方が申して云ったことには、「惟永は遠国《おんごく》に住んでいます。すでに参るということを申させました。また、国司《こくし》(藤原済家《なりいえ》)が参上させることにすることを申しましたが、事の疑いが無かったので、先に参上しました」と。申したところは、極めて愚かである。また、大宰相撲使《だざいすまいし》の右近将曹(秦《はたの》)正親《まさちか》は、遁避《とんひ》させた。季頼《すえより》が召して問うたところ、申して云ったことには、「船が無かったので、遅留しました。そうとはいっても、早く

参上するということを申しました。そこで陸路で参上します」ということだ。この二人の相撲使は、過状《かじよう》を進上させる事を、右近将監《うこんのしようげん》（高《こうの》）扶宣《すけのぶ》を介して頭中将《とうのちゆうじよう》（源顕基《あきもと》）の許に示し遣わした。富永の触穢《しよくえ》は、来月十四日に及んでいる。その日を過ぎて、召問《しようもん》させなければならないのである。彼の乗る船については、守護《しゆご》させるよう、同じく扶宣に命じた。また、県高平《あがたのたかひら》は、確かに右衛門府《えもんふ》に拘禁《こうきん》させた。何年か、越中《えつちゆう》国に逃げ隠れて相撲を勤めなかった事を、特に召問させるとのことである。同じく頭中将に仰せ遣わした。

中将が云ったことには、「禅閤が云ったことには、『仁寿殿の相撲の時は、上達部《かんだちめ》は日華《につか》門から参入する』と。春宮大夫《とうぐうだいぶ》（藤原）頼宗《よりむね》は、その命によって、昨日、日華門から入りました。左大弁定頼が従いました。召合《めしあわせ》の日は、頼宗卿は敷政門から参入し、禅閤が勘当《かんどう》に処しました」ということだ。先例では、敷政門から出入する。禅閤の説は用いてはならない。禅閤は民部卿《みんぶきよう》（源俊賢《としかた》）に伝えられた。民部卿が申して云ったことには、「正暦には、上達部は敷政門から出入しました」ということだ。ところが禅閤は用いられなかった。ここに禅閤が云ったことには、「吾（道長）および（藤原）顕光《あきみつ》卿は、正暦には、日華門から入った」ということだ。亀鏡《きけい》と称すわけにはいかない。もしかしたら、「左の相撲屋の道を□しなければならない」ということだ。公卿《くぎよう》が参上する道は、何れの道を用いればよいのであろうか。先例の無い事である。また、便宜《びんぎ》が無いばかりである。

普賢《ふげんぼ》菩薩勧発品《さつかんぼつぽん》〈済算《さいさん》。〉。

○八月

四日、丁丑。　釈奠の講論・宴座の有無／藤原嬉子周忌法事／文円を見舞う

中将《ちゅうじょう》(藤原資平《すけひら》)が来て云ったことには、「幡《はた》を禅閤《ぜんこう》(藤原道長《みちなが》)に奉献《ほうけん》させました」と。大外記《だいげき》(清原)頼隆《よりたか》が云ったことには、「昨日、関白《かんぱく》(藤原頼通《よりみち》)が云ったことには、『釈奠《せきてん》の講論《こうろん》と宴座《えんのざ》は、もしかしたら行なうべきか否か。准じる例を勘申《かんじん》するように』ということでした。符合する例ではないとはいっても、一、二、勘申し奉ります」ということだ〈明日、尚侍《ないしのかみ》(藤原嬉子《よしこ》)の周忌《しゅうき》法事か」と云うことだ。〉。「阿闍梨《あじゃり》文円《ぶんえん》は、腫物《しゅもつ》を煩っているとのことだ」と云うことだ。そこで(中原)義光朝臣《よしみつあそん》を遣わして見舞った。その書状によって、丁子《ちょうじ》と巴豆《はず》を遣わした。「昨日から、頗る宜しい」ということだ。明経学生《みょうぎょうのがくしょう》師成《もろしげ》が申して云ったことには、「今日、講論は行なわれましたが、宴座は有りませんでした」ということだ。明日の尚侍の周忌法事によるものか。ひとえに禅閤の心労《しんろう》によって、宴座は無かった。宜しきに随った議であろうか。

七日、庚辰。　右近衛府相撲還饗／千古の為の祈願

今日、右近衛府《うこのえふ》に於いて、相撲《すまい》の還饗《かえりあるじ》を行なった。米十石・熟瓜《ほぞち》・魚類を遣わした。将監《しょうげん》の禄の絹二疋、府生《ふしょう》の白い絹一疋、最手《ほて》の通例の禄の他、赤い絹一疋を揃えた。最手(真上《まかみの》)勝岡《かつおか》の他、相撲人《すまいびと》は三人。勝者は布三端《たん》。三人とも、皆、勝者であった。相撲長《すまいのおさ》に五端、番長《ばんちょう》に四端、近衛《このえ》に二端。右近《うこんの》将曹《しょうそう》(紀)正方《まさかた》は、相撲使《すまいのつかい》の勤めが無かったので、過状《かじょう》を進上した。この内、また追って遣わさせた。

そこで禄を下給した。今年は立合《たちあわせ》はいなかった。

熟瓜二籠と米三石を文円阿闍梨の許に遣わした。労問《ろうもん》の為である。名香《みょうごう》三種〈沈香《じんこう》・丁子・白檀《びゃくだん》、各一両。〉・雑香《ざつこう》二升一合《ごう》・油一升・供料《くりょう》の用紙《ようし》二十一帖《じょう》を、大僧正《だいそうじょう》（深覚《しんがく》）の御許に奉献した。小女（藤原千古《ちふる》）の祈願の為、その命に随って奉献したものである。相撲人（県《あがたの》）為永《ためなが》や（秦《はたの》）吉高《よしたか》に高田牧《たかだのまき》の駒の下文《くだしぶみ》を給わった〈為永に三疋、吉高に二疋。〉。

十五日。（『局中宝』入道太政大臣御出家以後参内事による）　**道長、参内**

或る人が云ったことには、「禅閤は、今朝、内裏に参られた。車に乗って朔平門《さくへいもん》から入り、玄輝門《げんきもん》に到った。これは故大入道太閤《だいにゅうどうたいこう》（藤原兼家《かねいえ》）の例である」と云うことだ。

○九月

十日、癸丑。　**伊勢斎宮損色文／不堪佃田申文／謗難を発す／道長法華三十講発願**

諷誦《ふじゅ》を東寺《とうじ》に修した。また、金鼓《こんぐ》を打たせた。

内裏に参った。夜に入って、陽明門《ようめいもん》から藤中納言《とうちゅうなごん》（藤原）朝経《あさつね》と一緒に参入した。これより先に、左《さ》大《だい》弁《べん》（藤原）定頼《さだより》が参入していた。宣旨《せんじ》〈常住寺《じょうじゅうじ》が申請した損色《そんしょく》の使。〉を左中弁《さちゅうべん》（源）経頼《つねより》に下した。不《ふ》堪佃田《かんでんでん》申文《もうしぶみ》について大弁に伝え、座を起った。左中弁が、先日、下給した斎宮《さいぐう》の所々の損色の文書《もんじょ》を進上した。見終わって、奏上するよう命じた。「この所々は、或いは大風の為に顚れ、或いは実体が無く年を経、或いは野火《のび》の為に焼かれた」ということだ。野火の為に焼かれたということは、その時に言《ごん》上《じょう》したのか。また、守護《しゅご》する人はいたのか否か、もしかしたら尋問されるべきであろうか。詞を加えて、申上させた。私は座を起って、南座《なんざ》に着した。次いで左大弁が座に着した。敬屈《きょうくつ》して申して云ったことには、「申文」と。私は目くばせして、揖礼《ゆうれい》を行なった。称唯《いしょう》して、史《し》の方を見た。左大史《さだいし》基《もと》信《のぶ》が、不堪佃田の文書〈目録、横挿《よこざし》。〉を挿んで、小庭《こにわ》に伺候した。私は目くばせした。称唯し、走って膝突《ひざつき》に着し、これを進上したのを、待って取った〈横挿の文書は、故意に取り落とした。〉。表紙《おもてがみ》を開いて、先ず横挿の目録を見た。次いで結緒《ゆいお》を解いた。国々の坪付《つぼつけ》や開発《かいほつ》の解文《げぶみ》を見た。五、六箇国は、開発の解文に使者を記し、坪付の解文に記していなかった。また、近江《おうみ》国は二枚とも使を記していなかった。また、備前《びぜん》国の文書は、印を捺《お》しておらず、受領《ずりょう》の官の署も無かった。一々、見終わって、元のように巻き結んだ。目録は結緒の外、表紙の内にあった。推し巻いて、板敷《いたじき》の端に置いた。史はこれを給わった。目録を開いて、束ね申した。私が大弁に伝えて云ったことには、「国々は、多く坪付の解文に使の名を記していない。近江国が二枚とも記していないのは、如何なものか」と。大弁が云ったことには、「古昔《こせき》は、難点が有れば、返給して使の名を入れさせました」ということだ。使の名を記すよう命じた。また、私が云ったことには、「備前の解文は、受領の官の署が無い。また、印を捺していない。返給して受領の官の署を加えさせるように」と。同じく大弁に命じた。次いで史に命じて云ったことには、「申し給え」と。称唯し、元のように表紙を推し巻いて杖に加え、走り出た。権《ごん》中納言《ちゅうなごん》(藤原)長家《ながいえ》と大蔵卿《おおくらきょう》(藤原)通任《みちとう》が参入した。三十講《さんじっこう》に参るという意向が有った。そこで権中納言と大蔵卿は、早く退出するということを伝えた。二人は座を起ち、講説所《こうぜちしょ》に参った。私はしばらくして退出した。左大弁が従った。時に申剋。

十三日、丙辰。　亡室婉子女王母に対面／和歌を添える

巳剋の頃、醍醐寺《だいごじ》に参った。午剋、到着した。故女御《にょうご》(婉子女王《つやこ》)の母堂《ぼどう》(為平《ためひら》親王室、源高明女《たかあきらのむすめ》)に対面し、終日、清談《せいだん》した。随身《ずいじん》した御装束《しょうぞく》〈薄物《うすもの》の表衣《うえのきぬ》[二倍。]・同じ袈裟《けさ》・鈍色《にびいろ》の綾の掛《うちき》一重《かさね》・同じ裳《も》・紅《こう》染《ぞめ》の袷《あわせ》[三倍。]〉。和歌一首を紙に書いて、衣の裏に付けた。思へとも消にし露の玉緒《たまお》たに衣の裏に留めさりけむ[思っても消えてしまった露の玉緒でさえ、衣の裏に留めなかったろう。]〉を、大檜破子《おおひのきわりご》に納め、その上の笥《け》に菓子を入れた。一荷《か》に合わせたか。更に上の笥に菓子を納めた。破子《わりご》の様子は、故意に夏門冬結《かもんとうけつ》にあるようなものであった。破子は黒木《くろき》を台とした。別に大破子《おおわりご》を副えた。入道侍従《にゅうどうじじゅう》(藤原相任《すけとう》)が食事を準備した。申剋の頃、寺を出た。戌剋の頃、家に帰った。今日、宰相中将《さいしょうちゅうじょう》(藤原資平《すけひら》)が車後《くるまじり》に乗った。(藤原)資房《すけふさ》・(藤原)資頼《すけより》・(藤原)資高《すけたか》・(藤原)経季《つねすえ》は、馬に騎って前駆《ぜんく》した。

十六日、己未。　鹿、内裏に入る／陣申文／不堪佃田奏／官奏

早朝、諷誦を六角堂《ろっかくどう》に修した。左大史(小槻《おつきの》)貞行宿禰《さだゆきすくね》が来た。今日の申文について命じた。未の初剋、内裏に参った。中将《ちゅうじょう》(資平)は車後に乗った。資頼と資高が従った。陽明門から参入した。外記庁《げきちょう》に到った頃、鹿が大膳職《だいぜんしき》の北から走り出て、西行した。随身(身人部《むひとべの》)信武《のぶたけ》が云ったことには、

「もしかしたら春華《しゅんか》門に入るでしょうか」と。信武および随身たちに命じて、前に立って見させた。申して云ったことには、「春華門から入って、走って来ました」と。随身たちが走り向かった。鹿は走り帰った。更に春華門から出て、元の東宮に入った。この間、私は左衛門陣《さえもんのじん》の東の辺りで、遥かに見た。私は敷政《ふせい》門から入って陣座《じんのざ》に着し、官奏《かんそう》と中文について左中弁経頼に問うた。その後、左大弁が殿上間《てんじょうのま》から来て、陣座に着した。中文の儀を行なうよう命じた。すぐに座を起った。私は南座に着した。大弁が座に復し、敬屈して云ったことには、「申文」と。私は目くばせして揖礼を行ない、称唯して陣の腋《わき》を見遣った。右大史《うだいし》行高《ゆきたか》が、文書を文夾《ふばさみ》に挿んで、小庭に伺候した。私は目くばせした。称唯して膝突に着し、これを奉った〈横挿が有った。〉。一々、開いて見た〈尾張《おわり》・因幡《いなば》・備中《びっちゅう》・紀伊《きい》の減省《げんせい》。出雲《いずも》の後不堪《ごふかん》。〉。元のように巻いて、板敷に置いた。行高はこれを給わって、一々、束ね申した。命じて云ったことには、「申し給え」と。行高は文書を杖に取り副えて、走り出た。大弁は座を起った。しばらくして、座に復した。笏《しゃく》を挿んで云ったことには、「奏」と。私は小揖《しょうゆう》し、称唯して、史の方を見た。右大史(伴《ともの》)佐親《すけちか》が奏文を挿み、小庭に跪《ひざまず》いて伺候した。私は目くばせした。称唯し、走って来て、膝突に着し、これを奉った〈不堪佃田文《ふかんでんでんぶん》。別に結んだ目録と黄勘文《きかんもん》が、この中にあった。結んだ外に、国々の減省・後不堪・僧綱簡定《そうごうかんてい》の解文・寺々の擬補《ぎほ》の講師《こうじ》と読師《どくし》の文書、合わせて十二枚が有った。〉。結緒を解いて、一々、開いて見た〈先ず不堪佃田の目録を見た。但し緒を解かず、ただ引き抜いて見た。便宜《びんぎ》の無い文書は見なかった。大略、文書の数を推すことは、記文《きぶん》に見える。〉。元のように巻き結び〈片結び。〉、板敷の端に置いた。史が給わり、揃えるべき文書の数を申した。終わって、退出した。次いで左中弁を介して内覧《ないらん》させた。時剋が移り、還って来て、報を伝えた〈関白《かんぱく》（藤原頼通《よりみち》）は御物忌《ものいみ》であった。ところが前日に事情を伝えておいた。〉。そこで揃っているということを奏上させた。謂うところの奏申《そうしん》である。漸く秉燭《へいしょく》に及ぼうとしていた頃、来て召した。すぐに参上した。射場《いば》の廊に於いて、奏を取って参上した〈これより前、燈燭《とうしょく》を供した。〉。その儀は、恒例のとおりであった〈先ず年中行事御障子《ねんじゅうぎょうじのみしょうじ》の東頭《ひがしのほとり》に跪き、称唯して参り進んだ。〉。御覧が終わって、奏書を束ね、御座の端に置かせた。私は文夾を置いて進み、給わって、束ね申した〈先ず不堪佃田の目録を束ね申した。結緒を解かなかった。次いで他の文書を束ね申した。〉。終わって、元のように文書を結び、退下した〈杖を書に置いた。年中行事御障子の西を経た。〉。射場〈元の所。〉に於いて、書杖《ふづえ》および文書を返給し、仗座《じょうのざ》に復した。次いで大弁が座に復した。右大史佐親が、奏書を返し奉った。私は先ず、表巻紙《うわまきがみ》を給わった〈板敷の端に置いた。〉。史が給わった。次いで文書を給わった。史が開いて見て、私に見せた。宣下した〈皆、宣して云ったことには、「申したままに」と。出雲国の後不堪は、「昨年の例によって、使を遣わすことを停め、三分の二を免じられる」と。〉。次いで結んだまま、不堪佃田文を推し出した。史が給わって、目録を引き抜いて見せた。命じて云ったことには、「諸卿に定め申させよ」と。次いで文を開き、成り定まった数・定文《さだめぶみ》の数を申した。表紙を推し巻いて、伺候させた。結緒を給わり、元のように結んだ。文書を杖に加えて、走り出た。次いで大弁が座を起った。次いで私が座を立って、退出した。

二十三日、丙寅。　下毛野公家を馬乗に補す／鳩が侍従所に入る怪異

故(葛井《ふじいの》)秋堪《あきとう》の御馬乗《うまのり》の欠について、下毛野公家《しもつけののきんいえ》を宣下するよう、右近将監(高《こうの》)扶宣《すけのぶ》に命じた。明後日、書き下すよう命じた。

夜に入って、中将が来て云ったことには、「今日、外記政《げきせい》が行なわれました。侍従所《じじゅうしょ》の際、鳩が舎内に飛び込んで、すぐには飛び出しませんでした。吉凶《きっきょう》を占わせるよう、あの所に命じました」ということだ。

○十月

八日、庚辰。(『五壇法記』五壇法例による)　**中宮威子、安産祈願のため、五大尊像を造顕し五大尊法を修す**

中宮《ちゅうぐう》(藤原威子《たけこ》)は、等身《とうしん》の五大尊《ごだいそん》像を造顕《ぞうけん》し奉った。明日から五口《く》の僧を招請して五大尊法《ごだいそんほう》を行なわれる。

九日、辛巳。(『五壇法記』五壇法例による)　**五大尊法**

五壇。中壇は大僧都《だいそうず》心誉《しんよ》〈寺(園城寺《おんじょうじ》)。〉　尋円《じんえん》〈山(延暦寺《えんりゃくじ》)。〉　永円《えいえん》〈寺。〉　律師《りっし》延尋《えんじん》〈仁(仁和寺《にんなじ》)。〉　阿闍《あじゃ》梨内供奉《りないぐぶ》良円《りょうえん》〈山。〉。

十日。(『五壇法記』による)　**五大尊法**

中宮の御産の御祈願のため、五壇法《ごだんほう》を修した。心誉僧都《そうず》〈伴僧《ばんそう》八口。〉・延尋律師〈降三世法《ごうざんぜほう》。〉・尋円僧都〈軍荼利法《ぐんだりほう》。〉・永円大僧都〈大威徳法《だいいとくほう》。〉・良円内供《ないぐ》〈金剛夜叉法《こんごうやしゃほう》。〉。

「以上、伴僧は各六口」と云うことだ。

延寿《えんじゅ》、降三世〈定めなかった事である。〉。

十二日、甲申。（『五壇法記』五壇法例による）　**怪異**

「中宮の五壇法は、中壇の心誉に怪異《かいい》が有った。吉凶《きっきょう》を占われた」と云うことだ。

○十二月

九日。（『五壇法日記』による）　**皇女章子、誕生**

皇子（章子《あきこ》）を誕生した。

万寿四年(一〇二七)

藤原実資七十一歳(正二位、右大臣・右大将)　後一条天皇二十歳　藤原道長六十二歳　藤原頼通三十六歳　藤原彰子四十歳　藤原威子二十九歳

○正月

一日、癸卯。〈節会部にある。〉　四方拝／関白邸・太皇太后宮拝礼／小朝拝／元日節会内弁を勤む／朝覲行幸召仰

天が晴れた。星は明るかった。四方拝《しほうはい》は恒例のとおりであった。巳剋の頃、宰相中将《さいしょうちゅうじょう》(藤原資平《すけひら》)が来た。すぐに関白《かんぱく》(藤原頼通《よりみち》)の邸第《ていだい》に参った。長い時間が経って、帰って来た。「関白の邸第に於いて、拝礼《はいらい》を行ないました。終わって、関白は御堂《みどう》(藤原道長《みちなが》)に参られました。禅閤《ぜんこう》(道長)は客亭《かくてい》に出居《でい》を行ないました。病悩の様子はありませんでした。次いで女院《にょういん》(藤原彰子《あきこ》)に参りました。拝礼が行なわれました」ということだ。申剋の頃、内裏に参った〈中将《ちゅうじょう》(資平)は車後《くるまじり》に乗った。〉。「上達部《かんだちめ》は殿上間《てんじょうのま》に伺候した」と云うことだ。私は左方の膝が疼痛《とうつう》していた。舞踏《ぶとう》の際、進退《しんたい》に憚りが多い。そこで陣《じん》座《のざ》に伺候して、このことを頭中将《とうのちゅうじょう》(源)顕基《あきもと》に告げた。大納言《だいなごん》(藤原)行成《ゆきなり》が云ったことには、「左方の手が、心に叶いません。拝舞《はいぶ》の際、方策が無いでしょう。そこで披露《ひろう》する為に、殿上間の方に参ります。只今、小朝拝《こちょうはい》が行なわれようとしています。独りで伺候するのは、便宜《びんぎ》が無いでしょう。そこで

来たところです」ということだ。頭中将が仰せを伝えて云ったことには、「内弁《ないべん》を奉仕するように」と。その後、内府（藤原教通《のりみち》）以下が陣座に着した。私は南座《なんざ》に着した。大外記《だいげき》（清原）頼隆《よりたか》を召して、標《しめ》と、御暦《ごりゃく》・氷様《ひのためし》・腹赤《はらか》・卯杖奏《うづえのそう》が揃っているかどうかを問うた。申して云ったことには、「中務《なかつかさの》輔《すけ》と宮内輔《くないのすけ》が、障りを申して参りません。標については、早く立てておきました。御卯杖については、問うて宣すことにします」ということだ。時剋は酉の初剋に及んだ。頭中将を介して事情を奏上させた。すぐに内侍所《ないしどころ》に託すよう命じられた。大外記頼隆を召して、これを命じた。頭中将顕基が勅を伝えて云ったことには、「三日、上東門院《じょうとうもんいん》（土御門院《つちみかどいん》）に行幸《ぎょうこう》を行なうことになっている。諸衛府《えふ》を召し仰すように」ということだ。奏上させて云ったことには、「御出《ぎょしゅつ》の門や路を承ります。また、三箇日の内の行幸は、鳳輿《ほうよ》に乗られます。仰せに随って揃えておくことにします」と。また仰せを伝えて云ったことには、「御輿《みこし》は通例によって行なうように」ということだ。そもそも節会《せちえ》の間の召仰《めしおおせ》は、便宜が無いのではないか。三日の行幸は、恒例の定事《じょうじ》である。ただ、外記《げき》を介して召し仰させなければならない。すぐに大外記頼隆に命じた。頭中将が云ったことには、「時剋と御出の門について、（賀茂《かもの》）守道《もりみち》を召し遣わし、その申すことに随って、命じられるように」ということだ。大略は巳剋に御出するよう、先ず頼隆に命じておいた。御輿および造路《ぞうろ》については、左中弁《さちゅうべん》（源）経頼《つねより》に命じておいた。御出の時剋と行幸路は、意向を取って行なうよう、伝えておいた。明日は坎日《かんにち》である。今日、召し仰すよう、官・外記方に宣下しておいた。内大臣（教通）以下の諸卿は、外弁《げべん》に出た。左右近衛府《このえふ》が陣を引いた。私は宜陽殿《ぎようでん》の兀子《ごつし》に着した。内侍《ないし》は檻《かん》に臨んだ。座を起って、称唯《いしよう》した。左仗《さじよう》の南頭《みなみのほとり》に到って、謝座《しやざ》を行なった。参上して、座に着した。次いで門を開いた。闈司《いし》は分かれて坐った。舎人《とねり》を喚《め》したことは二声。承明門《しようめい》の外に於いて、大舎人《おおとねり》が同音に称唯した。少納言《しようなごん》(藤原)惟忠《これただ》が替わり、参入して版位《へんい》に就いた。宣したことには、「大夫《まちきみ》たちを召せ」と。称唯して、退帰した。次いで群卿以下が参入して、標に就いた。謝座と謝酒《しやしゆ》は、通常のとおりであった。内膳司《ないぜんし》は南階《みなみのきざはし》から御膳を供した。上下の座が興った。次いでまた、采女《うねめ》が腋《わき》から御膳を供した。粉熟《ふずく》を供した。次いで臣下の粉熟を供した。私は後一条《ごいちじよう》天皇の意向を伺った。随ってすぐに御箸を下した。臣下が応じた。次いで御飯を供した。次いで臣下の飯を据えた。次いで汁物《しるもの》。終わって、意向を伺った。そこで御箸を下した。臣下が従った。次いで三節《みおり》の御酒《みき》を供した。次いで一献《こん》を供した。次いで臣下。巡行《じゆんこう》の間、国栖《くず》が歌笛《かてき》を奏した。三献の後、私が座を起って、奏上して云ったことには、「大夫たちに御酒を給おう」と。天皇の意向を得た。称唯して座に坐り、(源)朝任朝臣《あさとうあそん》を召した。称唯して、参って来た。命じたことには、「大夫たちに御酒を給え」と。称唯して、退下した。更に参上した。南檻《みなみかん》に臨んで、召し仰せた。宰相に命じて雅楽《ががく》を催促させた。立楽《たちがく》があった。すぐに参入音声《まいりおんじよう》を奏した。次いで舞が四曲。私は中間で退下し、左仗に着した。見参《げんざん》を奉るよう、外記頼言《よりとき》に命じた。すぐに進上した。見終わって、返給した。大内記《だいないき》(橘)孝親《たかちか》を召して、宣命《せんみよう》を進上するよう命じた。退帰して、宣命を奉った。見終わって、返給した。雅楽が終わった。私は軒廊《こんろう》に進み立って、南を向いた。外記が宣命と見参簿《げんざんぼ》(宣命は横《よこ》挿《ざし》。〉を奉った。私は待ち取り、参上して内侍に託した。御覧が終わって、返給された。退下して、軒廊に立った。書《ふ》杖《づえ》および見参簿を返し賜わった。終わって、宣命を笏《しゃく》に取り副え、参上して座に復した。左兵衛督《さひょうえのかみ》（藤原）経通《つねみち》を召した〈「左の武《つわもの》舎人《とねり》の司《つかさ》の藤原朝臣」と。〉。宣命を給わって、座に復した。終わって、私は退下した。序列どおりに殿を下りた。私は列に立たず、退出した〈時に亥の終剋か。〉。参入した公卿《くぎょう》は、左大臣（頼通）〈関白。御後ろに伺候した。〉、大納言行成・（藤原）頼宗《よりむね》・（藤原）能信《よしのぶ》、中《ちゅう》納言《なごん》（藤原）長家《ながいえ》・（藤原）兼隆《かねたか》・（藤原）実成《さねなり》・（源）道方《みちかた》・（源）師房《もろふさ》、参議《さんぎ》経通・資平・（藤原）通任《みちとう》・（藤原）兼経《かねつね》・（藤原）定頼《さだより》・（藤原）広業《ひろなり》・朝任・（藤原）公成《きんなり》。

二日、甲辰。〈二日部にある。〉　**頼通第臨時客／東宮大饗**

左兵衛督経通・宰相中将資平・大蔵卿《おおくらきょう》（通任）・広業・右兵衛督《うひょうえのかみ》朝任・新宰相《しんさいしょう》公成及び弁以下の殿《てん》上人《じょうびと》、次いで侍たちが来た。逢わなかった。事の準備が無かったからである。「今日、内府に到ったが、準備は無かった」と云うことだ。

夜に入って、中将（資平）が来て云ったことには、「今日、内大臣以下は、関白の邸第に会合しました。引出《ひきで》物《もの》が有りました。次いで皇太后宮《こうたいごうぐう》（藤原妍子《きよこ》）に参りました。内大臣以下は内裏に参りました。次いで東宮（敦良《あつなが》親王）の拝礼が行なわれました。次いで東宮大饗《だいきょう》に参りました」と。或いは云ったことには、「関白は女院に参り、続いて内裏に参った。また、御堂に参られた」と云うことだ。

三日、乙巳。　**天皇・東宮、藤原彰子に朝覲行幸啓／途上に火事を見る**

今日、上東門院に行幸が行なわれた。早朝、諷誦《ふじゅ》を六角堂《ろっかくどう》に修した。巳剋の頃、内裏に参った〈中将は車後に乗った。〉。仗座《じょうのざ》に着した。時剋を問うたところ、巳三剋であった。その時剋に、関白が参られた。壁の後ろに於いて対面した。伝えられて云ったことには、「東宮の行啓《ぎょうけい》は、春宮大夫《とうぐうだいぶ》（頼宗）と春宮権大夫《とうぐうごんのだいぶ》（師房）が供奉《ぐぶ》することとする。その他、宰相二人が供奉することとする。大蔵卿と藤宰《とうさい》相《しょう》（広業）が扈従《こしょう》するのが宜しいであろうか。衛府は行幸に供奉しなければならない。新宰相は独りで行幸に供奉すべきであろうか。大蔵卿と藤宰相について、伝え知らせるように」ということだ。すぐに外記（源）成任《なりとう》に命じた。私が東宮に参った際、仁寿殿《じじゅうでん》に於いて、権左中弁《ごんのさちゅうべん》（藤原）章信《あきのぶ》が進んで来て、綸旨《りんじ》を伝えて云ったことには、「東宮の行啓の啓陣《けいじん》は、佐《すけ》を伺候させるように〈左右兵衛佐《ひょうえのすけ》だけ。〉」ということだ。しばらく東宮に伺候した。還って陣座に参った。東宮の行啓の兵衛佐について、大外記頼隆に命じた。左中弁経頼が仰せを伝えて云ったことには、「供奉の諸司は、参入するのでしょうか。それならば早く御輿を寄せなければなりません」と。参入するということを奏上させた。これより先に、大外記頼隆に問うて申したところである。御輿を日華門《にっかもん》の橋の上に持って控えるよう、伝えさせた。次いで私は階下《かいか》を経て、南階の南西に立った。左大将《さだいしょう》（教通）〈内大臣。〉は、南東に立った。次いで諸卿が列に参った。次いで左腋門《わきもん》を開いた〈何年か、門扉《もんぴ》が顚倒している。〉。闈司が参入して、版位に就き、奏上した〈勅答《ちょくとう》があった。〉。次いで少納言（源）経長《つねなが》が、鈴奏《すずのそう》を行ない〈勅答があった。〉、退帰した。御輿を寄せた〈鳳輿。三日の内は鳳輿を供する。〉。御座が定まった。左大将が先ず警蹕《けいひつ》を称した。天皇の乗輿《じょうよ》は、日華・宣陽《せんよう》〈宣陽門で、左大将が大舎人を召して命じたことには、「御綱を張れ」と。〉・陽明《ようめい》門を出て、大宮《おおみや》大路から北行し、□東に折れ、上東門《じょうとうもん》大路から東行した。堀河《ほりかわ》辺りに於いて、南東の方角を見遣ったところ、焼亡が有った。□□□中御《なかみ》門《かど》大路と富《とみ》小路□。院の西門に到られた。しばらく御輿を留め、院司《いんじ》左兵衛督経通を介して奏上された〈この間、関白は御輿の辺りに控えた。今日は馬に騎り、□後に□□。〉。経通は、御輿を入れるようにとのことを申した。そこで乗輿は中門に進んだ。先ず筵道《えんどう》を敷いた。左右宰相中将《さゆうさいしょうちゅうじょう》〈資平・兼経。〉が、御釼《みはかし》と璽筥《じのはこ》を持って供奉した。御在所《ございしょ》にいらっしゃった〈西対《にしのたい》の南面《みなみおもて》。東宮の御休廬《きゅうろ》は、同じ対の西面《にしおもて》。〉。幾程を経ず、東宮が乗られた車と牛が、西御門に留まった。私は参入した。関白が参られた。筵道を敷いた。絹の筵道は、持って参らなかった。そこでただ筵道を敷き、□□車□られた。私・春宮大夫・春宮亮《とうぐうのすけ》（公成）・東宮学士《とうぐうがくし》（藤原義忠《よしただ》）が、前行した。帯《たち》刀《はき》が、左右に伺候した。休廬に就かれた。しばらくして、主上《しゅじょう》（後一条天皇）が寝殿《しんでん》に参られた。御簾《みす》の中に於いて、御拝《ぎょはい》が行なわれた。その後、時剋を隔てて、東宮が参上された。関白・内府・御傍親《ぼうしん》の卿相《けいしょう》および私が、渡殿《わたどの》に伺候した。先ず御靴を着された。笏を取って、御階《きざはし》に当たり、簀子《すのこ》敷《じき》に於いて拝舞を行なった。これより先に、関白が云ったことには、「院（彰子）は南階の西の間にいらっしゃる。その間に当たって、御拝を行なうべきであろうか」と。私が答えて云ったことには、「正しく南階に当たって、御拝を行なうのが宜しいでしょう。簾中《れんちゅう》については、御在所の他、また□□□でしょうか、如何でしょう」と。関白は拝□。事情を啓上《けいじょう》した。階の間に於いて、御拝を行なった。

御拝が終わって、還御《かんぎょ》された。西戸から入り、参上された。考えると、主上も同所にいらっしゃるのか。関白以下は饗の座〈西御門の北腋《きたわき》の廊。〉に着した。盃酌《はいしゃく》は三巡《じゅん》であった。終わって、食に就いた。関白が云ったことには、「今夜、中宮《ちゅうぐう》〈藤原威子《たけこ》〉は内裏に御入《ぎょにゅう》されることになっている。還御は早い方がよいのではないか。この間、主上と東宮は、同所にいらっしゃる。御簾の中に於いて、御膳を供するのか」と。日は漸く西山《にしやま》に巡ったので、還御するのが宜しいであろうということを、関白に申した。関白がおっしゃって云ったことには、「御輿を南階に寄せるように」ということだ。そこで南階に寄せる事を、左右宰相中将に命じた。この頃、院が禄〈大掛《おおうちき》。〉を下給した。手に懸けて、私は御階の南西に立った。左将軍〈教通〉は、禄を懸け、南階を渡って、階の南東に立った。御輿は南階に進み寄った。急に当間の御簾を巻いた。御輿の御座が定まった頃、左大将が警蹕を称した。次いで私。左右の陣が応じた。乗輿は内裏に還った。左衛門陣に於いて、神祇《じんぎ》官《かん》が御麻を献上した。終わって、乗輿は御出の門を経て、紫《し》宸殿《しんでん》に寄った。宸儀《しんぎ》〈後一条天皇〉が動かれている間、左将軍が警蹕を行なった。左右の陣が応じた。御輿は退いた。□□鈴奏〈勅答があった。〉。すでに日没に及んだ。左将〈教通〉が問い、私が先ず名を称した。内府以下は、終わって退出した。私はしばらく左仗に踞《うずくま》った。関白以下の諸卿が中宮に参る頃、しばらく休息した。しばらくして、連れだって参入した。その後、私は漸く退出した。今日、見参した上達部は、左大臣〈関白。〉、私・内大臣、大納言行成〈院に参った。騎馬に堪えないことを称した。「左手が進退することが叶わない」と云うことだ。〉・頼宗〈東宮の行啓に供奉した。春宮大夫であるからである。〉・能信、中納言長家・兼隆・実成・道方・師房〈行啓に供奉した。春宮権大夫であるからである。〉、参議経通・資平・通任〈行啓に供奉した。〉・兼経・定頼・広業〈行啓に供奉した。〉・朝任・公成。

私は家に帰って、随身《ずいじん》に禄を下給した〈右近将監《うこんのしょうげん》(高《こうの》)扶宣《すけのぶ》に二疋、右近将曹《うこんのしょうそう》(若倭部《わかやまとべの》)亮範《すけのり》に一疋と綿、右《う》近府生《こんのふしょう》(高)扶武《すけたけ》に一疋。番長《ばんちょう》以下は、通例の禄の布。〉。

今日、厩《うまや》の馬に鞍を置き調えて、東宮に奉献《ほうけん》した。帯刀の分である。焼亡した所々は、権左中弁章信の宅・暦博士《れきはかせ》守道の宅〈主計助《かずえのすけ》。〉・主計助(丹生《にうの》)益光《ますみつ》の宅・前阿波守《さきのあわのかみ》(源)頼重《よりしげ》の宅・(錦《にしきの》)時延宿禰《ときのぶすくね》の宅・天台座主《てんだいざす》(院源《いんげん》)の車宿《くるまやどり》〈「座□□の車宿」と云うことだ。〉・僧都《そうず》実誓《じっせい》の車宿・安養院《あんよういん》・法興院《ほこいん》。この間、人々の家は、敢えて数えることができない。この火は、中御門大路と富小路から起こり、三条《さんじょう》大路の南に至ったのか。「火焔《かえん》は風に随って飛び移った」と云うことだ。今日の風は、災風《さいふう》と称さなければならない。座主が珍宝《ちんぽう》を収めて貯えていた所々〈三箇所。〉は、一時に灰燼《かいじん》となった。

滅門日《めつもんにち》。

四日、丙午。　中宮威子、内裏参入／敦平親王、二品に叙され、兄敦儀親王を超越

昨夜、中宮が内裏に御入された。何日来の御在所は、左衛門督《さえもんのかみ》兼隆の家であった。この家は、聟《むこ》の中《なか》務卿《つかさきょう》敦平《あつひら》親王に附属している。そこで二品《にほん》に叙された。兄の式部卿《しきぶきょう》敦儀《あつのり》親王は三品《さんぼん》である。「王氏《おうし》爵《しゃく》は、中書大王《ちゅうしょだいおう》(敦平親王)の是定《ぜじょう》となることになった」と云うことだ。夜に入って、頭中将顕基が来た。仰せを伝えて云ったことには、「明日の叙位《じょい》の議に参入するように」ということだ。参るということを奏上した。

五日、丁未。　叙位議／粥次

六角堂で誦経《ずきよう》を行なった。粥次《かゆついで》に、懸物《かけもの》の絹二疋を遣わした。中将が来て、語った。しばらくして、退出した。

外記頼言が、十年労《ろう》の勘文《かんもん》を進上した。叙位の議が行なわれた。申剋の頃、内裏に参った〈中将は車後に乗った。〉。これより先、内府は陣座にいた。私は議所について左大弁《さだいべん》（定頼）に問うた。云ったことには、「饗饌《きようせん》は、皆、据えてあります」ということだ。日暮、召しが有った。筥文《はこぶみ》について外記に命じた。頼言が宜陽殿の南西の壇上に持って立った。この頃、燎を執った。私は先ず座を起って、御所に参った。私と内府が廊に立ったことは、通例のとおりであった。諸卿は射場《いば》に立った〈雨儀《うぎ》であったので、舎の中に立った。〉。外記は筥文を持って、射場の砌《みぎり》に列立《れつりつ》した。私は先ず参上した。次いで内府と関白が、殿上間に伺候した。関白は先ず御前に参った。次いで私と内府。大納言頼宗・能信、中納言長家が、硯と筥文を執った。諸卿が座に着した。関白を召した。称唯して、御前の円座《わろうだ》に着した。次々に私と内府を召した。序列どおりに円座に着した。おっしゃって云ったことには、「早く」と。一筥《はこ》の文書《もんじよ》を取り出して、他の筥に移し入れ、十年労の勘文を納めて、これを奏上した。すぐに返給された。また、仰せが有った。事に従って、男たち〈蔵人頭《くろうどのとう》顕基。〉を召し、続紙《つぎがみ》について命じた。すぐに持って来た。先ず式部省《しきぶしよう》と民部省《みんぶしよう》を書いた。終わって、笏を執って奏上した。院宮《いんぐう》の御給《ごきゆう》の文書を取り遣わすよう、中納言が座に伺候していなかったので、参議朝任を召して命じた。しばらくして、ただ小一条院《こいちじょういん》の御給の文書を進上した。「他はこれに従う」ということだ。加階《かかい》と叙位を、一々、書き入れた。外記三善為時《みよしのためとき》は、父(三善)雅頼《まさより》に譲った。(藤原)経季《つねすえ》は、東宮の臨時給《りんじきゅう》を給わった。私が申請したものである。清書《せいしょ》が終わり、筥に納めて奏覧《そうらん》した。終わって、返給された。すぐに入御した。次いで関白が座を起った。私は筥を執って退出した。入眼《じゅげん》の上卿《しょうけい》の中納言師房に授けた。御給を給わった恐縮を啓上させる為に、東宮に参った。春宮大夫頼宗卿を介して啓上させて、退出した。亥剋に及んだ。また、関白に申すよう、左中弁に伝えた。参入した公卿は、左大臣、内大臣、大納言頼宗・能信、中納言長家・実成・道方・師房、参議経通・資平・定頼・広業・朝任・公成。今夜、受領功過《ずりょうこうか》定《さだめ》は行なわなかった。

先夜、中務卿敦平親王を二品に叙した。そこで式部卿敦儀親王の上臈《じょうろう》となった。今日、仰せ事を敦平親王の邸第に遣わした。王氏爵の名簿《みょうぶ》を進上させた。敦儀親王は、すでに面目を損なった。

六日、戊申。　辛島牧司の子、拷訊される

左兵衛督が来た。配慮の無い事が有った。これは辛島牧司《からしまのまきし》の子の細男《せいのう》を禁固《きんこ》していたが、急に去る朔日と二日に拷訊《ごうじん》した事である。右衛門府生《えもんのふしょう》(秦《はたの》)貞澄《さだずみ》に催されて、行なったものである。言うに足りないのである。明日の節会を早く始めて行なうよう、大外記頼隆を介して関白の御書状が有った。「天皇の意向が有ったからである」ということだ。老いを我慢して参るということを報じておいた。

上達部は早く参らなければならない事・また二省に命じなければならない事・二省が遅参《ちさん》した時は下《おり》名《な》を給うことはできないが、他の事は懈怠《けたい》が無いようにすべきことを、同じく戒め仰せておいた。右《う》大弁《だいべん》（藤原重尹《しげただ》）が、偉《い》鑒《かん》門の覆勘文《ふつかんもん》を持って来た。すぐに奏上させた。

七日、己酉。〈節会部にある。〉　**白馬節会の内弁を勤む／源氏爵**

内裏に参った〈中将は車後に乗った。〉。陣座に伺候していた頃、頭中将顕基が勅を伝えて云ったことには、「内弁を奉仕するように」と。二省の丞《じょう》および御弓奏《みたらしのそう》について、大外記頼隆に問うた。申して云ったことには、「二省は参入しました。御弓奏の兵庫寮《ひょうごりょう》と内舎人《うどねり》は、参って控えています」ということだ。外任《げにん》の奏を奉るよう、外記頼言に命じた。すぐに進上した。頭中将が、源氏の爵の式部丞《しきぶのじょう》（源）有章《ありあきら》の名簿を下給した〈寛平《かんぴょう》（宇多《うだ》天皇）の御後《みのち》。中納言道方が署した。〉。命じて云ったことには、「位《い》記《き》を下給するように」と。奏上させて云ったことには、「位記については、後日に作成させるように。先ず下名を下給し、書き入れさせて、すぐに下給するのである」と。外任の奏は、頭中将に託した。下名と源氏の名簿を参議広業に給い、書き入れさせた〈硯は外記のものを用いた。〉。外任の奏を下給した。仰詞《おおせことば》が有る事である。ところが仰詞は無かった。外記頼言を召して、外任の奏を返給した。列に伺候させるよう命じた。内記《ないき》（菅原）定義《さだよし》を召し、源氏の文書を下給した。位記を作成するよう命じた。代官《だいかん》は遅れ申していることを伝えた。すぐに頼言が代官を申請した。頼隆真人《まひと》が申して云ったことには、「只今、二省が参入し、内記所《ないきどころ》に控えています」ということだ。二省の参入、および御弓奏の事情を、頭中将を介して奏上させた〈日暮による。〉。「御弓奏は内侍所に託すことにします。また、下名は只今、給うことにします」ということだ。私は靴を着して、軒廊に進み立った。諸卿は陣座に伺候した。長い時間が経って、内侍が下名〈式部省と兵部省、各一枚。〉を執った。私は階段を昇り、笏を挿して、下名を取った。宜陽殿の兀子に着した。内豎《ないじゅ》を召したことは二声。内豎所別当之清《ないじゅどころべっとうゆききよ》が参入した。宣して云ったことには、「式部省〈のりの司。〉と兵部省〈つわものの司。〉を召せ」と。称唯して、退出した。式部・兵部両省の丞が、列に参った。先ず式部省を召した。称唯して、参って来た。左手で下名を給わった。本所に復した。次いで兵部省を召した。下名を給わったことは、式部省と同じであった。両省は退出した。私は座を起って揖礼《ゆうれい》し、退き入った。しばらく陣座の後ろを徘徊《はいかい》した。大納言行成卿が云ったことには、「淋病《りんびょう》が発動《はつどう》し、列に立ちません。事情を奏上して、腋から参上することにします」ということだ。内大臣以下は敷政《ふせい》門から出て、外弁に向かった。近衛府の陣は、御座が定まって、仗を執り、警蹕を称した。私は宜陽殿の兀子に着した。内侍が檻に臨んだ。私は座を起ち、称唯して、帰り入った。更に軒廊の東第□間から出て、左仗の南頭に於いて、陣の平頭《へいとう》に当たって、再拝《さいはい》した〈謂うところの謝座。〉。参上して、殿上《てんじょう》の座に着した。次いで承明・長楽《ちょうらく》・永安《えいあん》および建《けん》礼《れい》門を開いた。闈司は承明門の内の東西の座に分かれて坐った。私は退下した。軒廊に於いて、内記定義を召し、新叙《しんじょ》の宣命を奏るよう命じた。すぐに進上した。取って見て、返給した。元のように挿させた。終わって、伝え取って参上した。御屏風《びょうぶ》の南頭に到って、内侍に託した。柱の下に退き立った。御覧が終わって、内侍に給わった。内侍は私に授けた。文夾《ふばさみ》に取り加えて、退下した。文夾を内記に給い、宣命を笏に取り加えて参上し、座に着した。次いで内豎を召したことは二声。内豎は日華門の外に於いて、同音に称唯した。内豎所別当之清が参入して、軒廊の前に立った。私が宣して云ったことには、「式部省と兵部省を召せ」と。称唯して、退出した。両省の輔代《すけだい》と丞代《じょうだい》二人が、列に参った。先ず式部省の輔代（紀）致頼《むねより》が、称唯して参上した。笏を挿したように傍らに置き、筥を取って給わった。致頼は退下して、丞代に給わった。次いで笏を執り、兵部省の（上毛野《かみつけのの》）広遠《ひろとお》を召した。称唯して、参上した。筥を給わったことは、式部省と同じであった。丞代たちは筥を捧げて机の上に置き、日華門と月華《げつか》門から出た。次いで舎人を召したことは二声。大舎人は承明門の外に於いて、同音に称唯した。少納言（藤原）資高《すけたか》が替わって参入し、版位に就いた。宣したことには、「刀禰《とね》を召せ」と。次いで群卿と諸大夫《しょたいふ》が参入して、標に就いた。宣したことには、「座に侍れ」と。謝座と謝酒が行なわれた。終わって、序列どおりに参上した〈諸大夫は東西の幄《あく》の座に分かれて着した。その数は多かった。通例のようではない。〉。次いで叙列は遅引《ちいん》した。私は退下して、督促させるよう、頼隆真人に命じた。しばらくして、叙人《じょにん》が参入した。兵部省は、輔《すけ》を率いずに参入した。追い還させた。その後、兵部少輔《ひょうぶのしょう》（橘）俊孝《としたか》が、叙人を率いて参入し、標に立った。右衛《え》門督《もんのかみ》実成を召した〈召詞《めしことば》は、「右の靫負《ゆげい》の司藤原朝臣」と。〉。宣命を下給した。座に復した。次いで私が、先に退下した。諸卿が従った。左仗の南頭の幄の下に列した。諸大夫は起たなかった。事情を伝えた。すぐに座を起った。座の前に立って、出て立たなかった。そこで、あれこれが指示した。やっと幄の座を出て、列立した。宣命使《せんみょうし》が版位に就いた。宣制《せんせい》したことは両段《りょうだん》。群臣は両段再拝した〈叙人は拝さなかった。〉。宣命使が参上した。次いで諸卿が参上した。主殿寮《とのもりょう》の女官《にょうかん》が御殿油《おんとのあぶら》を供した。主殿寮が燎を執った。式部少輔《しきぶのしょう》(弓削《ゆげの》)公頼《きんより》が、位記を召して給わった。終わって、兵部少輔俊孝が、召して給わった。終わって、叙人が拝舞して退出した。次いで諸卿が退下した。左仗の南頭に於いて、拝舞した〈謂うところの親族拝《しんぞくはい》。〉。座に復した。左大将は座を起って、退下した。次いで私。軒廊に於いて、白馬奏《あおうまのそう》を督促した。先ず左奏を持って来た。右奏は遅く進上した。数度、督促させて、やっと持って来た。加署《かしょ》しようと思ったが、硯を持って来ていなかった。左軍《さぐん》(教通)が伝えたので、左の硯を用いた。左軍が先ず参った。次いで参上した。母《も》屋《や》を過ぎて、内侍に託して、座に復した。版位と標を取って、陣が渡った。次いで白馬《あおうま》が渡った。終わって、内膳司が御膳を供した。采女が先ず粉熟を供した。次いで御飯。次いで臣下。内豎が益送《やくそう》した。意向を伺った。御箸を下した。一献があった。国栖が歌笛を奏した。夜が漸く闌《たけなわ》となったので、御酒勅使《みきのちょくし》〈参議公成。〉を奏請《そうせい》した。この頃、天皇は本殿に還御した。私は警蹕を称した〈立たれて渡られていた頃、これを称した。〉。座に復した。更に退下して、内教坊奏《ないきょうぼうそう》を催促した。右中将《うちゅうじょう》(源)隆国《たかくに》が持って来た。南東の角の壇上に於いて取って見て、返給した。更に挿させた。射場に参った。蔵人《くろうど》経季を介して奏上させた。返給された。女楽《おんながく》は、ただ二曲を奏するということを伝えさせた。仗座に復して着した。外記を召して、見参について命じた。すぐに進上した〈一枚は大臣以下の見参簿、一枚は俘囚《ふしゅう》、一枚は禄の目録。〉。見終わって、返給した次いでに、宣命について命じた。内記定義が進上した。見終わって、返給した。女楽が終わるのを待った。この頃、上達部が拝舞した。還り昇った後、私は御所に参り、蔵人経季を介して奏上させた。はなはだ耐え難かったので、尻を小板敷《こいたじき》に懸けて休息した。しばらくして、返給された。射場に於いて、これを給わった。外記に下給した。軒廊に到って、外記が進上した。これを取って参上した。大蔵卿〈「大蔵の司藤原朝臣」と。〉を召し、宣命を下給した。次いで左大弁〈「左のおほい大ともひ藤原朝臣」と。〉を召して、見参簿を下給した。退下して、禄所《ろくしょ》に就いた。私は座を起って、退下した。諸卿は従って退下した。左仗に於いて、位を異にして重行《じゅうこう》した〈内大臣は御所に参った。後に聞いたことには、「事が有った」と。行成卿が云ったことには、「病悩が有り、事情を奏上して腋から参上し、退出します」と。頼宗卿は退出した。そこで私は早く退出しなかった。〉。宣命使が版位に就いた。宣制したことは両段。群卿は両段再拝した。宣命使が帰り昇った。次いで諸卿が昇った。次いで諸卿が退下して、禄所に就いた。私は手禄〈疋絹《ひっけん》。〉を下給された。日華門から出た。時剋は、亥の終剋。見参した上達部は、左大臣〈関白。御後ろに伺候した。〉、内大臣、大納言行成・頼宗・能信、中納言長家・兼隆・実成・道方・師房、参議経通・資平・兼経・定頼・広業・公成。

八日、庚戌。　御斎会始／教通随身・雑色、濫行により拘禁される／後一条天皇・道長、教通に逢わず

御斎会始《ごさいえはじめ》に参らなかった。障りがあるということを外記に仰せ遣わした。中将が来た。八省院《はっしょういん》に参った。或いは云ったことには、「暁方、検非違使《けびいし》が、去る夕方の宣旨《せんじ》によって、内大臣の随身二人と雑《ぞう》色《しき》を追捕《ついぶ》した。先ず随身（大友）延国《のぶくに》と雑色二人を捕えることができた。延国は肱禁《こうきん》・脱巾《だっきん》し、馬の前に追い立てて、濫行《らんぎょう》した者の宅に率いて向かった。また、随身延国は、禅門《ぜんもん》（道長）と関白の邸第に参った。その後、張本の者を特定し申す為に、雑色を拷訊した。また、随身二人〈一人は逃げ去った。〉および雑色たちの宅は、家内の財物を捜し取り、その屋を壊した」と云うことだ。また、「今日、延国の口状日記《こうじょうにっき》によると、『番長近時《ちかとき》が申したので、濫行を行なった』と云うことだ。関白は日記を奏上された」と云うことだ。「随身と雑色は、左右の獄に分けて禁固した」と云うことだ。（藤原）資房《すけふさ》が云ったことには、「昨夜、この事によって、天皇の機嫌は不快でした。内府が御前に参っても、逢われませんでした。そこで恐懼《きょうく》して退出し、御堂に参りました。又々、同じようなことでした」と云うことだ。

九日、辛亥。　長家と千古の婚儀につき道長の意向／法成寺修正月会／呪師と琵琶法師の興

中納言（長家）について、定基《じょうき》僧都および藤宰相の許から、吉日《きちにち》を択ぶようにとの書状が有った。「禅《ぜん》室《しつ》（道長）の意向が有ったからである」ということだ。又々、能く能く詳細を取って処置しなければならない。中将が来て云ったことには、「昨日、禅室は快反《かいはん》しました。後に心神《しんしん》は尋常を得ました」ということだ。

夜に入って、法成寺修正月《ほうじょうじしゅしょうがつ》の仏事に参った。禅室に拝謁した。事の次いでに、納言について申した。

「明日、他処に移ることになっている。その後、日時についての決定が有るであろう」と。私が申して云ったことには、「もしかしたら勘申《かんじん》して伝えさせても、何事が有るでしょう」ということだ。すでに許容が有った。今夜、大導師《だいどうし》以前に、呪師《ずし》と琵琶法師《びわほうし》の興が有った。関白及び大納言頼宗・能信、中納言長家・兼隆・師房、参議経通・資平・定頼・広業・兼経が、座にいた。湯漬《ゆづけ》や菓子を供された。導師《どうし》の中間に、私は退出した。今夜、女院が臨御《りんぎょ》した。御斎会《ごさいえ》講師《こうじ》真範《しんはん》の房に膳物を送った〈高坏《たかつき》十二本。打敷《うちしき》を加えた。机二十前《ぜん》。〉。使の出納《すいとう》の男に合掛《あわせうちき》を与えた。

十日、壬子。　千古婚儀日時勘申／婚儀の準備

式部史生《しきぶのししょう》二人と下部《しもべ》二人が、経季の位記を持って来た。史生一人と下部一人に禄を下給した〈史生に疋絹、下部に信濃布《しなののぬの》二端《たん》。〉。各々、もう一人には下給しなかった。前例が無かったからである。そのことを伝えさせておいた。

守道朝臣に命じて、女《むすめ》（藤原千古《ちふる》）についての吉日を勘申させた。来月二十三日甲午、時は亥剋を勘申した。この事情を定基僧都に示し遣わしておいた。

中将と但馬守《たじまのかみ》（藤原）能通《よしみち》が、一緒にこの日の雑事を定めた。吉日であったので、また内々にその日の事を始め行なった。

十一日、癸丑。　長家、千古との婚儀を延引／斉信の謀計か／右近衛府荒手結

二十三日の婚儀《こんぎ》について、延引《えんいん》するよう、定基僧都から（宮道《みやじの》）式光《しきみつ》を介して書状が有った。はなはだ奇怪であった。中将が云ったことには、「去る夕方、あの納言が御堂に於いて清談《せいだん》した次いでに、この事が有りました。その時期を述べませんでした。ただ遂げるということを談りました。今夕、遇って、決定を聞くことにします」と。また、定基僧都が伝え送って云ったことには、「披露してはなりません。しばらく延引するということについて、すぐに決定が有るでしょう」ということだ。私が愚《ぐ》案《あん》すると、もしも延引するのならば、永く停止《ちょうじ》となるであろう。これは旧縁《きゅうえん》（藤原斉信《ただのぶ》）の謀計《ぼうけい》が多いのである。「種々の内外の祈禱《きとう》が、連々として不断にある」と云うことだ。あれこれ恐れが有る。諸々の身にとって益が無い。

今日の荒手結《あらてつがい》を、夜に入って、右近府生（下毛野《しもつけのの》）公武《きんたけ》が持って来た。右中将（源）実基《さねもと》と右少将《うしょうしょう》（藤原）行経《ゆきつね》が、着して行なった。明日、下給することとする。

十二日、甲寅。道長、長家を叱責／左近衛府真手結に饗禄なし／右近衛府に内論義料を送る

暁方、中将が御堂から来て云ったことには、「女（千古）について、禅室は中納言に伝えられました。『あれこれ、仰せに随うようにとのことを、先日、申したところである。早速に思われた事ではない』ということでした。禅室が云ったことには、『この事は、極まり無く奇怪な事である。あれこれ、仰せに随わなければならないとのことを言った。そこで吉日を勘申させた。今、急に変改した。親しい人（斉信）の語に随ったのである。狂乱である』と。勘当《かんどう》の詞は、敢えて云うことはできません」と。

下官（実資）は、始めから望んだところではない。禅室の命によって、思い企てたものである。また、これは宿縁《しゅくえん》である。奔走《ほんそう》してはならない。今朝、書状を記して、定基僧都の許に遣わした。報じて云ったことには、「この一、二日の間、見定めることにします」と。能通が来て云ったことには、「定基僧都が云ったことには、『禅室は大いに腹立《ふくりゅう》されています。種々の雑言《ぞうごん》で納言を勘当しました』と。また、云ったことには、『たとえ延引するとはいっても、必ず遂げられるでしょう。禅室は深く御心に染みています。疑慮《ぎりょ》は無いでしょう』と」と。また、云ったことには、「昨日、左近衛府《さこのえふ》の真手結《まてつがい》が行なわれました。ところが大将（教通）は、公家《くげ》（後一条天皇）の恐懼によって、饗禄《きょうろく》を行ないませんでした」ということだ。中将が来て、語った。夜に入って、退出した。「七箇夜、御堂の修正月会《しゅしょうがつえ》に参列します」ということだ。

梨・棗《なつめ》・味煎《みせん》を、右近衛府《うこのえふ》に遣わした。十四日の陣の分である。下手《したて》は、下給した堺法《かいほう》を書き誤っていた。詳細を伝えさせた。

十三日、乙卯。　教通随身の逮捕により、検非違使、過状を進上／右近衛府真手結

中将が云ったことには、「内大臣は、公家の恐懼によって、加供《かぐ》を行ないませんでした」と。また、云ったことには、「七日の内府の雑人《ぞうにん》の事件によって、あの日、検非違使の官人たちは過状《かじょう》を進上しました。ところが返給されました。内大臣家の威勢によって、捕えて進上することができなかった過状を、改めて進上されました」と。和泉国司《いずみこくし》（章信）の中文《もうしぶみ》を、左中弁朝臣に下した。所司《しょし》に文書を継がせる為である。真手結の将の禄の大掛《おおうちき》と、射手《いて》の官人以下の禄〈絹七疋と布九十端。〉を、右近衛府に遣わした。垣下《えんが》の五位と六位を差し遣わした。饗料《きょうりょう》は、あらかじめ送っておいた。

十四日、丙辰。　踏歌節会の諸事を命じる／資平、春日社に参る／御斎会内論義

今日、八省院に参らなかった。随身を遣わして、障りがあるということを外記に仰せ遣わした。十六日の節会に、内膳司と雅楽寮《ががくりょう》は懈怠してはならないという事を、大外記頼隆に命じた。また、内弁の兀子は、揺れて動かないものを撰んで立てる事を、左大史《さだいし》(小槻《おつきの》)貞行《さだゆき》に命じた。中将が来て云ったことには、「去る夕方、法成寺の呪師に、殿上人や地下人《じげにん》の諸大夫が、衣を脱いで、これを被《かず》けました」と云うことだ。また、申剋の頃、来て云ったことには、「八省院に参りました。暁方、春日《かすが》社に参ります。明後日、奉幣《ほうべい》して、帰洛《きらく》します。節会に参ることにします」ということだ。木《も》工頭《くのかみ》(源)政職《まさもと》が来て、納言について語った。「今日、意向が有りました。そういうことになるのでしょうか」ということだ。戊剋の頃、少納言資高が八省院から来て云ったことには、「只今、右仗の饗宴が終わりました。諸卿は御前に参上しました。中納言長家が上卿となりました。参入した卿相は十一人でした」と。

十五日、丁巳。　道長、今月中の婚儀を命じる／道長、病悩

暁方、宰相中将が来て云ったことには、「只今、春日社に参ります」と。また、云ったことには、「昨夜、定基僧都に遇いました。談って云ったことには、『中納言が云ったことには、「この事は、遂げるに違いない。他の事は無い。先日、御堂が、今月の内に遂げるよう命じられた。そこで今日や明日を過ぎるということを申した。ところが大いに腹立された。勘当は特に重い。そこで申すことができなかった」ということでした。今となっては、事の疑いは無いでしょう。このことを御堂に伝え申すことにします。御堂は納言に命じられるべきです』ということでした」と。驚きながら、事情を示し遣わした。報じて云ったことには、「今日か明日に、申し定めることにします。但し御心地《ここち》は、まだ重いのです。その間隙を伺って、申すことにします」ということだ。式光が云ったことには、「今朝は宜しくいらっしゃいます」ということだ。

延暦寺《えんりやくじ》の巻数《かんず》の使僧《しそう》に疋絹を下給した。当講《とうこう》真範が来て、御斎会を訪れた事を謝した。

十六日、戊午。〈節会部にある。〉**踏歌節会に内弁を奉仕**

内裏に参った〈申三剋。〉。上達部は陣座にいた。頭中将顕基が、内弁を奉仕するよう伝え仰せた。中《なか》務省《つかさしよう》が標を立てたかどうか、諸衛府および内膳司の官人たちが参っているかどうかを大外記頼隆真人に問うた。申して云ったことには、「標はすでに立てました。内膳司および諸衛府の官人たちは参入しています」ということだ。この頃、天皇は紫宸殿に出御《しゆつぎよ》した。近衛府が立った。御座が定まって、警蹕を称した。私は宜陽殿の兀子に着した。内侍が檻に臨んだ。座を起って揖礼を行なった。北行して軒廊の東第二間から出て、左仗の南頭に於いて謝座を行なった。右廻りに参上して、座に着した。次いで門を開いた。闈司二人は、門の腋の座に分かれて坐った。終わって、私が舎人を召したことは二声。門外に於いて、同音に称唯した。少納言経長が参入して、版位に就いた。宣したことには、「大夫たちを召せ」と。称唯して、退出した。公卿が参入した。侍従《じじゅう》は一人も参らなかった。私が宣したことには、「座に侍れ」と。謝座と謝酒は、恒例のとおりであった。内膳司が御膳を供した〈日入は幾《いくば》くもなかった。〉。采女司《うねめし》の官人が揃っていなかった。そこで警蹕を行なわなかった。内膳司の官人が南階に昇り立った。采女が進んだ。事情を伝え、しばらく留めて、供させなかった。采女は退帰した。或いは佇立《ちょりつ》した。長い時間が経って、采女令史《うねめのさかん》正重《まさしげ》が白木《しらき》を捧げて、走って来た。警蹕を称した。采女が進み出て、伝え取って、これを供した。三節の御酒の後、一献を供した。次いで造酒司《ぞうしゅし》が臣下に勧めた。国栖奏《くずのそう》が行なわれた。三献の後、御酒勅使〈参議公成。〉を奏し行なった。次いで雅楽寮が立楽を奏した〈各二曲。〉。終わって、私は退下した。南東の壇上に立って、坊家奏《ぼうけのそう》を催促した。右中将隆国が持って来た。執って見て、返給した。更に挿し直させた〈初めは通例のように夾んでいた。そこで挿し直させた。〉。伝え取って参上し、内侍に託して、座に復した。左右府生《ふしょう》が標を取った。私は殿を下り、陣座に着した。見参簿と宣命を召して見た〈先ず見参簿と禄の目録[外記。]。次いで宣命[内記。]。〉。各々、返給した。御酒勅使の他、見参に入れてはならないということを、先ず外記に命じた。但し、殿上人、諸衛府の督と佐は、この限りではない。踏歌《とうか》の妓女《ぎじょ》が進み出た。しばらくして、退出した。諸卿が退下した。左仗の南頭に於いて、拝舞を行なった。終わって、参上した。私は軒廊に進んで、宣命簿と見参を執り、参上して内侍に託した。柱の下に退き立った。御覧が終わって、返給された。殿を下り、軒廊に於いて、文夾を外記に返給した。宣命簿と見参を笏に取り副え、参上して座に着した。朝任朝臣を召し、宣命を下給した。座に復した。次いで左大弁藤原朝臣を召し、見参簿と禄の目録を賜い、頭中将殿を下りた。序列どおりに退下した。私は列に立たず、退出した。温明殿《うんめいでん》の南東の間に到り、頭中将顕基が徒跣《かちはだし》で走って来て、勅を伝えて云ったことには、「内膳司が釆女司の官人を待たず、御膳を供した事と、釆女司の官人が、すでに伺候しなかった事によって、内膳奉膳《ないぜんぶ》済道《ぜんなりみち》と釆女正《うねめのかみ》高重《たかしげ》に、過状を進上させるように。また、外記は、内膳司や釆女司の官人が伺候しているということを申した。ところが釆女司の官人は伺候していなかった。また、その時に臨んで釆女司の官人が伺候していないことを見ながら、御膳を供させた事は、これは大外記頼隆の怠りである。過状を進上させるように」ということだ。すぐに少納言資高に伝えておいた。節会は、亥の初剋に終わった。見参した上達部は、左大臣、私・内大臣、大納言頼宗・能信、中納言長家・実成・道方・師房、参議経通・資平・通任・兼経・定頼・広業・朝任・公成。内大臣は遅参した。事情を奏上して、参上した。天皇が御箸を下した頃、すぐに退出した。内府が云ったことには、「召しによって参入しました。いささか病悩が有り、長く伺候することはできません。早く退出しようと思います」と。私が指示して云ったことには、「天皇が御箸を下した後か、燭《しょくと》を秉った後が、宜しいのではないか」と。そこでしばらく伺候して、退出した。七日の事件によって、早く退出したのか。

十七日、己未。　清原頼隆の弁疏／これを奏上／左膝を痛める／頼隆に過状を進上させる

大外記頼隆が申して云ったことには、「節会について、外記頼言を介して行なわせたところは、所司を戒め仰せて、欠怠《けったい》が無いよう、各々申しました。そこで代官を申請しませんでした。私（頼隆）は頼言が申したことにより、皆、揃っているということを承って、申させたのです。供膳《きょうぜん》に臨んだ時は、采女司の官人はいませんでした。階下に伺候したとはいっても、御階に当たって、見えませんでした。版位の辺りに来た頃、僅かに見付けたところ、高声にこのことを伝えました。ところが、罷り向かうわけにはいきませんでした。内膳典膳《ないぜんてんぜん》（坂田）守忠《もりただ》が申して云ったことには、『采女司の官人が伺候していないということを申させました。蔵人はただ、早く供すよう命じました。そこで進んで供したところです』ということでした。頼言については、下臈《げろう》である為、その座は東に進んでいました。先ず采女司の官人がいないということを見ました。上臈の座については、南階に当たって、早く見ることは難しかったのです」ということだ。そこで頭中将を呼んで、先ず申したところを奏上させた。内膳司と采女司の過状については、本来ならば外記に伝えなければならない。ところが、この事によって、過怠《かたい》が有った。そこで左中弁を介して伝えさせなければならない。今朝、召し遣わした。明朝、来るということを申した。

私の左方の膝は、はなはだ痛い。明日、賭弓《のりゆみ》の奏を進上するのは、進退が堪え難いであろう。参ることができないということを、頭中将に伝えた。明後日、諸卿が参入するよう、外記に命じた。明日の外記政始《げきせいはじめ》は、状況に随って文書を申上させようと思う。晩方、中将が来た。勅を伝えて云ったことには、「頼隆が弁解し申したところは、ひとえにそうではあるとはいっても、階に当たって見えなかったというのは、その道理は当たっていない。順序が停滞すれば、督促して命じるところ、采女司の官人がいないということを知るべきであったということについて、過状を進上させるように」ということだ。

十八日、庚申。　賭射／重服の射手の装束

賭射《のりゆみ》に参らなかった。左方の膝が痛い。進退は通例のようではなかった。昨日、頭中将に伝えた。洩らし奏させる為である。中将が云ったことには、「左近府生茨田弘近《まんだのひろちか》は、重服《じゅうぶく》の者です。射手の内にあります。その装束《しょうぞく》は如何でしょう」と。今朝、記し送っておいた。故殿《ことの》（藤原実頼《さねより》）の御記《ぎょき》に云ったことには、「応和《おうわ》四年三月十四日、賭射、云々。左近府生佐伯真茂《さえきのさねしげ》は重服であるのに、射手を奉仕した。左大将（藤原顕忠《あきただ》）が云ったことには、『的に当たった者が少数であったので、事情を奏上させて、奉仕させたのです』と云うことだ。その装束は、尋常の朝服《ちょうふく》である。浅鈍色《あさにびいろ》の半臂《はんぴ》・柳色の汗衫《かざみ》・深鈍色《ふかにびいろ》の表袴《うえのはかま》と襪《したうづ》である」と。

十九日、辛酉。　賭射の失儀／頼通、風病を病む

中将が来て云ったことには、「昨日の賭射は、左将軍が参りませんでした。汝《なれ》（実資）も参りませんでした。そこで大納言頼宗が四府の奏を一つの文夾に加え挿して参り進んだ際、左《さ》宰相中将《さいしょうちゅうじょう》の私（資平）が、坐ったまま、箭《や》二筋《すじ》を捧げて、意向を示しました。驚いて退帰しました。更にもう一枝を召し取り、分け挿して参り進み、これを奏上しました。また、的付《まとつけ》を問いませんでした。失儀《しつぎ》の甚しいことは、未だこれに比べるものは有りません。また、『奏を下給されて、左に廻り、座に復した』と云うことです。右に廻らなければなりません。礼を失したものです。関白は、風病《ふうびょう》が発動して、参られませんでした」と。

十九日、辛酉。〈賭射の違例《いれい》については、同じくここに見える。〉　**外記政始／内膳奉膳・采女正・大外記の過状**

今日、外記政始が行なわれた。中将が来た、云々。

内裏に参った〈未三剋。〉。諸卿が参入した〈大納言頼宗、中納言道方・師房、参議経通・資平・定頼・広業・朝任・公成。〉。今日の外記政始は、吉日である。そこで申文の儀を行なわせた。左大弁定頼と右大史《うだいし》行高《ゆきたか》が、申文三枚〈能登《のと》と周防《すおう》の鈎匙文《かぎさじぶみ》。外記為時の馬料の申文。〉。その儀は、私が南座に着した。大弁は座に着した。敬屈《きょうくつ》して云ったことには、「申文」と。私は小揖《しょうゆう》した。大弁は称唯して、史《し》の方を見遣った。行高は書杖を持って、小庭《こにわ》に跪《ひざまず》いて伺候した。私は目くばせした。称唯して、膝突《ひざつき》に着し、これを奉った。待ち取って、座に置いた。表紙《おもてがみ》を開いた。笏で紙の左端に置いた。文書を右方に搔き遣わし、一々、取って見て、左方に置いた。元のように巻いて、板敷《いたじき》の端に置いた。史が給わって、一々、束ね申した。鈎匙文は、命じたことには、「申し給え」と。馬料の申文は、ただ目くばせした。毎回、称唯し、元のように巻いた。杖で文書の上に置いて、走り出た。大弁は座を起った。私は座を起ち、奥座《おくざ》に着して、定め申した。定頼が書いた。すぐに左中弁経頼に託して奏上させた。経頼が、内膳奉膳済道と采女正高重の過状を進上した。今朝、大外記頼隆が過状を進上した。少納言資高が、取って進み、同じ弁に託した。日が未だ入らない前に、家に帰った。

二十日、壬戌。〈賭射については、その部にある。〉　**賭射の失儀**

資房が云ったことには、「賭射の日、左右の次将《じしょう》たちは出居に伺候し、御座が定まった時、同音に警蹕を称しました。また、入御の時、宰相中将が先に警蹕を行ない、出居の次将が同音に警蹕を行ないました」ということだ。奇怪な事である。また、云ったことには、「矢奏《やそう》について頭中将が云ったことには、『釼《たち》を帯びずに奏上する』ということでした。これは兵衛佐の事です。次将は釼を帯びて奏上するものです。また、昼御座《ひのおまし》の方に於いて、奏上しました。ところが右中将隆国は、釼を帯びず、朝餉間《あさがれいのま》に於いてこれを奏上しました」ということだ。故実《こじつ》を知らないのか。

二十一日、癸亥。　**備前国解に阿波国の例を継ぐ／大外記・内膳奉膳を優免、采女正を免さず／不参の内膳司官人に過状を進上させる／道長母時姫忌日／道長、平癒**

左中弁経頼が勅を伝えて云ったことには、「備前《びぜん》国が申請した事に、阿波《あわ》国の例を継ぐように。国解《こくげ》および定文《さだめぶみ》を返給する。大外記頼隆および内膳奉膳済道は、特に免《ゆる》されて、過状を返給する」と。また、おっしゃって云ったことには、「あの日、内膳司の官人で参らなかった者に、過状を進上させるように。采女正高重の過怠は軽くはない。そこで免されない」ということだ。備前の申文と定文は、左中弁に下給し、阿波の例を継がせた。他の事は、皆、仰せ下しておいた。頼隆の過状は、本来ならば元のように少納言を介して返給させなければならない。ところが、左中弁は頼隆と親しい。そこでまずは返給させたものである。薄暮に臨んで、中将が禅室から来て云ったことには、「今日は御忌日《きにち》です。上達部が多く参りました。禅閤は尋常のようでした。すでに病悩の様子はありませんでした」と。また、云ったことには、「除目《じもく》は二十五日に始め行なわれることになりました。これは頼宗卿の説です」と。

二十三日、乙丑。

中将が云ったことには、「関白の邸第に参りました。伝えられて云ったことには、『明後日に除目の議を行なうこととする。今日は坎日である。そこで事情を伝えない。明日、伝えることとする。まずはこのことを伝えるように』ということでした」と。

二十四日、丙寅。　諸仏事を始める

今日から朝円《ちょうえん》を招請して五箇日を限り、枕上《まくらがみ》に於いて不動尊《ふどうそん》を供養《くよう》させ奉る。今日から七箇日、阿闍梨《あじゃり》盛算《じょうさん》を招請して、その住房《じゅうぼう》に於いて帝釈天《たいしゃくてん》を供養させ奉る。また、今日から五箇日、諷誦を根本《こんぽん》中堂《ちゅうどう》に修す。また、天台の百堂に金鼓《こんぐ》を打たせる〈日毎に二十箇堂。〉。

資房が宣旨〈和泉国の申文。〉を持って来た。すぐに左中弁経頼に下した。蔵人頭右大弁重尹が、関白の御書状を伝えて云ったことには、「明日、除目を行なわれることになった。但し、何日か、風病が発動している。我慢して参入することにする。もしも夜に入る頃に及んだら、堪え難いであろう。早く参るように」ということだ。参入するということを答報した。

二十五日、丁卯。　小一条院、年給について申請／県召除目第一日

諷誦を七箇寺〈根本中堂は昨日から五箇日を限り、これを修す。東寺《とうじ》・広隆寺《こうりゅうじ》・清水寺《きよみずでら》・祇園《ぎおん》社・賀茂下御社《かものしものみやしろ》・神宮寺《じんぐうじ》・北野《きたの》社。〉に修した。筆一双《そう》と墨一廷《てい》を、大外記頼隆に下給した。硯筥《すずりばこ》に入れさせる為である。外記成任が欠官帳《けつかんちょう》を進上した。小一条院の京官《きょうかん》の御給について、保季《やすすえ》王を介して仰せが有った。先日、宰相中将を介して、この仰せが有った。

午の終剋の頃、外記頼言が申して云ったことには、「只今、召し仰せました」と。また、関白の御書状に云ったことには、「日は漸く傾こうとしている。早く参るように」ということだ。右近番長《うこんのばんちょう》紀基《もと》武《たけ》が府生を申請した文を、右近将監扶宣を介して、将たちの所に示し遣わした。内裏に参った。中将は車後に乗った。陣座に着した。時剋を見させたところ、「未一剋」ということだ。卿相は陣座にいた。議所の饗饌を左大弁に問うたところ、云ったことには、「只今、据えさせました」と。未四剋、蔵人右近将監(源)経成《つねなり》が諸卿を召した。私は筥文を揃えるよう、外記頼言に命じた。長い時間が経っても、筥文を持って立たなかった。そこで再三、督促して命じた。申して云ったことには、「大間書《おおまがき》が、未だ書き終わっていません」ということだ。度々、督促して命じた。申剋に及んで、外記三人が筥文を執った。史生一人が筥を取った。私は階下を経て、射場に参った。大納言以下が射場殿《いばどの》に参列した

ことは、通常のとおりであった。外記は筥を捧げて、射場殿の東庭《とうてい》に立った。私は揖礼を行なった。諸卿が参上した。関白は殿上間にいた。しばらく談話した。関白が御前の座に着した。次いで私。次いで大納言頼宗・能信、中納言兼隆・実成が、硯および筥文を執って、座に着した。次いで諸卿が座に着した。関白が、召しに応じて簾《すだれ》の前の円座に着した。関白は仰せを承って、私を召した。称唯して、簾の前の座に着した。おっしゃって云ったことには、「早く」と。私は称唯し、一筥の文書を他の筥に取り移した。硯筥を推し遣わした〈南方。〉。欠官帳二巻を筥に納めた。笏は挿したように傍らに置いた。老人〈実資〉の儀は、便宜に随うだけである。膝行《しっこう》して、御簾の内に差し入った。笏を執り、跪いて伺候した。御覧が終わって、返給された。笏を執って、伺候した。おっしゃって云ったことには、「早く」ということだ。次いで大間書を繰って置いた。終わって、笏を執って伺候した。おっしゃって云ったことには、「早く」と。次いで意向を伺って、四所籍《ししよのしゃく》の者を書き入れた〈内豎所《ないじゅどころ》・校書《きょうしょ》殿《でん》・進物所《しんもつどころ》・大舎人。〉。笏を執って、天皇の意向を伺った。まずは関白に告げて云ったことには、「院宮の御給の申文を取り遣わします」と。関白は意向を伺って、取り遣わすよう伝え仰せた。右近中将兼経を召して、院宮の御給の申文を取り遣わすよう命じた。次いで「下給する」と、一々、申文の端に書き付けた。皆、その詞が有った。請文《うけぶみ》に随っただけである。秉燭《へいしょく》の後、右中将が院宮の御給の申文を伝えて進上した。私が取って、関白に授けた。関白はこれを奏上した。御覧が終わって、返給された。院宮および親王・公卿の当年給《とうねんきゅう》は、一々、大間書に書き入れた。また、参議公成を召して、公《く》卿給《ぎょうきゅう》を下し勘じさせた。この頃、また院宮および公卿の任符《にんぷ》の返上を、一々、書き入れた。大納言行成が、仰せを承って、受領《ずりょう》の功過《こうか》を定め申させた。大間書と成文《なりぶみ》を、各々、結んだ。結び目に墨を引き、一筥に納めて御前に奉った。天皇はすぐに入御した。次いで関白が座を起った。次いで私。参議が筥を撤去した。弁は受領功過定の文書を撤去した。亥一剋、退出した。関白が云ったことには、「明日、諸卿は早く参るように」ということだ。今日、内大臣が遅参し〈議を始めた後。〉、早く退出した。去る七日の事件によるものか。参入したのは、関白〈左大臣。〉、内大臣、大納言行成・頼宗・能信、中納言長家・兼隆・実成・道方・〈藤原〉朝経《あさつね》・師房、参議経通・資平・通任・兼経・定頼・広業・朝任・公成。

二十六日、戊辰。　県召除目第二日

諷誦は昨日のとおりであった。右近将監扶宣が、基武の府生奏《ふしょうそう》を持って来た。衰日《すいにち》であったので、加署せずに返給した。但し、昨日の奏に出した。明後日に署すこととする。

小雨があった。内裏に参った〈中将は車後に乗った。〉。仗座に着して、時剋を問うたところ、申して云ったことには、「未四剋」と。未だ議所に着さない頃、蔵人〈藤原〉惟経《これつね》が諸卿を召した。私は外記を召し、筥文について命じた。宜陽殿の南西の壇上に持って立った。私は座を起ち、紫宸殿の北廂《きたびさし》を経て、御所に参入した。射場の北廊《きたろう》に立った。諸卿は射場の内に列立した〈雨儀。〉。外記が硯と筥文を捧げて、射場殿の東《ひがしのみぎり》砌に立った。私は揖礼を行なった。諸卿が参上した。これより先、関白は殿上間にいた。

関白が先ず御前の座に着した。次いで私が座に着した。次いで大納言頼宗・能信、中納言実成・道方が、硯および筥文を執った。諸卿が座に着した。終わって、左大臣〈関白。〉を召した。称唯して座を起ち、御簾の前の円座に着した。次いで左大臣が仰せを承って、小臣《しょうしん》(実資)を召した。称唯して、円座に着した。大間書と成文を下給した〈一筥に加えて盛った。〉。笏を取って、伺候した。おっしゃって云ったことには、「早く」と。私は称唯した。刀で大間書を結んだ緒を切った。次いで大間書を繰って置いた。終わって、伺候した。おっしゃって云ったことには、「早く」ということだ。また、意向を伺って、内舎人三人を任じた。また、右少弁《うしょうべん》(藤原)家経《いえつね》を召して、昨日、下給した公卿給を早く勘《かん》進《しん》させるよう、新宰相〈公成。〉に伝え仰せた。すぐに公成がこれを進上した。一々、書き載せた。また、関白が、院宮の内官《ないかん》の未給《みきゅう》の御給、および公卿給を伝えて給わった。一々、端書《はしがき》をした。参議朝任を召して下給し、勘申させた。右少史《うしょうし》信重《のぶしげ》と(紀)為資《ためすけ》の上日《じょうじつ》について、関白に驚かし伝えた。関白が云ったことには、「下し勘じさせるように」ということだ。私は右少弁家経を召して、為資の中文を下給し、勘申させた〈今朝、為資に命じて、その中文を硯筥に納めた。この中文を関白に告げた。関白は事情を奏上して、勘じさせたところである。硯筥に頼隆と貞行の中文・寄物《よせもの》・宿官《しゅくかん》・史や式部の転任《てんにん》の文書が有った。これは通例である。〉。時刻が移って、為資の上日を勘進した。もう十四箇日、信重に勝っている。紙で大間書の表に巻き、中を結んで、結び目に墨を引いた。成文を結び、結び目に墨を引いた。一筥に加えて納め、御簾の中に奉った。天皇はすぐに入御した。次いで関白が退下した。続いて退下した。時に亥二剋。退出の頃、小雨が降っていた。見参した上達部〈左大臣、大納言行成・頼宗・能信、中納言長家・実成・道方・師房、参議経通・某《なにがし》〈資平〉〔作名《つくりな》。〕・広業・朝任・公成。〉。

二十七日、己巳。　県召除目第三日・入眼

諷誦は昨日と同じであった。内裏に参った〈中将は車後に乗った。〉。陣官《じんかん》に命じて時剋を見させたところ、「申二剋」ということだ。頭中将顕基が云ったことには、「関白が云ったことには、『右府〈実資〉は一事も告げてこない』ということでした」と。蔵人経成が諸卿を召した。筥文について、外記に命じた。軒廊の南の座に捧げて立った。階下に水が有った。そこで雨儀を用いたことは、昨日と同じであった。左大臣と私は、御前の座に着した。頼宗・能信・長家・師房が、筥文を執った。召しによって、関白が御前の座に着した。次いで私。除目の議は昨日のとおりであった。長い時間、大間書を下給されなかった。そこで関白が顕基を召して、これを命じた。しばらくして、下給された。考えるに、未だ取り出していなかったのか。意向を伺い、大間書を開き、繰って置いた。参議公成が、昨日、下し勘じさせた院宮の内官の未給および公卿給を進上した。内官の請文は、関白に奉った。公卿給は、一々、大間書に書き載せた。内官を任じさせた。この頃、主上が入御した。関白が退下した。次いで小臣が退出して、殿上間に伺候した。関白は飛香舎《ひぎょうしゃ》〈中宮の御在所。〉に向かった。関白の命によって、一緒に飛香舎に参った。諸卿や侍臣《じしん》は、皆、追従《ついしょう》した。饗饌が終わって、殿上の座に復した。関白は御前に参った。待って、御前の座に着した。関白は、式部省・民部省・史・左右衛府の尉《じょう》を申請した申文を

撰び取って、小臣に授けた。小臣は、一々、開いて見た。終わって、元のように結んだ。上臈の頼宗に目くばせした。頼宗卿が来て、私の後ろに坐った。この申文を頼宗卿に給わった。諸卿に撰び定めさせて、挙《きょ》の冊を記させた。時刻が推移した。頼宗卿が、挙の簡《ふだ》および申文を加え、進んで来て、これを奉った。私が取り、開いて見て、関白に伝えた。関白が奏覧した。終わって、返給された。定めてまずは奏上し、勅定《ちょくじょう》によって、大間書に入れた。また、受領挙《ずりょうのきょ》について、関白が伝え示したことにより、私が諸卿に伝えた。一々、座を起ち、議所に向かった。長い時間が経って、諸卿は座に着した。序列どおりに挙の冊を持って、小臣に授けた。すぐに関白に授けた。関白はこれを奏上した。式部省の官について、俊平《としひら》と(源)光清《みつきよ》について、論じるところが有った〈「俊平は先年、式部丞に任じられた。臨時に爵に預かり、着座《ちゃくざ》しなかった。光清は次の年に式部丞に任じられた。また、次の年、式部省の爵に預かり、着座した。但し俊平は、爵に預かった後、一度に着座した」ということだ。〉。俊平の申文を下し定められた。諸卿が、各々、定め申したところは、俊平に道理が有るということを定めた。私が申したことには、「俊平は、その身は蔵人である。仕えている所は、すでに天皇の竜顔《りょうがん》に近く、地下人とは異なるであろう。光清が着座したのは、俊平が爵に預かって以後の事である。並んでいる間、勤不《きんふ》は無いようである。上臈を超越《ちょうおつ》してはならないのではないか」と。事は道理に帰し、俊平を任じられた。加賀《かが》、また備中《びっちゅう》について、議論が有った。諸卿の定には及ばなかった。但し(藤原)資頼《すけより》については、いささか心懐《しんかい》を開いた。今回の事ではなく、明年の給官について、関白には許す意向が有った。天皇の意向も、また宜しかった。主計頭《かずえのかみ》について、少し議論が有った。大外記頼隆と主計助守道との間の事である。守道に道理が有るということについて、議論が有った。そこで主計頭に任じた。除目が終わって、大間書〈これより先に、日を書き入れた。〉を巻いた後、叙位が行なわれた〈従五位上に三人、従五位下に一人。〉。大間書と叙位簿を一筥に加え入れて、これを奏上した。すぐに返給された。更に成文を加え、清書の上卿の道方卿を召して、これを下給した。私は本来ならば取って退下しなければならない。ところが進退は窮まった。そこで清書の上卿に下給した。丑剋、退出した。見参した上達部〈左大臣、大納言頼宗・能信、中納言長家・道方・師房、参議経通・資平・定頼・広業・公成。〉。内記所が酒肴《しゅこう》を下給させた。

二十八日、庚午。　法華経講釈／彰子、御出

辰剋の頃、外記頼言が大間書と成文を進上した。人々は慶賀《けいが》を申した。信解品《しんげほん》を釈させ奉った〈念賢《ねんけん》。〉。明日、春日社に奉幣する。そこで今日、供養と講演《こうえん》を行ない奉った。今夜、女院が御出された。

二十九日、辛未。　春日祭使、発遣／府生奏／番長・府掌を補す／春日祭右馬寮使／皇女章子、御五十日の儀／教通の随身を優免

春日社に奉幣を行なった。中将が来て、同じく奉幣を行なった。祭使《さいし》の右少将（藤原）兼頼《かねより》に摺袴《すりばかま》を遣わした〈使の随身に絹二疋を与えた。〉。父大納言頼宗卿が、（藤原）為資朝臣を介して書状を送って云ったことには、「関白の酒部《さかべ》の平張《ひらばり》を用いようと思いましたが、古損《こそん》して用いることができません」と。借りたいという意向が有った。そこでこれを送った。府生奏は、将たちが署した。右近将監扶宣が持って来た。蔵人左少将《さしょうしょう》資房を介して奏上させた。番長《ばんちょう》二人と府掌《ふしょう》一人を補すよう、扶宣を介して右中将隆国の許に仰せ遣わしておいた。すぐに仰せ下すということを報じた。中将が申したので、番長一人を加えて補した。二十五日の宣と記すよう、命じた。中宮大進《ちゅうぐうだいじん》(藤原)公業《きんなり》が来て、中宮の令旨《りょうじ》を伝えて云ったことには、「今日、参入するように」ということだ〈五十箇日。〉。外記(令宗《よしむねの》)業任《なりとう》が来て、関白の御書状を伝えて云ったことには、「右馬寮使《うめりょうし》の右馬助《うまのすけ》(紀)知貞《ともさだ》は、伊予《いよ》国に下向した。そこで右馬助(源)頼職《よりもと》に命じた。度々、使を遣わしたが、居場所を知らないということを、右馬頭《うまのかみ》(藤原)兼房《かねふさ》朝臣が申した。知貞は使節を勤めず、伊予に下向した。言うに足りない。追ってその事を勘責《かんせき》するように。ただ、頼職が京にいる。使を遣わして、召し仰させるように。もしも明らかな障りを申したら、前例を調べて行なうように」ということだ。先ず頼職を捜して命じるよう、業任に命じた。しばらくして、申して云ったことには、「使部《しぶ》を居場所に遣わしましたが、『一人もいません』ということでした。そこで居場所を捜す方法はありません」ということだ。もしくは社頭《しやとう》に参った大夫《たいふ》に勤めさせるべきであろうか。前例が無いわけではない。あれこれ、定に随って処置するということを、関白に申させた。報じられて云ったことには、「やはり先ず居場所を捜させよ。また、格別な障りが有れば、状況に随って社頭の大夫を代官とするように。今日、能く捜させて、明日、宣旨を遣わすように」ということだ。すぐに召し仰せておいた。

黄昏、内裏に参った〈宰相中将は車後に乗った。〉。陣座に参らず、直ちに中宮〈飛香舎。〉に参った。今日、皇子（章子《あきこ》）の五十日《いか》の儀が行なわれた〈昨日、五十日の正日《しょうにち》であった。ところが国忌《こき》に当たっていたので、今日、この儀が行なわれた。〉。饗饌が有った。関白・内大臣及び諸卿や殿上人は、座に着した。籠物《こもの》は五十枝《し》〈殿上人がこれを献上した。〉。折櫃《おりびつ》は五十合《ごう》〈殿上人の受領や地下人に課したものである。〉。この籠物と折櫃は、金銀で装飾した。諸卿の食事が終わって、主上が渡御《とぎょ》した。諸卿は座を避け、簀子敷に跪いて伺候した。入御した後、座に復した。皇子の御膳の物〈中宮権大夫《ちゅうぐうごんのだいぶ》能信卿が奉仕した。〉は、参議公成が打敷を執った。殿上人が御台を取った。次いで母后《ははきさき》（威子）の膳を供した〈中宮亮《ちゅうぐうのすけ》の権弁《ごんのべん》経頼が奉仕した。〉。殿上人が益供《やくぐ》した。参議朝任が打敷を執った。「亥剋、皇子は餅を食された」と云うことだ。次いで御簾を巻いた。これより先に、簀子敷に円座〈上達部の座。〉を敷いた。宸儀の御座が定まった。次いで上達部を召した。左大臣以下が座に着した。終わって、衝重《ついがさね》を給わった。盃酒《はいしゅ》は二巡。御膳を供した〈関白が奉仕した。〉。洲浜《すはま》の上の樹木の上に、御膳を盛った銀器を据えた。また、御酒具が有った。装飾は御膳と同じであった。洲浜に打敷が有った。この物は細かく見なかった。但し、御膳の洲浜は六であった。陪膳《ばいぜん》の大納言能信が打敷を執った。殿上の侍臣が益供した。管絃《かんげん》を奏した。夜分、漸く闌となって、大納言頼宗が勧盃《けんぱい》を行なった。人々の和歌が有った。参議広業が、いささか序題《じょだい》を記した。儀が終わって、禄が有った。大臣は女装束《おんなしょうぞく》に掛《うちき》を加えられた。「他は差が有った」と云うことだ。伝え聞いたことには、「殿上・台盤所《だいばんどころ》・諸陣の所々の饗饌は屯食《とんじき》であった」と云うことだ。還御の後、諸卿が退出した。今日、参入した上達部は、左大臣、内大臣、大納言頼宗・能信、中納言長家・兼隆・実成・道方・師房、参議経通・某（資平）〈判である。〉・兼経・定頼・広業・朝任・公成。「今日、内大臣の随身が優免《ゆうめん》された。検非違使別当《けびいしべっとう》経通が述べたところである」と云うことだ。資平が伝え談ったところである。

諷誦を六角堂に修した。

右近府掌物部宗時《うこんのふしようもののべのむねとき》・播磨為利《はりまのためとし》、高麗舞師《こままいし》近衛《このえ》多政資《おおのまさすけ》を番長に補し、近衛文是安《ふみのこれやす》を府掌に補し、随身近衛季高《すえたか》を御馬乗《うまのり》とするよう、扶宣に命じておいた。

○二月

一日、壬申。　春日祭右馬寮使代官／大間書を頼通に奉る

春日祭《かすがのまつり》に参った朝大夫《ちょうたいふ》を馬寮使《めりようし》とするよう、早朝、外記《げき》（令宗《よしむね》）業任《なりとう》に命じた〈宣旨《せんじ》を書かせて、祭に参る外記の所に馳せ遣わした。〉。右《う》馬助《まのすけ》（源）頼職《よりもと》を召してはならないということについて、また業任に命じておいた。大間《おおま》書《がき》を外記業任に託して関白《かんぱく》（藤原頼通《よりみち》）に奉った。御書状が有ったからである。

二日、癸酉。　道長、章子五十日参入を謝す／近江国、左馬寮秣米についての解／藤原頼宗、腫物

大間書が大外《だいげ》記《き》（清原）頼隆《よりたか》を介して返し送られてきた。また、頼隆に下給して書写させた。公卿給《くぎようきゆう》を作成させる為である〈直物《なおしもの》の分。〉。晩方、大間書を返して進上してきた。早朝、禅室《ぜんしつ》（藤原道長《みちなが》）が（藤原）能通《よしみち》朝臣《あそん》を遣わして、一昨日、中宮《ちゆうぐう》（藤原威子《たけこ》）に参った事を悦ばれている詞が最も多いということを伝えられた。褒誉《ほうよ》される事は極まり無いということを、能通が伝え談った。また、御書状に云ったことには、「もしも悩《や》んでいた所を問われれば、昨日と今日は、頗る尋常を得たということを伝えるように」ということだ。御返事を申させた次いでに、一、二の事を加えて伝えた。日暮、宰相中将《さいしょうちゅうじょう》（藤原資平《すけひら》）が来て云ったことには、「春宮大夫《とうぐうだいぶ》（藤原頼宗《よりむね》）が懇切《こんせつ》に催促したので、祭使《さいし》の還饗所《かえりあるじしょ》に向かいます」と云うことだ。頭中将《とうのちゅうじょう》（源顕基《あきもと》）が宣旨〈近江国《おうみ》が解《げ》した左馬寮《さめりょう》の秣米《まぐさまい》について。〉を下した。人々が云ったことには、「春宮大夫は、背に腫物《しゅもつ》が有る。禁所《きんしょ》である」と云うことだ。「祭使《さいし》の右少将《うしょうしょう》（藤原兼頼《かねより》）は逐電《ちくでん》して馳せて来た」と云うことだ。

三日、甲戌。　祈年穀奉幣使定上卿を辞す／皇太后宮に包火あり

宣旨を左中弁《さちゅうべん》（源経頼《つねより》）に下した。左中弁が覆奏文《ふくそうぶん》を進上した。すぐに奏上させた。祈年穀使定《きねんこくしさだめ》について、他の上卿《しょうけい》に命じられるよう、同じ弁に伝えた。関白に伝えさせる為である。八省院《はっしょういん》から退出して行歩《ぎょうほ》することは、堪え難いであろう。輦車《てぐるま》に乗って退出するのは、便宜《びんぎ》が無いであろう。そこで伝えさせたものである。大略は、先に直接、関白に伝えておいた。

中将《ちゅうじょう》（資平）が云ったことには、「昨夜、包火《つつみび》が皇太后宮《こうたいごうぐう》（藤原妍子《きよこ》）の北対《きたのたい》に置かれていました。撲滅《ぼくめつ》しました」と。

四日、乙亥。　蔵人・雑色・検非違使定

「昨日、蔵人《くろうど》・雑色《ぞうしき》・検非違使《けびいし》を定められた」と云うことだ。蔵人は前文章得業生《さきのもんじょうとくごうしょう》藤原実範《さねのり》、雑色は源□□、検非違使は左衛門尉《さえもんのじょう》橘俊通《としみち》〈非蔵人《ひくろうど》。〉・藤原資国《すけくに》〈文章生《もんじょうしょう》・春宮少進《とうぐうしょうじん》。〉・右衛門尉《えもんのじょう》三善惟孝《みよしのこれたか》・右衛門府生《えもんのふしょう》日下部重基《くさかべのしげもと》。但馬守《たじまのかみ》能通が来て、実範の慶びについて言った。

五日、丙子。　頼宗を見舞う／祈年穀奉幣使定

(藤原)資高《すけたか》朝臣を遣わして、春宮大夫頼宗卿を見舞った〈「朔日から腫物が背に出た」と云うことだ。一昨日、(和気《わけの》)相成《すけなり》朝臣が云ったことには、「毒気《どくけ》が無いわけではありません。また、禁所です。特別なことは無いとはいっても、煩いを経るようです」と。〉。その報に云ったことには、「今朝、熱気は散じました」ということだ。(藤原)資房《すけふさ》が関白の御書状を伝えて来て云ったことには、「祈年穀使定について、他の人に命じられるようにということを、前日、伝えてきた。障りの趣旨は、そうあるべきである。今日、先ず事情を伝え、指示するに随って按察大納言《あぜちだいなごん》〈(藤原)行成《ゆきなり》。〉に命じることにした。今日は宜しい日である。定め申すこととする」ということだ。遠い距離を行歩するのは、堪え難いであろうことを申させた。これは奉幣《ほうべい》の日の事である。使を定め申す人は、奉幣の日の行事《ぎょうじ》を勤めるのが佳《よ》いであろう。使を遣わして定めた後、奉幣について他の上卿に命じられるのは、頗る事の煩いが有る。そこでこの趣旨を申させておいた。中将が来た。すぐに内裏に参った。晩方に向かい、来て云ったことには、「按察大納言が御幣使《ごへいし》について定め申しました。権医博士《ごんのいはかせ》相成が云ったことには、『春宮大夫の病悩は、減じることはありません。なお頗る増すでしょう。灸治《きゅうじ》しなければならないとはいっても、憚るところが有ります。決定を申しません。(但波《たんばの》)忠明宿禰《ただあきらすくね》も同じ考えです。事の懼《おそ》れはもっとも多いのです。もう一、二日、見定めなければなりません』ということでした」と。

七日、戊寅。　釈奠

来月、殿上《てんじょう》の賭射《のりゆみ》が行なわれるということについて、あれこれが云々している。「春宮大夫の病悩は、減気《げんき》が有る」と云うことだ。去る夕方、相成朝臣が云ったことには、「増すことは無く、減じることもありません。熱気は未だ散じません」ということだ。大学寮《だいがくりょう》が昨日の釈奠祭《せきてんのまつり》の胙《ひもろぎ》を進上した。

八日、己卯。　筑前守から進物／大原野祭／頼宗、快方に向かう

筑前守《ちくぜんのかみ》(高階《たかしなの》)成順《なりのぶ》が、桑糸五十疋を志してきた。

今日、大原野祭《おおはらののまつり》が行なわれた。そこで奉幣を行なった。中将が来た。同じく奉った。相成が云ったことには、「春宮大夫の病悩は、昨日より減気が有ります」と。

十日、辛巳。　笠原牧使殺害犯人追捕の官符を四箇国に下す／頼通、季御読経定・仁王会定について指示

頭弁《とうのべん》(藤原)重尹《しげただ》が、検非違使庁《けびいしちょう》が勘問《かんもん》した、関白の所領の遠江笠原牧《とおとうみかさはらのまき》の使が殺害された日記を下給した。命じて云ったことには、「犯人四人の某《なにがし》姓某丸《なにがしまる》たちを捕えて進上するという官符《かんぷ》を、駿河《するが》・遠江・甲斐《かい》・相模《さがみ》国に下給するように」ということだ。同じ弁に命じた。また来て云ったことには、『月内に季御読経《きのみどきょう》と仁王会《にんのうえ》について定め申さなければならない』ということです。関白が云ったことには、『先ず仁王会を定めよ。御読経については、来月、行なわれても何事が有るだろうか。もしまた、吉日《きちにち》が有れば、今月の内に仁王会と御読経を並んで行なわれるのが、また宜しいであろう。もしくは、また、来月の上旬に仁王会を行なわれ、続けて御読経を行なわれても、何事が有るであろう。但し、来月は吉日が無い。この間に定めて行なうように』ということでした」と。同じく承ったということを奏上させた。先ず祈年穀使《きねんこくし》の日を過ぎ、十九日か二十日に、参入して定め申すよう、宜しく事情を伝えなければならない。

十一日、壬午。　列見／皇女章子を内親王とし、封戸を賜う／実資の車副、殺害される／親王宣下の疑義／親族拝／泰山府君祭

早朝、（小槻《おつきの》）貞行《さだゆき》宿禰を召し遣わして、仁王会の料物《りょうもつ》について問うた。また、十九日に僧名《そうみょう》を定める事・左大弁《さだいべん》（藤原定頼《さだより》）が参入すべき事を伝えた。

今日、列見《れつけん》が行なわれた。未剋の頃、中将が来た。すぐに太政官《だいじょうかん》に参った。頭中将顕基が勅語《ちょくご》を伝えて来て云ったことには、「章子《あきこ》内親王の無品《むほん》の封戸《ふこ》は、通例によって給うように。但し、后腹《きさきばら》の親王は、別封《べっぷう》百戸を給わっている。これらの宣旨を仰せ下すように」ということだ。すぐに官符を下給することを、右少弁《うしょうべん》（藤原）家経《いえつね》に命じた。今日、親王とするとの宣旨が下った。大納《だいな》言《ごん》行成が上卿を勤めた。

車副《くるまぞい》某姓助光《すけみつ》は、去る七日、嵯峨《さが》の居所に罷り向かった際、途中に於いて殺害された。犯人を調べ

て捕えるよう、検非違使右衛《え》門志《もんのさかん》(中原)成通《なりみち》に命じておいた。

夜に入って、頭中将が来て云ったことには、「章子内親王の宣旨は、行成卿に命じられませんでした。御前に於いて、この事を命じられた際、関白は、按察大納言行成卿を召し遣わすよう命じられました。ここに親王宣旨を承るということを知りました。ところが、親王について命じられました。そこで今日、親王および封戸について申し、行成卿を召すということを思い出されました。封戸の他に疑いが有って、申したものです」と。私が答えて云ったことには、「この事は、疑慮《ぎりょ》が有る。そこで先ず封戸について家経に命じた次いでに、もしも親王とするという宣旨が有るのならば、又々、そちらの役所に問い、詳細を経て宣下するよう、伝えておいた」と。中将が云ったことには、「家経が、同じくこのことを申しました。そこで示し仰せました。但し行成卿は、慶賀《けいが》を申されなければなりませんので、藤原氏の上達部《かんだちめ》を督促されたのです。『関白、内大臣(藤原教通《のりみち》)、大納言行成・(藤原)能信《よしのぶ》、中納《ちゅうな》言《ごん》(藤原)長家《ながいえ》、参議《さんぎ》(藤原)公成《きんなり》が、慶賀を奏上させました』ということでした。殿上人《てんじょうびと》は列しませんでした」と云うことだ。中将が云ったことには、「或いは云ったことには、『禅室が云ったことには、「侍臣《じしん》は同じく申す」と。関白が云ったことには、「上達部の他は申しません」ということだ』と」と。関白は事情を知っておられない。禅室の仰せは、そうあるべきである。上達部は射場《いば》に参った。殿上人は月華《げっか》門から入って、上達部の後ろに列するものである。

今夜、泰山府《たいざんぶ》君祭《くんさい》を行なった〈(賀茂《かも》)守道《もりみち》朝臣。〉。祭場《さいじょう》に出なかった。衣冠《いかん》を着して板敷《いたじき》に下り、笏《しゃく》を挿んで祈念し奉った。

十二日、癸未。　斎院選子内親王、池上寺堂供養／円融院法華八講、発願／藤原頼祐を弔問

「斎院《さいいん》（選子《のぶこ》内親王）が、池上寺《いけがみでら》（我覚寺《がかくじ》）の内に一堂を建立され、昨日、供養《くよう》された。大僧正《だいそうじょう》深覚《しんがく》が執り行なった。音楽を挙げた。雨脚は止まなかった。堂の砌《みぎり》に於いて、舞があった」と云うことだ。昨日は大禍日《たいかにち》であった。宜しくない日ではないか。円融院《えんゆういん》の御八講始《みはっこうはじめ》が行なわれた。そこで参入した。中将は車後《くるまじり》にいた。私は饗の座に向かわず、直ちに堂前《どうぜん》の座に着した。朝講《ちょうこう》を行なった。前駆《ぜんく》五位四人を堂童子《どうどうじ》とした。侍臣二人〈（藤原）兼房《かねふさ》と（藤原）資頼《すけより》。〉と蔵人所衆《くろうどどころのしゅ》二人が参入した。そこで行香《ぎょうごう》を行なわなかった。申剋、法事が終わって、退出した。

十三日、甲申。　資高・資平を遣わし、頼宗を見舞う

（石作《いしづくりの》）忠時《ただとき》宿禰を遣わして、（藤原）頼祐《よりすけ》朝臣を弔問《ちょうもん》した。母が死んだからである。

資高を遣わして、重ねて春宮大夫を見舞った。「簾《すだれ》の下に招き寄せて、談説しました。重ねて見舞った悦びを報じました。病悩は、漸く癒えてきました。今となっては、恐れはありません」ということだ。晩方、中将が到り訪ねた。しばらくして、帰って来て云ったことには、「簾中《れんちゅう》に呼び入れて、几《き》帳《ちょう》を隔てて相対しました」と。

十四日、乙酉。　亡父斉敏忌日／関寺聖、来訪

馬を肥前守《ひぜんのかみ》（惟宗《これむねの》）貴重《たかしげ》朝臣に下給した。この馬は、常陸介《ひたちのすけ》（藤原）信通《のぶみち》朝臣が貢上した馬である。

今日は忌日《きにち》である。諷誦《ふじゅ》を東北院《とうほくいん》に修した。念賢《ねんけん》師を身代わりとして、斎食《さいじき》させた。僧の食膳は精《せい》料《りょう》で、常住《じょうじゅう》の読経僧《どきょうそう》や堂法師《どうほうし》たちに頒《わか》たせた。法華経《ほけきょう》と般若心経《はんにゃしんぎょう》を、念賢を招請して供養した。今日、袈裟《けさ》を揚げて施した。

(中原)師重《もろしげ》が云ったことには、「一昨日、関寺《せきでら》の聖が来て云ったことには、『二十三日に関寺を供養し奉ることになりました。被物《かずけもの》を施して下さい』ということでした。一昨日、円融寺《えんゆうじ》に参った際、来たものです」と云うことだ。

十五日、丙戌。　**念覚、絹を所望**

念覚律師《ねんかくりつし》が来て云ったことには、「舎利会《しゃりえ》を行なうことになりました。桑糸の要が有ります」ということだ。

十七日、戊子。　**祈年穀奉幣使、発遣**

「祈年穀使が出立《しゅつたつ》した。大納言行成卿が上卿を勤めた」と云うことだ。夜に入って、定基僧都《じょうきそうず》が来た。下官(実資)は招き呼んだ。談話の間に、時剋が推移した。

十九日、庚寅。　**諸国検交替使定／仁王会定／大炊寮、右弁官史生を申請／安芸守、本任の放還を待たず任符下給を申請**

内裏に参った〈中将は車後に乗った。〉。雨によって、温明殿《うんめいでん》の壇上を経て、敷政《ふせい》門から入った。左大弁定頼が先に参っていた。交替使《こうたいし》を定めるよう伝えた。すぐに座を起った。しばらくして、交替使のほぼ定まった文書《もんじょ》を笏に取り副えて、座に復した。私は座を起った。南座《なんざ》に着して、大弁に目くばせした。座を起ち、進んで来て、交替使のほぼ定まった文書〈摂津《せっつ》・若狭《わかさ》・淡路《あわじ》。国毎に二人。〉を奉った。見終わって、返給した。束ね申した。各々一人を定め仰せた。座に復した。すぐに座を起った。更に清書《せいしょ》して、これを奉った。取って見終わって、返給した。また束ね申した。座を起って、陣の腋《わき》に向かった。すぐに座に復した。私は仁王会について定めるよう伝えた。坐ったまま、陣官《じんかん》を召した。仁王会の文書を奉るよう、伝え仰させた。右大史《うだいし》（丹生《にう》）挙光《たかみつ》が文書を進上した。右少弁（紀）為資《ためすけ》が硯を執って、大弁の前に据えた。これより先に、律師尋清《じんせい》と已講《いこう》平能《へいのう》が、去年の仁王会の遅参《ちさん》によって、公請《くじょう》を停められた。今朝、左中弁経頼を介して事情を関白に申させた。免《ゆる》されるという報が有った。定文《さだめぶみ》に除かなかった。綱所《こうしょ》が死去の勘文《かんもん》および寺々の解文《げぶみ》を進上した。一々、死欠《しけつ》を補した。日時について、経頼を介して陰陽寮《おんみょうりょう》に伝え仰させた。時刻が推移した。催し仰せたことに随って、これを進上した〈今月二十六日、発願《ほつがん》の時剋は午二剋、結願《けちがん》は申二剋。二十九日、発願は巳二剋、結願は申二剋。〉。大弁が僧名を書いた。終わって、事情を伝えた。検校《けんぎょう》の定文〈権中納言《ごんちゅうなごん》源朝臣師房《もろふさ》と参議藤原朝臣公成。〉および行事の文〈右少弁藤原朝臣家経・右大史丹生挙光・左少弁《さしょうべん》小野奉政《ともまさ》。〉を書かせて、大弁がこれを進上した。僧名の定文・検校の定文・日時《にちじ》勘文《かんもん》、三通を合わせて一筥《はこ》に加え入れ、左中弁を介して関白に奉った。蔵人民部少輔《みんぶのしょう》（源）資通《すけみち》が関白の御書状を伝えて云ったことには、「参入を企てた頃、心神《しんしん》は、はなはだ悩んだ。もしかしたら瘧病《おこりやまい》であろうか。そこで参入することができなかった。定文は、更に下給することはない。ただ早く奏下《そうか》されなければならない」と。資通が云ったことには、「左中弁と途中で逢いました。そこで一緒に参入しました」ということだ。左中弁が宣仁《せんにん》門の辺りに於いて、宰相中将資平に伝えて云ったことには、「関白の命によって、途中から帰り参ります」ということだ。早く奏上するよう、伝えておいた。しばらくして、定文を返給された。おっしゃって云ったことには、「二十六日に行なうように」と。すぐに左中弁に下給した。但し行事の定文を加えた〈この文書は奏上しなかった。〉。一々、束ね申した。二十六日に行なうということを伝えておいた。

二十二日に奏に伺候するよう、左大弁および左中弁に命じた。蔵人頭《くろうどのとう》右大弁《だいべん》重尹が、宣旨二枚を下給した〈大炊寮《おおいりょう》が右弁官史生《うべんかんししょう》を申請した文書。欠および前例を勘申《かんじん》しなければならない。安芸《あき》国司《こくし》(紀)宣明《のぶあき》が、本任の放還《ほうかん》を待たずに任符《にんぷ》を給わることを申請した。申請によった。〉。すぐに同じ弁に宣下した。今日、午三剋に参入し、酉剋に退出した。

大弁は交替使《こうたいし》主典《さかん》の定文を申さなかった。思失《ししつ》したのか。

二十日、辛卯。安芸守・備中守、罷申

右大史挙光が仁王会の僧名を進上した。大夫史《たいふのし》貞行宿禰を召して、雑事を命じた。左大弁が来て、三箇国の詔使《しょうし》の主典について告げ申した。「昨日の仁王会定の間、すでに思い忘れて、申さなかったものです」ということだ。安芸守《あきのかみ》宣明が罷申《まかりもうし》を行なった〈二十三日に赴任する。〉。大掛《おおうちき》を下給した。夜に入って、備中守《びっちゅうのかみ》(藤原)邦恒《くにつね》が、同じく罷申を行なった。

二十二日、癸巳。　灌頂料を送る／蔵人所小舎人の従者、播磨国で殺害される

絹三疋を、内供朝源《ないぐちょうげん》の許に遣わした。明日の灌頂《かんじょう》の分である。先日、掛《うちき》一重《かさね》を調備して送るようにとの書状が有った。これは宰相中将が伝えて言ったものである。今日、奏に伺候しようと思った。雨脚は甚だ密であった。そこで参入を止めた。或いは云ったことには、「大宰府《だざいふ》に遣わした蔵人所《くろうどどころ》の小《こ》舎人《どねり》が、播磨国《はりま》に於いて国人《こくじん》の為に従類《じゅうるい》十余人を殺された。小舎人は疵《きず》を被《こうむ》った」と云うことだ。非常の事である。

二十三日、甲午。　春日祭十列代読経／祇園社読経供養／文殊供／東宮敦良親王、病悩

春日祭の十列《とおつら》の代わりの仁王経読経《にんのうきょうどきょう》を、通例によって、社頭《しゃとう》に於いて行なった。祇《ぎ》園《おん》社の般若心経読経供養は、仁王経十部と般若心経百巻〈念賢・智照《ちしょう》・慶範《けいはん》・皇基《こうき》・朝円《ちょうえん》・運好《うんこう》・忠高《ちゅうこう》。〉。通例によって、小食を勧めた。文殊供《もんじゅく》を行なった〈三七箇日。阿闍梨盛算《あじゃりじょうさん》。〉。星宿《せいしゅく》の厄《やく》によって、供し奉ったところである。中将が来て云ったことには、「東宮〈敦良《あつなが》親王〉は、昨日から頗る悩まれている様子が有ります。今日は大した事はおありになりませんでした。瘧病のようです。明日、試みられることになるでしょう」と。

二十四日、乙未。　官奏の有無／藤原保昌を見舞う

二十八日に官奏《かんそう》の上卿を勤める事を、貞行宿禰に伝えた。夜に入って、中将が来て云ったことには、「東宮の御瘧病が発《おこ》られたとのことです」と云うことだ。また、云ったことには、「二十九日に法成寺《ほうじょうじ》十斎堂《じっさいどう》の御仏像を移し奉られます。二十八日からその準備が行なわれます。関白も伺候されるでしょう。官奏については、便宜が無いのではないでしょうか。これは右大弁が述べたところです」ということだ。最もそうあるべき事である。忠時宿禰を介して、大和守《やまとのかみ》(藤原)保昌《やすまさ》を見舞った。「旧年から腫物を患っている」と云うことだ。

二十五日、丙申。　東宮を見舞う日／小一条院、相撲使について要望／相撲使の定文

「東宮の御瘧病は、昨日、発られた」と云うことだ。病悩が有って、参入しなかった。女房《にょうぼう》に告げるよう、資高の許に仰せ遣わした。すぐに来て云ったことには、「女房に伝え示しておきました。すぐに仰せ事が有りました。参ることのできる日を問われました」ということだ。院(小一条院《こいちじょういん》)が(藤原)致行《むねゆき》朝臣を遣わして、重ねて相撲使《すまいのつかい》の仰せが有った。道理の有る者が多いということを申させたが、承従《しょうじゅう》しなかった。また、初めの御使である民部大輔《みんぶのたいふ》(源)方理《かたまさ》朝臣を呼んで、子細を申させた。両度、仰せが有ったので、差し遣わしておいた。今般については、仰せ事に恐縮しているとはいっても、定め遣わすことはできないとのことである。

夜に入って、右少弁家経が、仁王会について申させた。人を介して伝え申させた。

二十六日、丁酉。　臨時仁王会

今日の仁王会は、参入しなかった。障るということを頭弁の許に示し遣わした。今日、内文《うちぶみ》の儀を行なった。長保《ちょうほう》五年六月十三日の仁王会では、防鴨河使《ぼうかし》の除目《じもく》が行なわれた。そこで申し行なったところであるということを、頼隆が申した。

黄昏に臨んで、中将が来て云ったことには、「大僧正深覚が、東宮の召しに応じて参入しました。御瘧病が少しばかり発られた際、孔雀経《くじゃくきょう》を転読《てんどく》しました。すでに平復《へいふく》されました。また、禅室が馬を志されました」と。

相撲使の定文を、右近府生直貞《うこんのふしょうなおさだ》が持って来た。右中将《うちゅうじょう》（源）実基《さねもと》と（源）隆国《たかくに》が定めた。

二十七日、戊戌。　源経頼、逢坂山で群盗に射られる／右近衛府・図書寮、焼亡／千古の護身

「昨日、左中弁経頼が崇福寺《すうふくじ》に参って、帰って来た際、逢坂関《おうさかのせき》の山に於いて、群盗《ぐんとう》が出て来て、射られた。前佐渡守《さきのさどのかみ》（佐伯《さえきの》）公行《きんゆき》朝臣が、矢に当たった。人命に及ぶことはなかった」と云うことだ。

早朝、右近将監《うこんのしょうげん》（高《こうの》）扶宣《すけのぶ》が申して云ったことには、「昨夜、亥の終剋の頃、右近衛府《うこのえふ》の倉二宇《う》、大《おお》炊屋《いや》・榻屋《しじゃ》が焼亡しました。遺った所は、庁舎《ちょうしゃ》および小倉《こくら》一宇・射場舎《いばしゃ》です」ということだ。また、云ったことには、「図書寮《ずしょりょう》の倉が焼亡しました。火は右近衛府から起こって、図書寮に移りました」と云うことだ。右近衛府の焼亡した舎、および焼失した物を記すよう、まずは扶宣を介して右中将隆国に示し遣わした。すぐに返事が有った。また、遺った舎を同じく注進《ちゅうしん》する事を、同じく命じておいた。中将が来た。すぐに御堂《みどう》（道長）に参った。また来た。

禅林寺《ぜんりんじ》大僧正《だいそうじょう》（深覚）が光臨《こうりん》した。簾中に屈請《くっしょう》して、小女（藤原千古《ちふる》）を護身《ごしん》させ奉った。長い時間、清《せい》談《だん》した。次いで云ったことには、「一昨日、東宮に参りました。昨日の卯剋の頃から加持《かじ》を行ないました。すでに発られていません。禅閤《ぜんこう》（道長）は馬を志されました」ということだ。右中将隆国が来て、右近衛府の焼亡について言った。

二十八日、己亥。　**勘宣旨を覆奏／東宮を見舞う／内蔵寮に死体／昭登親王邸、焼亡**

頭弁が勘宣旨《かんせんじ》を持って来た。すぐに覆奏《ふくそう》させた。内裏に参って、陣座《じんのざ》に伺候した。すぐに宮（敦良親王）に参った。春宮大進《とうぐうだいじん》（源）懐信《かねのぶ》朝臣を介して、女房に伝えて事情を啓上《けいじょう》させた。仰せ事が有った。しばらくして、退出した。

頭弁重尹が勘宣旨〈大炊寮が申請した右弁官史生。〉を持って来た。同じ弁を介して覆奏させた。すぐに宣旨を下された。

「内蔵寮《くらりょう》の北垣の辺りに死体が有った。雑人《ぞうにん》がこれを見た。今朝、突き殺された。つまりこれは法師の童子《どうじ》である。同僚が行なったものである」と云うことだ。

「亥剋の頃、四条《しじょう》大路の北辺り、油《あぶら》小路の西頭《にしのほとり》が焼亡した。この中で、兵部卿《ひょうぶきょう》親王（昭登《あきなり》親王）の家が焼亡した」と云うことだ。

二十九日、庚子。　**春日社大般若読経／大原野祭十列代写経講演／東大寺大仏殿の柱／道長、仏像を法成寺十斎堂に移す**

春日《かすが》社大般若読経《だいはんにゃどきょう》を行なった〈去年の分。〉。

大原野祭の十列の代わりの仁王講《にんのうこう》の分として、四《し》部《ぶ》経《きょう》を書写し、五口《く》の僧を屈請して、講演《こうえん》を行なった。これは恒例の事である〈盛算・念賢・慶範・運好・忠高。〉。観真《かんしん》律師が来た。東大寺《とうだいじ》大仏殿《だいぶつでん》の母屋《もや》の柱について談った。「奏状を持って来て、禅室と関白殿に奉りました」ということだ。中将が来て云ったことには、「御堂に参りました。巳剋、丈六仏《じょうろくぶつ》十余体を十斎堂に移し奉りました。急速の官符の請印《じょういん》によって、外記政《げきせい》に参ります。退出することにします」と。或いは云ったことには、「仏師《ぶっし》たちは禄を下給されました。また、禅閤及び関白・内大臣以下、殿上人は、衣を脱いで仏師たちに下給しました」と。

三十日、辛丑。　法華経釈経

（源）知道《ともみち》朝臣を遣わして、永昭《えいしょう》僧都を見舞った。薬草喩品《やくそうゆほん》を釈し奉った〈慶範。〉。

○三月

一日、壬寅。　関寺供養に被物を送る

早朝、河原に於いて解除《げじょ》を行なった〈中将《ちゅうじょう》（藤原資平《すけひら》）は車後《くるまじり》に乗った。〉。単衣《ひとえぎぬ》五領《りょう》を、今日の関寺供養《せきでらくよう》に被物《かずけもの》として送った。

二日、癸卯。　大地震／眼病／大炊寮奏

申の初剋、大地震があった。舎屋《しゃおく》の顚倒には及ばなかったが、築垣《ついがき》が頽壊《たいかい》した。あの先年の大地震の後、未だこのようなことはなかった。もっとも怪異《かいい》である。しばらくして、また震動した。昨日から眼病《がんびょう》を患っている。参らないということを、まずは頭中将《とうのちゅうじょう》（源顕基《あきもと》）に示し遣わした。大炊《おおい》寮《りょう》が右《う》弁官史生《べんかんししょう》を申請した奏を、式部丞《しきぶのじょう》経兼《つねかね》に下した。

四日、乙巳。　石清水臨時祭試楽／病悩

今日、臨時《りんじ》祭試《さいし》楽《がく》が行なわれた。後一条《ごいちじょう》天皇の御物忌《ものいみ》であった。昨日、御燈《ごとう》によって廃務《はいむ》し、今日に及んだのか。夜に入って、蔵人所《くろうどどころ》の小舎人《こどねり》が、袴《はかま》について催促してきた。腰に挿させていた間に、時剋が移った。「日没の頃から夜に、雨となった」と云うことだ。そこで随身所《ずいじんどころ》に於いて、酒を下賜させた。随身《ずいじん》一人〈弓箭《きゅうせん》を帯びた。〉と雑人《ぞうにん》三人を差し副えて、これを奉らせた。私は未剋の頃から、心神《しんしん》が極めて悩《や》んだ。飲食を受けなかった。通夜、辛苦したが、暁方、頗る宜しくなった。疑ったところは、風病《ふうびょう》が発動《はつどう》したのか。

天が陰り、時々、小雨があった。夜に入って、はなはだ密となった。通夜、止まなかった。地震の後、三箇日の雨は、もっとも善とした。災禍《さいか》は消えるのであろうか。

五日、丙午。　石清水臨時祭／家司を定む

早朝、中将が来た。今日、臨時《りんじ》祭《さい》が行なわれた。病悩が有って、参入しなかった。諷誦《ふじゅ》を三箇寺〈広《こう》隆寺《りゅうじ》・清水寺《きよみずでら》・祇園《ぎおん》社。〉に修した。（藤原）定雅《さだまさ》朝臣《あそん》を家司《けいし》とした。心神は、はなはだ悩んだ。起居《ききょ》は少なく、臥す時が多かった。（中原）恒盛《つねもり》に散供《さんぐ》させた。（賀茂）守道《もりみち》朝臣が占って云ったことには、「竈《かま》神《どがみ》の祟《たた》りです」ということだ。そこで解除を行なわせた。慶真《けいしん》師を招請して、枕上《まくらがみ》に於いて孔雀経《くじゃくきょう》を転読《てんどく》し、祈禱《きとう》を行なわせた。

六日、丁未。　三国に宣旨を下す／右近将監の申請／禎子内親王、東宮参入決定／教通、これを嘆息

頭中将が来た。悩む所が有って、逢わなかった。(藤原)資高《すけたか》を介して、宣旨《せんじ》三枚〈近江国司《おうみこくし》(源済政《なりまさ》)が申請した左馬寮《さめりょう》の申請した秣《まぐさ》の事、下野《しもつけ》・石見《いわみ》国司《こくし》の申請した雑事。〉を伝えた。右近将監文室為義《うこんのしょうげんふんやのためよし》が申請した、右近衛府《うこのえふ》の大炊屋《おおいや》と榻屋《しじや》を造立し、佐渡守《さどのかみ》か隠岐守《おきのかみ》に任じられる申文《もうしぶみ》を、頭中将に託した。夜に入って、宰相中将《さいしょうちゅうじょう》(資平)が来て云ったことには、「一品禎子《いっぽんよしこ》内親王が東宮(敦良《あつなが》親王)に参入される事は、今月二十三日と決定しました。禅閤《ぜんこう》(藤原道長《みちなが》)が督促されたものです。また、関白《かんぱく》(藤原頼通《よりみち》)も、深く御情を入れています。内大臣(藤原教通《のりみち》)には、嘆息の様子が有りました。禅閤の御女の尚侍《ないしのかみ》(藤原嬉《よし》子《こ》)が薨じた後、宮に入れる事を企てていました。ところが、急にこの事が有りました。そこで嘆息されました。今日、禅室《ぜんしつ》(道長)に於いて談話していた際、この様子が有りました」ということだ。心神はまだ悩んでいる。未だ尋常に復さない。飲食は差し減じている。無理に読経《どきょう》や念誦《ねんじゅ》を行なった。

七日、戊申。　病悩、平復／藤原頼明宅、群盗に放火される

去る夕方から、いささか物の味を弁《わきま》えるようになった。心神は通例に復した。子剋の頃、前帥《さきのそち》(藤原)隆家《たかいえ》卿が領知《りょうち》している堀河《ほりかわ》辺りの家が焼亡した。「何日か、美濃守《みののかみ》(藤原)頼明《よりあきら》朝臣が住んでいた。群《ぐん》盗《とう》が囲んで来て、頼明の宿人《やどりびと》が防いでいた間に放火した」と云うことだ。

八日、己酉。　資高、女児誕生／上東門院御念仏／頼通、直物を督促

「資高朝臣の家に御産があったらしい」と云うことだ。(宮道《みやじの》)式光《しきみつ》に命じて、問い遣わした。帰って来て云ったことには、「巳剋の頃、生まれました〈女。〉」と。宰相中将が来た。「一品宮《いっぽんのみや》(禎子内親王)の参入によって、退去しました。先ず関白の邸第《ていだい》に参ります。次いで上東門院《じょうとうもんいん》(藤原彰子《あきこ》)に参ります。上東門院は今日から三箇日、念仏《ねんぶつ》を修されます」と。頭中将が宣旨を持って来た。病悩が有って、逢うことはできなかった。大舎人頭《おおとねりのかみ》(源)守隆《もりたか》を介して、逢わせた。これは先日、奏上させた、右近将監為義が申請した右近衛府の大炊屋の損色《そんしょく》についてである。夜に入って、宰相中将が来た。関白の御書状を伝えて云ったことには、「病悩が宜しいのならば、直物《なおしもの》を早く行なうように。その次いでに東宮の宮司《みやづかさ》を記すように。賀茂祭《かものまつり》に奉らなければならないからである」ということだ。今夜、延覚《えんかく》師を呼んで、夜居《よい》を行なわせた。今日は尋常のようであった。但し、無力であった。

九日、庚戌。

病悩は、やはり未だ通例に従わない。もう二、三日、試みて申すということを、中将を介して関白に伝えさせた。中将はすぐに女院《にょういん》(彰子)に参った。関白が参入されるということを、大外記《だいげき》(清原)頼隆《よりたか》が申した。今日の飲食は、減じることは無く、通例のとおりであった。時々、臥して休んだ。これは老者(実資)の通常の事であるばかりである。

十日、辛亥。　上東門院御念仏、結願／大般若不断読経始

中将が来て云ったことには、「昨夜、女院の御念仏に管絃《かんげん》が有りました。念仏の他、引声《いんぜい》・読経・誦《じゅ》物《もつ》の事は、遊興のようでした」と云うことだ。後に聞いたことには、「禅室が悩まれていて、糸竹《しちく》の興は無かった」と。亥剋の頃、結願《けちがん》した。今日から七箇日の大般若不断読経《だいはんにゃふだんどきょう》を始めた。天変および星《せい》宿《しゅく》の厄《やく》を攘《はら》う為である。請僧《しょうそう》〈念賢《ねんけん》・中聖《ちゅうせい》・清朝《せいちょう》・慶範《けいはん》・円空《えんくう》・乗延《じょうえん》。〉。

十一日、壬子。　東宮、禎子内親王に書状を送る／斉信・俊賢の上東門院参入を批判

夜に入って、宰相中将が来て云ったことには、「今日、東宮の御書状を一品宮に遣わしました。御返事はありませんでした。盃酒《はいしゅ》と禄が有りました〈御使は右少将《うしょうしょう》（藤原）行経《ゆきつね》。〉。関白・内府以下が、多く参入しました」と。また、云ったことには、「昨夜、大納言《だいなごん》（藤原）斉信《ただのぶ》と民部卿《みんぶきょう》（源）俊賢《としかた》が、女院に参りました。両人の顔色は、はなはだ別様《べつよう》でした。特に戸部《こぶ》（俊賢）は、骨が有っても肉はありませんでした。満座は目を向けました。斉信卿は、今年は未だ出仕していません。事を重い慎しみに言寄せて、政務に従わないのは、奇怪です」と。未だ内裏に参らない前に、初めて他の処に参るのは、如何なものか。異例の作法である。古伝《こでん》を知らないのか。

十二日、癸丑。　行成の灸治を批判

或いは云ったことには、「先日、按察大納言《あぜちだいなごん》（藤原）行成《ゆきなり》卿が、灸治《きゅうじ》を行なった」と云うことだ。禊祭《けいさい》の行事《ぎょうじ》を勤める上卿《しょうけい》である。ところが祭以前の灸治は、意味を得ないばかりである。近日、専ら禊祭の行事を勤めている。やはり思慮すべきであろうか。これは内々の愚案《ぐあん》である。

十三日、甲寅。　十六日の直物について指示

十六日に直物を行なうことにするという事を、中将を介して関白に伝えさせた。今朝、頼隆真人《まひと》が公《く》卿給《ぎょうきゅう》を持って来た。清書《せいしょ》させて、下給しなければならない。

直物について、大略、頼隆に仰せ知らせた。但し、関白の報に随って決定を伝えなければならない。その日は、定め申さなければならない事が有る。その時期に臨んで、上達部《かんだちめ》を督促することとする。そのことを、また伝えた。

「十六日に直物を行なう事は、はなはだ吉い日程である。また、季御読経《きのみどきょう》は賀茂祭を過ぎて定め申しても、何事が有るであろう」ということだ。これは関白の報である。両事を、中将を介して伝えさせたのである。御読経は、今月の内に行なわれることのできる日が無いので、伝えさせたものである。

十六日の直物について、左大弁《さだいべん》（藤原定頼《さだより》）の許に示し遣わした。報じて云ったことには、「足下《そっか》に病悩が有って、襪《したうづ》を着すことができません。その間、平癒《へいゆ》することはできないでしょう。参入は定まりません」ということだ。

十四日、乙卯。　東宮・禎子内親王、書状を往復／皆既月蝕／教通に鹿皮鞾を貸与

早朝、大外記頼隆を召して、十六日の直物について命じた。二省を戒めて伺候させておく事・内記《ないき》を伺候させる事〈近代は、政事《まつりごと》が有る時は、必ず叙位《じょい》が行なわれる。そこで伝えさせたものである。〉・定め申さなければならない事が有るので諸卿を督促する事である。左大弁は病悩が有る。参入することはでき

ない。左兵衛督《さひょうえのかみ》(藤原経通《つねみち》)が参入するよう、内々に示し遣わした。参入するという報が有った。中将が云ったことには、「昨日、東宮の御書状が有りました〈御使は左兵衛佐《さひょうえのすけ》(源)経宗《つねむね》。〉。御返事および禄が有りました」と。公卿給の二合《にごう》と停任《ちょうにん》を外記《げき》に下給した。

月蝕は皆既《かいき》であった。虧《か》け初めは戌五剋。加える時は亥七剋。末に復したのは丑一剋。月蝕は合って、本命《ほんみょう》の星位《せいい》に於いて蝕した。そこで見なかった。

内府が(藤原)章経《あきつね》を遣わして、鹿皮韉《しかがわのしたぐら》を借りにきた。託して還った。

十五日、丙辰。　踏歌節会を欠怠した采女正を優免／月蝕符合により賀茂守道に賜禄／僧綱召

蔵人《くろうど》式部丞(源)経任《つねのり》が、采女正高重《うねめのかみたかしげ》の怠状《たいじょう》を持って来た。勅を伝えて云ったことには、「免《ゆる》されることとする」と。この高重は、正月十六日の節会《せちえ》を欠怠《けったい》した事について、左中弁《さちゅうべん》(源経頼《つねより》)が仰せを承って問うた。ところが、長斎《ちょうさい》によって、籠居《ろうきょ》していた。そこで他の人に下給させたのか。この怠状を左中弁の許に遣わした。すぐに報が有った。「二合と停任を、式部丞経任に下賜する」と。経任が云ったことには、「月蝕は符合しました。守道を召して禄を下給するよう、仰せ事が有りました」ということだ。証照《しょうしょう》師を呼んで、昨夜の月蝕について問うた。云ったことには、「本命の星位に於いて蝕し始め、他の星宿に移って蝕し終わりました。考えさせたところ、軽いようです。あの本位《ほんい》のまま蝕し終われば、重いと称さなければなりません。また、木星が副っていました。もっともその扶《たす》けが有りました」ということだ。夜に入って、資高が内裏から退出して云ったことには、「今日、僧綱召《そうごうめし》が行なわれました。少僧都《しょうそうず》に成典《じょうてん》、律師《りっし》に経救《きょうきゅう》と朝源《ちょうげん》。中納言《ちゅうなごん》（藤原）朝経《あさつね》が承って行ないました」と。後に聞いたことには、「教円《きょうえん》を法眼《ほうげん》に叙した」と云うことだ。

十六日、丁巳。　陣申文／直物

今日、直物が行なわれた。内裏に参った〈中将は車後に乗った。〉。中納言朝経が陽明《ようめい》門に参会した。一緒に参入した。雨であったので、温明殿《うんめいでん》の壇を経て敷政《ふせい》門から入り、陣座《じんのざ》に着した。右大弁《うだいべん》（藤原）重《しげ》尹《ただ》〈非《ひ》参議《さんぎ》。重服《じゅうぶく》。〉を呼んで、所充《ところあて》の文を申上するよう命じた。しばらくして、右大史《うだいし》（丹生《にうの》）挙光《たかみつ》が、書杖《ふづえ》を捧げて北に渡った。私は座を起って、南座《なんざ》に着した。朝経と（源）師房《もろふさ》、参議《さんぎ》（源）朝任《あさとう》が、座にいた。右大弁は敷政門から入った。朝任は座を起って退いた。大弁が参議の座に着し、申して云ったことには、「申文」と。私は小揖《しょうゆう》した。大弁は称唯《いしょう》して、史《し》の方を見た。挙光が走り入って、宜陽殿《ぎようでん》の壇に伺候した。私は目くばせした。称唯し、進んで来て、膝突《ひざつき》に着し、これを奉った〈所充の文と加《か》賀《が》の鈎匙文《かぎさじぶみ》。〉。待ち取って、文書《もんじょ》を置いた。一々、取って見た。終わって、元のように推し巻き、板《いた》敷《じき》の端に置いた。史はこれを給わり、一々、束ね申した〈鈎匙文は、宣したことには、「申し給え」と。所充の文は、ただ目くばせした。〉。終わって、文書を文夾《ふばさみ》に取り副えて退出した。大弁は座を起った。次いで外記を召した。外記頼言《よりとき》が参入した。直物の勘文《かんもん》を奉るよう命じた。すぐに奉った。頭中将顕基を介して奏上させた。先ず内覧《ないらん》するよう伝えた。本来ならば御所に進んで奏上させなければならない。ところが衰老《すいろう》の身（実資）は、進退《しんたい》が堪え難いからである。直物を返給し、命じて云ったことには、「〈藤原)孝頼《たかより》を停任して、第四労《ろう》の(藤原)良兼《よしかね》を改めて任じるように。孝頼については、停任宣旨を下給するように」ということだ。直物は筥《はこ》に入れたまま、参議経通に下給した。大外記頼隆を召して、下《しも》総掾《うさのじょう》孝頼の停任宣旨について命じた。頭中将が、京官《きょうかん》の中文と公卿給の文書を伝え給わった。また、左少将《さしょうしょう》(藤原)良頼《よしより》を春宮亮《とうぐうのすけ》に任じ、(高階《たかしなの》)成行《しげゆき》を春宮大進《とうぐうだいじん》に任じるということを伝えた。奏上させて云ったことには、「良頼朝臣は、もしかしたら『兼』字が有るでしょうか」と。すぐに伝えて云ったことには、「『兼』字がなければならない」と。(藤原)経季《つねすえ》を外《げ》国《こく》の権守《ごんのかみ》に任じられるということを、まずは頭中将を介して奏上させた。おっしゃって云ったことには、「そうあるべき国の権守は、申請によれ」と。美作権守《みまさかのごんのかみ》が欠けているということを奏上させた。右兵衛督《うひょうえのかみ》朝任に除《じ》目《もく》を書かせた。中《ちゅう》宮《ぐう》(藤原威子《たけこ》)の当年の御給爵《ごきゅうしゃく》の請文《うけぶみ》〈右衛《え》門尉《もんのじょう》平直方《なおかた》。〉と、左兵衛督経通が申請した当年給《とうねんきゅう》の二合によって息子(藤原)経平《つねひら》を諸陵助《しょりょうのすけ》に任じるという申文を、大外記頼隆に下給した。給不を勘申《かんじん》させた。この申文を返して進上した。ただ未給《みきゅう》を申した。勘申するよう命じて、これを返給した。しばらくして、勘えて継いで進上した。頭中将を介して奏覧《そうらん》させた。おっしゃって云ったことには、「申請によれ」と。中文を下給した。叙位は経通が書いた。当年の直物および旧年の除目〈夾算《きょうさん》を挿した。〉、叙位・除目および直物の勘文、院宮《いんぐう》の御給《ごきゅう》の申文を一筥に加えて納めた。経通がこれを承った。一々、開いて見た。除目は、春宮大進を書き落としていた。そこで返給して、書き入れさせた。すぐにこれを奉った。直物の勘文と院宮御給の申文を取り出して、座に置いた。他の文書は一筥に入れて、外記頼言に給わって、退出した。はなはだ不覚である。伝え仰せた。驚いて退帰し、宜陽殿の壇上に立った。私は座を起ち、紫宸殿《ししんでん》を経て、御所に参った〈宰相中将が続松《つぎまつ》を執った。右兵衛督が送った。〉。腰と背が耐え難かったので、小板敷《こいたじき》に昇って伺候した。外記を板敷の下に召し、笏を取って頭中将に託した〈関白は御所に伺候していた。〉。しばらくして、返給された。外記を召して、これを給わった。関白が伝え示して云ったことには、「紀伊介《きいのすけ》は、頗る不審が有る。留めるように」と。また、云ったことには、「直方〈検非違使《けびいし》。〉は、栄爵《えいしゃく》に預かったが、検非違使を去ってはならない。もしかしたら宣旨を下すべきであろうか」と。私が答えて云ったことには、「宣旨は覚えていない事です」と。陣座に還った。除目を経通に給い、紀伊介を切り棄てさせた。すぐに奉った。私は、除目と叙位・直物の勘文を取り出した。直物〈夾算を挿した。〉は、笏に入れたまま、経通に下給した。前に於いて枚を出させ、笏に返納して、これを奉った。出し遣った直物を笏《しゃく》に取り副えて、座に復した。私は、直物の勘文、院宮・公卿給の人々の申文〈開き見たところ、紀伊介は皇太后宮《こうたいごうぐう》〈藤原妍子《きよこ》〉が申請された。確かに覚えておられないのか。〉を取って、直物の笏に加え入れた。中納言師房に委ねた。私は二省と内記を誡めて伺候させる事を、大外記頼隆に命じた。式部省《しきぶしょう》と内記が参入した。兵部省は障りを申して参らなかった。又々、召し遣わすよう、命じておいた。座を起って、退出した。近江国司が申請した左馬寮の秣米《まぐさまい》について、諸卿が定めて云ったことには、「式文《しきぶん》によって行なわれるべきであろうか。任終《にんしゅう》の年に置いてはならない」と。下給した国解《こくげ》を頭中将に託し、詞で公卿《くぎょう》が定め申した趣旨を奏上させた。すぐにおっしゃって云ったことには、「式文によって弁済《べんさい》するよう、宣旨を下給するように」ということだ。翌日、左中弁経頼に下した。今日、未の終剋に参入し、亥一剋に退出した。

除目を下給した次いでに、頭中将が仰せを伝えて云ったことには、「令縁《れいえん》を内供《ないぐ》〈律師朝源の所。〉とするように」と。すぐに右少弁《うしょうべん》（藤原）家経《いえつね》に伝えた。

今日、見参《げんざん》した上達部は、中納言（藤原）兼隆《かねたか》・朝経・師房、参議経通・資平・朝任。

正月の除目で、内舎人《うどねり》藤原孝頼を下総掾に任じた。中務省《なかつかさしょう》の労帳《ろうちょう》〈第三労。〉によって、任じたものである。ところが去年の労帳は、同じ孝頼を立てた。労帳の順序によって、官を給わった。今年、重ねて同じ孝頼を任じた。そこで外記が別に勘文を記して、直物の勘文の筥に加えて納めた。同じく労帳の第四の者である藤原良兼を改めて任じるべきであると奏上した。中務省が進上した労帳は、確かではない。勘責《かんせき》が有ったので、詞を加えずに奏上させたものである。ただ第四の者を改めて任じ、孝頼の停任宣旨を下給するよう奏上した。

十七日、戊午。　大般若不断読経、結願／当季仁王講／当季尊星王供／大蔵大輔を改替

不断読経が結願した。当季《とうき》仁王講《にんのうこう》〈新写の経三部。通例である。〉は、三箇日を限って修した〈念賢・智照《ちしょう》・朝円《ちょうえん》。〉。当季尊星王供《そんしょうおうく》は三箇日。阿闍梨《あじゃり》文円《ぶんえん》。浄衣《じょうえ》・名香《みょうごう》・供料《くりょう》を、昨日、送り遣わしておいた。

早朝、関白が大外記頼隆を介して伝えられて云ったことには、「昨日の除目では、大蔵少輔《おおくらのしょう》（源頼平《よりひら》）

を大蔵大輔《おおくらのたいふ》に任じた。ところが大蔵少輔(源)仲舒《なかのぶ》は、すでに上﨟《じょうろう》である。頼平を停めて、仲舒を任じるように。昨夜、清書の上卿は、早く退出してしまった。そこで命じることができなかった」ということだ。私が報じて云ったことには、「式部省に除目を返して進上させ、上卿に命じられて、改め直されますように。また、そのことを、式部省に宣下されなければなりません」と。

十八日、己未。　良円の長日御修法奉仕

良円《りょうえん》が伝え送って云ったことには、「昨日の宣旨に云ったことには、『二十日から、長日《ちょうじつ》の御修法《みしほ》に参仕するように』ということでした。請け申しておきました」ということだ。報じて云ったことには、「一箇月だけ奉仕するのが宜しいであろうか。数日は、もっとも憚り畏れる事が有るのである」と。

十九日、庚申。　小瘡を病む／道長、病悩

小瘡《こがさ》は、はなはだ堪え難かった。(但波《たんばの》)忠明《ただあきら》と(和気《わけの》)相成《すけなり》が云ったことには、「蛭喰《ひるがい》を行ないなされよ」と。宰相中将が云ったことには、「昨日、禅門《ぜんもん》(道長)に参りました。まだ悩まれていることは、軽くはありませんでした。人々には怖畏《ふい》の様子が有りました」と。日没の頃、扶公僧都《ふこうそうず》が来て云ったことには、「禅門が悩まれているとの告げによって、参上しました。二、三日の病状に随って、寺に帰ることにします」ということだ。

二十日、辛酉。　加賀守罷申／長日御修法／章子内親王、百日の儀／道長の病状

加賀守《かがのかみ》俊平《としひら》が、赴任するということを言った。諷誦を六角堂《ろっかくどう》に修した。良円が来て云ったことには、

「今日から一条院《いちじょういん》に於いて、御修法を勤修《ごんしゅう》します。どの法か、また伴僧《ばんそう》は何口《く》かを承っていません」と。行事の蔵人経任が勅旨《ちょくし》を伝えたが、確かではなかったのか。今日、中宮の若宮《わかみや》（章子《あきこ》内親王）の御百日《ももか》の儀が行なわれた。そこで酉剋の頃、内裏に参った〈中将は車後に乗った。〉。待賢《たいけん》門に於いて、輦《て》車《ぐるま》に乗って参入し、春華《しゅんか》門に到った。中将は輦車に扈従《こしょう》した。私は中宮〈飛香舎《ひぎょうしゃ》。〉に参った。関白以下は、饗の座に着した。私が加わって着した。盃酒が二巡《じゅん》した後、箸を下した。亥剋、主上《しゅじょう》（後一条天皇）が渡御《とぎょ》した〈吉時《きつじ》か。〉。次いで中宮の御膳を供した〈台六本。銀器に盛った。中宮大夫《ちゅうぐうだいぶ》斉信卿が奉仕した。〉。参議朝任が打敷《うちしき》を執った。殿上人《てんじょうびと》の四位が益供《やくぐ》した。長い時間の後、御簾《みす》を巻いた。菅円座《すげのわろうだ》を御前の簀子敷《すのこじき》に敷いた。宸儀《しんぎ》（後一条天皇）が御座に出御《しゅつぎょ》した。関白は御前から出て、先ず円座《わろうだ》に伺候した。蔵人（藤原）資房《すけふさ》朝臣に命じて諸卿を召し、序列どおりに御前の座に着した。次いで衝重《ついがさね》を給わった。次いで御膳を供した〈懸盤《かけばん》六基《き》。もしかしたら浅香《せんこう》か。銀器で御膳を盛った。内大臣が奉仕した。〉。中納言（藤原）実成《さねなり》が陪膳《ばいぜん》を行なった〈打敷を執った。〉。宰相以下と殿上人の四位が、益供した。上達部の座は、酒が二行、巡った。この間、管絃が有った。散楽《さんがく》に異ならない。次いで禄〈大褂《おおうちき》。〉を下給した。終わって、諸卿が退下した。主上は還御《かんぎょ》した。斉信卿が云ったことには、「若宮の膳を準備しなかった事は、倹約《けんやく》に従われた」ということだ。私は子剋に及んで、退出した。

今日、見参したのは、左大臣（頼通）〈関白。〉、内大臣、大納言斉信・行成・（藤原）能信《よしのぶ》、中納言兼隆・実成・師房、参議経通・某《なにがし》（資平）〈判である。〉・（藤原）兼経《かねつね》・定頼・朝任・（藤原）公成《きんなり》。

禅室が悩まれている事について、定基《じょうき》僧都に問い遣わした。その御書状を伝え報じた。何日来、間隙無く悩まれているとのことであった。

二十一日、壬戌。　法成寺戒壇建立に、延暦寺僧、嘆く／道長に物霊、憑依／仁明天皇国忌／空海忌日

権僧正《ごんのそうじょう》（慶命《きょうみょう》）が立ち寄られた。長い時間、清談《せいだん》した次いでに云ったことには、「法成寺《ほうじょうじ》は、戒壇《かいだん》を立てられます。延暦寺《えんりゃくじ》の満山《まんざん》の僧たちは、大いに愁いています」ということだ。「何日も、関白の命によって、禅室の修善《しゅぜん》を奉仕しています。やはり御心地《ここち》は、平癒することはありません。この間、怪しい事が有りました。物の霊に虜《とりこ》とされたようなものでした。或いは涕泣《ていきゅう》し、或いは大声を放ちました」と。中将が国忌《こき》に参り、帰って来て云ったことには、「今日は大師《だいし》（空海《くうかい》）の忌日《きにち》です。大僧正《だいそうじょう》（深覚《しんがく》）および僧都仁海《にんかい》及び名僧《めいそう》たちは、堂を出て、行香《ぎょうこう》を受けました。近代は見たことのない事でした。但し、国忌毎に諸僧が集まるのは、これは大僧正が行なわれたものです」と。

二十二日、癸亥。

黄昏に臨んで、宰相中将が来た。明日、一品宮が東宮に参入される事を談った。

二十三日、甲子。　禎子内親王、東宮に参入／頼宗の腫物、再発

今夕、一品禎子内親王〈三条《さんじょう》院の内親王。〉が、東宮に参られた。思慮を廻らせると、母后《ははきさき》（妍子）を訪ね申すべきである。急に皇太后宮に参った〈辰剋の頃。〉。中将は車後に乗った。皇太后宮亮《こうたいごうぐうのすけ》（藤原）頼任《よりとう》を介して、事情を啓上《けいじょう》させた。仰せ事が有った。すぐに退出した。しばらくして、雨が降った。関白は東面《ひがしおもて》の北門から参入した。私はこの間、同じ方の南門から退出した。中将は、あの宮司である為、留まって伺候した。「すぐに内裏の御装束所《しょうぞくしょ》に参ることになりました」と云うことだ。東宮の御息所《みやすどころ》〈禎子内親王〉が弘徽殿《こきでん》を御在所《ざいしょ》とすることになりました」と云うことだ。「弘徽殿を直廬《じきろ》とすることは、未だ是とはなっていないばかりである。

「汝《なれ》〈実資〉が今日、参入する事は、もっともそうあるべきであるとのことを、関白がおっしゃられました」と云うことだ。中将が伝え送ってきた。巳剋の頃から、雨であった〈通夜、止まなかった。〉。権《ごん》左中弁《のさちゅうべん》〈藤原〉章信《あきのぶ》が、勘宣旨《かんせんじ》を持って来た。また、大垣《おおがき》を造営した国々について伝えた。弁が云ったことには、「昨日、忠明宿禰《すくね》が御堂《みどう》〈道長〉に申して云ったことには、『春宮大夫《とうぐうだいぶ》〈藤原頼宗《よりむね》〉の腫物《しゅもつ》が、更に発《おこ》りました。煩いを経ることになるのでしょう』ということでした」と。

二十四日、乙丑。　敦良親王御朝使

「今朝の宮〈敦良親王〉の御使は、春宮亮良頼であった」と云うことだ。

二十五日、丙寅。　和気相成、頼宗の腫物について語る

中将が来た。

良円が来て、語った。禎子内親王が東宮に参入した雑事を談った。

御修法の間は、他行《たぎょう》してはならないということを伝えておいた。

相成朝臣が云ったことには、「昨日、山寺に参った際、春宮大夫から、二度、召しが有りました。夜に入って、宅に帰りました。今朝、参入しました。昨日は宅にいながら参らなかった勘責は、もっとも甚しいものでした。晩に臨んで、腫物を見させられました」ということだ。「十四日、更に発りました。禁忌《きんき》を犯し、慎しまれなかったことによるものです」と云うことだ。「十五日、横川《よかわ》に登ります。特に遠行《えんこう》を慎しむところです。腫物の様子は、初めの瘡《かさ》より倍しました」と云うことだ。

二十七日、戊辰。　法成寺、尼戒壇を建立／道長、比丘戒壇建立を止める／坂門牧・千代庄の雑人、辛島牧で濫行

中将が語って云ったことには、「法成寺の尼戒壇《あまかいだん》は、結構《けっこう》しました。『また、比丘戒壇《びくかいだん》を建立することになった』と云うことでした。朝廷に申請された文は、（藤原）広業《ひろなり》卿が作成しました。ところが、天台《てんだい》僧たちは、或いは忿怒《ふんぬ》を結び、或いは愁嘆《しゅうたん》しています。座主《ざす》（院源《いんげん》）が申請したので、急に企てられたものです。そこで山上の僧たちは、座主を罵辱《ばじょく》しています」と云うことだ。或いは云ったことには、「事は決定している。座主を追い下して、参上を止めることになった。前日、権僧正が、山の僧たちが愁嘆しているということを談った。また、談った趣旨を関白に伝えた。関白が云ったことには、『この事は、意味がわからない。一度だけ、禅閣に申そうと思う』ということであった」と。また、中将が云ったことには、「事は禅聴《ぜんちょう》に及び、比丘戒壇を止められました」ということだ。禅室領の坂門牧《さかとのまき》と関白領の千代庄《ちしろのしょう》の雑人が、辛島牧《からしまのまき》にやって来て、田畠を無理に作り、濫吹《らんすい》を行なった。（菅原）為職《ためもと》朝臣を呼んで、禅室の坂門牧について伝えた。千代庄については、（藤原）保相《やすすけ》に伝えた。

二十八日、己巳。　賀茂御禊前駆定の上卿を辞す／小瘡、全身に及ぶ／資経の復任令旨について指示

来月二日、禊日の前駆《ぜんく》を定めなければならない。ところが、病悩が有って〈小瘡が、遍《あまね》く身体に満ちている。〉、参入することができない。大外記頼隆真人を介して、関白に申し伝えた。長い時間の後、御報が有った。頼隆が云ったことには、「御堂に参られていました。帰られるのを待っていた間、時剋が多く移りました」ということだ。春宮大進（源）懐信《かねのぶ》が来た。帯刀長資経《たちはきのおさすけつね》が、復任《ふくにん》の令旨《りょうじ》について伝えた。前日に春宮大夫に示し伝えておいた。懐信が云ったことには、「春宮大夫が云ったことには、『二十三日に令旨を下さそうと思ったが、宮司がいないので、その日には下さなかった』ということでした」と。明日は忌みが無い日であって、啓し下すということを伝えておいた。

中将が来た。また、夜に入って、来て云ったことには、「禅室の御心地は、まだ不快です」と。黄昏に臨んで、藤中納言《とうちゅうなごん》〈朝経。〉が来た。清談した。

二十九日、庚午。　彰子、道長を見舞う／千古、病悩／法華経講釈

夜に入って、中将が来て云ったことには、「関白の命によって、仁和寺《にんなじ》に参りました。今朝、禅室の御心地について、書状で定基僧都に問いました。報じて云ったことには、『ただ同じようなものです』と。女院が渡御されました」ということだ。この二、三日、小女（藤原千古《ちふる》）は、頭が痛み、病悩の様子が有る。良円を呼んで、祈らせた。また、書状を大僧正に申しあげた。祈願を行なうという御報が有った。正覚《せいがく》師を招いて、夜居を行なわせた。五百弟子《ごひゃくでし》授記品《じゅきほん》を釈し奉った〈慶範。〉。

○四月

一日、辛未。　当季大般若読経始／雲林院辺りの車宿を検分／旬平座

当季《とうき》大般若読経始《だいはんにゃどきょうはじめ》を行なった〈尹覚《いんかく》と念賢《ねんけん》。〉。中将《ちゅうじょう》（藤原資平《すけひら》）と同車して、雲林院《うりんいん》の辺りに到った。朝《ちょう》円《えん》師の車宿《くるまやどり》を見た。「賀茂祭《かものまつり》の後朝《きぬぎぬ》の見物所として、便宜《びんぎ》が有るとのことです」と云うことだ。そこで見たものである。ところが、はなはだ野卑《やひ》であった。また、便宜は無い。

夜に入って、少納言《しょうなごん》（藤原）資高《すけたか》が来て云ったことには、「中納言《ちゅうなごん》（源）師房《もろふさ》・参議《さんぎ》（藤原）公成《きんなり》・右中弁《うちゅうべん》（藤原）経輔《つねすけ》・少納言私（資高）が、参入しました。旬《しゅん》の平座《ひらざ》は散楽《さんがく》のようなものでした」と。

二日、壬申。　賀茂御禊前駆定の日時

日没に臨んで、中将が来て云ったことには、「禅室《ぜんしつ》（藤原道長《みちなが》）に参りました。人々に逢いませんでした。所々で□□□□された声は不断でした」と。今朝、大外記《だいげき》（清原）頼隆《よりたか》が云ったことには、「今日、御《ご》禊《けい》の日の前駆《ぜんく》を定められるよう、関白《かんぱく》（藤原頼通《よりみち》）が按察大納言《あぜちだいなごん》〈（藤原）行成《ゆきなり》。〉に伝え示されました。報じて云ったことには、『灸治《きゅうじ》が乱れていて、はなはだ耐え難いのです。今日と明日、試みてみて、五日、斎□□□□参ります』と云うことでした。『その日、定め申すのは、如何なものでしょう』と。関白

が云ったことには、『御禊の日の前駆《ぜんく》定《さだめ》は、今日が宜しいのではないか』と」と。

三日、癸酉。　賀茂御禊前駆定、延引

昨日の御禊の日の前駆定について、頼隆に問い遣わした。申して云ったことには、「按察《あぜち》（行成）は参りませんでした。『五日に定め申すことになった』ということです。只今、参入して、事情を申すことにします」と。

頼隆が参って来て云ったことには、「昨日、関白の御使として、前駆定について按察に伝え申しました。申されて云ったことには、『灸治が乱壊《らんかい》し、はなはだ耐え難いとはいっても、我慢して五日に、□□□に参らなければならない。先ず参入して、前駆について定め申さなければならない。もしやはり□□□、他の上卿《しょうけい》に命じられるように』と。関白□□□□□□□□日だけでした。五日に議定《ぎじょう》を行なっても、何事が有るでしょうか」ということだ。

宰相中将《さいしょうちゅうじょう》（資平）が云ったことには、「禅室の病悩の様子は、軽くはありません」と云うことだ。

四日、甲戌。　擬階奏に加署／橘俊経、三島久頼に刃傷／彰子、頼通邸に渡御

擬階奏《ぎかいのそう》に「朝臣《あそん》」の二字を加えた。「去る夕方、主殿允《とのものじょう》（三島）久頼《ひさより》が、東宮蔵人《とうぐうくろうど》の内匠助《たくみのすけ》（橘）俊経《としつね》の為に、上東門《じょうとうもん》内に於いて打擲《ちょうちゃく》され、また刃傷《にんじょう》された〈三箇所。頭・背・手。〉。従者に命じて行なわせた」と云うことだ。先日、久頼は俊経を罵辱《ばじょく》した。俊経は一品禎子《いっぽんよしこ》内親王の乳母子《めのとご》、久頼は同じ宮（禎子内親王）の下家司《しもけいし》である。東宮に参入した頃、静かではない事である。

中将が云ったことには、「昨夜、禅室が(藤原)頼任《よりとう》を介して関白に申されました。その御書状は、甚だ重いものです。関白は特に承引《しょういん》することはありませんでした。検非違使《けびいし》四人は、別当宣《べっとうせん》によって日記しました。関白がこれを聞いて云ったことには、『検非違使四人は、まったく差し遣わしてはならない。一人が宜しいであろう』ということでした」と。濫吹《らんすい》について日記した。嘆かなければならない、嘆かなければならない。

女院《にょういん》(藤原彰子《あきこ》)は、今夕、関白の邸第《ていだい》に渡御《とぎょ》され、明朝、内裏に御入《ぎょにゅう》される。「明日の東宮(敦良《あつなが》親王)の若宮《わかみや》(親仁《ちかひと》)の着袴《ちゃっこ》の儀によって、あの宮(敦良親王)にいらっしゃることになった」と云うことだ。

宰相中将は、馬に騎って供奉《ぐぶ》するということを、来て言った。

五日、乙亥。　内蔵助の申文／東宮若宮親仁、着袴の儀／源資通、昇殿を聴される

故宮(藤原遵子《のぶこ》)の給爵《きゅうしゃく》の位記《いき》を、氏頼真人《うじよりまひと》に下給した。すぐに爵料《しゃくりょう》の遺りの絹二十疋を究済《きゅうさい》させるということを申した。諷誦《ふじゅ》を東寺《とうじ》に修した。小衰日《こすいにち》であるからである。

春宮少進《とうぐうしょうじん》(藤原)資国《すけくに》が申させて云ったことには、「今日の若宮の御着袴に参入してください」ということだ。時剋を問うたところ、申させて云ったことには、「酉剋」ということだ。病悩を我慢して参ることにするということを報じておいた。(藤原)資房《すけふさ》が内裏から書状を記して伝え送って云ったことには、「先日、内蔵助《くらのすけ》を望む者が有るということを、伝えられました。多く所望の者たちがいます。申文《もうしぶみ》を只今、送るということでした。関白が参られれば、申文を奉ることにします」ということだ。

すぐに〈藤原〉経孝《つねたか》に中文を急いで書かせて、使に託しておいた。「大納言《だいなごん》行成が、御禊の前駆を定めた。また、内蔵助の除目《じもく》を行なわれた」と云うことだ。私は申剋の頃、内裏に参った〈宰相中将は車後《くるまじり》に乗った。〉。輦車《てぐるま》に乗って参入した。資房が春華門《しゅんかもん》の陣に来て云ったことには、「只今、行成卿が除目を行なっています」と。私は東宮に参った。若宮の着袴の日である。殿上《てんじょう》の饗宴が有った。関白以下は殿《てん》上間《じょうのま》にいた。御前の室礼《しつらい》は見なかった。殿上の隔障子《へだてしょうじ》を放って、御簾《みす》を懸けた。御簾の前に五尺御屏風《びょうぶ》を立てた。その内については見なかった。酉剋、着袴の儀を行なった。宮〈敦良親王〉が腰を結ばれた。秉燭《へいしょく》の後、若宮の御膳を益送《やくそう》した〈御台六本。銀器に盛った。春宮亮《とうぐうのすけ》〈藤原〉泰通《やすみち》朝臣が奉仕した。〉。参議〈藤原〉定頼《さだより》が打敷《うちしき》を執った。殿上人《てんじょうびと》の四位以下が、饗饌を執った。次いで菅円座《すげのわろうだ》を御前の簀子《すのこ》敷《じき》に敷いた。主殿寮《とのもりょう》が燎《ひ》を執った。宮が出御《しゅつぎょ》した。関白は座に伺候した。春宮亮〈藤原〉良頼《よしより》を介して諸卿を召した。私は先ず座に着した。内大臣〈藤原教通《のりみち》〉以下が従った。衝重《ついがさね》を据えた。盃酒《はいしゅ》が一、二巡《じゅん》した。次いで御膳を供した〈懸盤《かけばん》六本。浅香《せんこう》か。御膳は銀器に盛った。春宮大夫《とうぐうだいぶ》〈藤原〉頼宗《よりむね》が奉仕した。〉。中納言〈藤原〉長家《ながいえ》が打敷を執った。四位以下が益供《やくぐ》した。警蹕《けいひつ》を称した〈警蹕について、私は疑った。その理由は、女院がいらっしゃる。そこで疑ったものである。あれこれが云ったことには、「もっとも疑わなければならない事である」と。関白が云ったことには、「宮の最初の事である。警蹕が無いのは如何なものか」と。私が云ったことには、「あれこれ、定に随います」と。そこで警蹕を行なった。〉。御膳が終わって、糸竹《しちく》の興が有った。その後、上達部《かんだちめ》と殿上人の禄は、差が有った〈大臣は女装束《おんなしょうぞく》。織物《おりもの》の袿《うちき》を加えた。〉。子の初剋の頃、儀が終わった。「今夜、女院は御出《ぎょしゅつ》された」と云うことだ。民部少輔《みんぶのしょう》（源）資通《すけみち》が、昇殿《しょうでん》を聴《ゆる》された。今日の禄は、甚だ鮮明であった。「禅室が特に調備された」と云うことだ。今日、参入した上達部は、左大臣（頼通）〈関白。〉、内大臣、大納言（藤原）斉信《ただのぶ》・行成・（藤原）能信《よしのぶ》、中納言長家・（藤原）兼隆《かねたか》・（藤原）実成《さねなり》・（藤原）朝経《あさつね》・師房、参議資平・（藤原）兼経《かねつね》・定頼・（源）朝任《あさとう》・公成。今日、仗座《じょうのざ》に於いて、行成卿が除目を奏し行なった〈内蔵助に経孝。〉。また、御禊の日の前駆を定めた。前駆については、下官（実資）が上卿を勤めるはずであった。ところが、病悩が有ったので、先日、そのことを申した。そこでつまり、行成卿に命じられた。延引《えんいん》して、今日に及んだだけである。

六日、丙子。　御禊前駆／興照新造の寺を見る

大外記頼隆が、昨日の御禊の□□□□□□を書いて進上した。左衛門佐代掃部頭《さえもんのすけだいかもんのかみ》藤原朝臣□□□□□尉藤原資国・右衛門権佐《えもんのごんのすけ》源朝臣為善《ためよし》・右衛門尉《えもんのじょう》平親経《ちかつね》・左兵衛佐《さひょうえのすけ》源朝臣経宗《つねむね》・左兵衛尉《さひょうえのじょう》平正能《まさよし》・右兵衛佐《うひょうえのすけ》大江朝臣定経《さだつね》・右兵衛尉《うひょうえのじょう》藤原範光《のりみつ》。次第使《しだいし》は、右馬助《うまのすけ》紀朝臣知貞《ともさだ》・左馬允《さまのじょう》紀守任《もりとう》。中将と同車して、阿闍梨《あじゃり》興照《こうしょう》の新造の寺〈知足院《ちそくいん》の西。〉を見た。ただ留守の法師だけがいた。

七日、丁丑。　大神祭使、発遣

大神祭使《おおみわさいし》の右近将監《うこんのしょうげん》紀惟光《これみつ》が、□□□□□□を給わった。今日の祭使《さいし》と舞人《まいびと》については、甚だ道理の無い事が多かった。そこで右近将監（高《こうの》）扶宣《すけのぶ》・右近将曹《うこんのしょうそう》（紀）正方《まさかた》・右近番長《うこんのばんちょう》（下毛野《しもつけのの》）光武《みつたけ》を召して、改めて命じておいた。

権弁《ごんのべん》（源経頼《つねより》）が来た。小瘡《こがさ》の治療を加えていたので〈柳湯《やなぎゆ》。〉、逢わなかった。明後日の位禄定《いろくさだめ》および上野国司《こうずけこくし》（藤原家業《いえなり》）が申請した造垣について、人を介して伝えさせた。

八日、戊寅。　**灌仏会／橘俊経、除籍**

灌仏会《かんぶつえ》は通例のとおりであった。灌仏の布施《ふせ》の紙を、内（後一条《ごいちじょう》天皇）および東宮に奉献《ほうけん》した。明日の奏および位禄文《いろくぶん》について、右中弁経輔を呼んで、事情を取った。これより先、左大史《さだいし》（小槻《おつきの》）貞行宿禰《さだゆきすくね》を召して、あらかじめこれらの事を命じた。

或いは云ったことには、「先日、俊経が下手人一人を進上した」と。

夜に入って、少納言資高が宮から退出して云ったことには、「今日、久頼を打擲した事によって、俊経の籍を除かれました。関白の召しによって、春宮大進《とうぐうだいじん》（源）懐信《かねのぶ》が参入しました。すぐに還り参って、事情を啓上《けいじょう》しました。殿上間に於いて、蔵人□に命じて簡《ふだ》を削らせました」と。

九日、己卯。　**官奏／位禄定／東宮敦良親王、初めて禎子内親王の直廬に渡御／後一条天皇、久頼の処置に不満有りとの説／御灌仏会に磬を立てず**

六角堂《ろっかくどう》に諷誦を修した。右中弁経輔が来て云ったことには、「昨日、書状を関白に申しました。報じられて云ったことには、『今日の官奏《かんそう》と位禄文は、早く奏し行なうように』ということでした。念誦《ねんじゅ》していたので、逢いませんでした」と。これより先、左大史貞行宿禰が参って来た。これらの事を命じておいた。左大弁《さだいべん》（定頼）が参入するとのことについて、書状が有った。内裏に参った。途中で雨が止んだ。陽明門《ようめい》に於いて、左衛門督《さえもんのかみ》兼隆と会合した。一緒に参入した。温明殿《うんめいでん》の壇を経て、敷政門《ふせい》から入った。左大弁定頼が、敬屈《きょうくつ》して壁の後ろに立った。跪居《ききょ》に異ならなかった。通例は、またこのようであった。私は陣座《じんのざ》に着した。次いで大弁が座に着じた。奏と位禄文について問うたところ、皆、揃えてあるとのことを答えた。先ず官奏を行なうということを伝えた。大弁は座を起った。しばらくして、右大史《うだいし》(伴《ともの》)佐親《すけちか》が、文書《もんじょ》を挿んで北に渡った。私は座を起って、南座《なんざ》に着した。次いで大弁が座に着した。申して云ったことには、「奏」と。私は目くばせして、揖礼《ゆうれい》を行なった。大弁は称唯《いしょう》して、史《し》の方を見遣った。佐親は書杖《ふづえ》を捧げて、宜陽殿《ぎようでん》の壇に伺候した〈雨儀《うぎ》。〉。私は目くばせした。称唯して走って来て、膝突《ひざつき》に着し、文書を奉った。待ち取って、これを見た〈和泉《いずみ》・安芸《あき》・紀伊《きい》三箇国の鈎匙文《かぎさじぶみ》。〉。片結びして、板敷《いたじき》の端に置いた。史が給わって、一枚を開いた。申して云ったことには、「揃えるべき文書三枚」と。元のように結び、文夾《ふばさみ》に取り副えて、走り出た。右中弁経輔を介して、関白に奉った。大弁は座を起った。経輔が帰って来て、関白の報を伝えて云ったことには、「奏すように」ということだ〈関白は、風病《ふうびょう》が発動《はつどう》し、里第《りてい》にいた。〉。同じ弁を介して、奏し申させた。しばらくして、召しが有った。紫宸殿《ししんでん》を経て、参上した〈雨儀。〉。史は紫宸殿の下を経た。私は射場《いば》の軒廊《こんろう》に到り、南向きに立った。史が走って来た。私は笏《しゃく》を挿し、文夾〈史は杖を翻して奉った。〉を執って参上し、年中行事御障子《ねんじゅうぎょうじのみしょうじ》の下に跪《ひざまず》いて伺候した。目くばせされた。称唯して、御前に進んだ。膝を長押《なげし》に懸け、膝行《しっこう》して、これを奉った。左廻りに円座《わろうだ》に着し、扶《たす》けて伺候した。御覧が終わって、片結びし、推し出させられた。杖を置いて、進んだ。給わって、座に復した。一々、束ね申した。終わって、元のように結んだ。杖で文書の上に置き、退下した〈年中行事御障子の西を経た。〉。元の所に於いて、文書を返給した。私は同じ道を経て、陣座に復した。大弁は座に着した。史が奏文を返し奉った。私は先ず表紙《おもてがみ》を下給した。史は文を開いて、文毎に御裁許《さいきょ》の趣旨〈おっしゃって云ったことには、「申したままに」と。〉を見せた。称唯した。文書を開いて、成文《なりぶみ》を申した。終わって、文書を巻いた。敬屈して、伺候した。結緒《ゆいお》を執って、これを給わった。史は文を結び、杖に副えて、走り出た。位禄文について、大弁に命じた。座を起って、床子《しょうじ》の方に向かった。すぐに座に復した。右大史(丹生《にうの》)挙光《たかみつ》が、位禄文を進上した〈主税寮《しゅぜいりょう》の勘文《かんもん》、国充《くにあて》の文書[黄の反古《ほご》。]、出納《すいとう》の諸司の文書[黄の反古。]、男女の歴名《れきみょう》各一巻、昨年の定文《さだめぶみ》二枚。〉。右少史《うしょうし》(紀)為資《ためすけ》が硯を置いた。私は他の文書を取り出して、ただ国充の文書一巻を筥《はこ》に納め、経輔を介して関白に奉った。次いで奏聞《そうもん》するよう伝えておいた。長い時間が経って、下給された。殿上一枚、出納の諸司・外《げ》衛佐《えのすけ》・馬助《うまのすけ》・二寮の助、一枚。定文は大弁が書いた。書き終わって、進んで来て、これを奉った。淡路《あわじ》国司《こくし》(菅野)敦頼《あつより》が、八省院《はっしょういん》某《なにがし》堂を造営する分の四箇年の別納租《べつのうそ》穀《こく》を申請した。そこで殿上の分を因幡《いなば》国に改め定めた。定文二通を経輔に下して、束ね申した。位禄《いろく》所《しょ》の弁である権左中弁《ごんのさちゅうべん》(藤原)章信《あきのぶ》は、病悩が有って参入しなかった。「今日、東宮は初めて一品宮《いっぽんのみや》(禎子内親王)の直廬《じきろ》に渡御された。乳母《めのと》たちに贈物が有った」と云うことだ。「弘徽殿《こきでん》の片廂《かたびさし》に上達部と殿上人の饗宴が有った」と云うことだ。「内大臣は直衣《のうし》を着して、簾中《れんちゅう》にいた」と云うことだ。「大納言能信、中納言長家・兼隆・実成・師房、参議資平・朝任・公成が、束帯《そくたい》を着して、饗の座に着した」と云うことだ。中将資平を呼んだ。官奏を奉仕していた際、病悩は宜しくなかった〈小瘡。〉。参らないということを、能信卿に告げさせた。私は東宮傅《とうぐうふ》である。近代の事は、頗る奇怪である。そこで告げさせたものである。左大弁定頼が、饗所に参った。私は退出した〈未一剋に参り、申四剋に退出した。〉。今日、関白は風病と称し、参らなかった。或いは云ったことには、「久頼については、行なわれないということについて、主上《しゆじよう》（後一条天皇）の仰せが有った。そこで参らなかった」と云うことだ。左大弁が陣座に於いて云ったことには、「昨日の御灌仏会は、磬《けい》がありませんでした。行事の蔵人（源）経《つね》成《なり》が云ったことには、『『蔵人式《くろうどしき》』に見えません。そこで磬を立てませんでした。また、日記にも見えません。父（源）長経《ながつね》は文書を調べ見る者です。彼もまた、このことを述べました』と云うことでした」と。私が答えて云ったことには、「この数年の事は、確かに覚えていない。やはり磬が有るとのことがある。これらは調べて見たのか。但し『蔵人式』は、いい加減な書である。証としてはならない」と。後日、『図書寮式《ずしよりようしき》』を見ると、はなはだ分明《ぶんめい》であった。長経たちが述べたところは、極めて浅薄であるばかりである。嘲《あざけ》らなければならない者である。

『図書寮式』に云ったことには、「御灌仏の室礼。金色の釈迦《しやか》仏像《ぶつぞう》一体〈金銅の盤《ばん》一枚を備える。〉・山形《やまがた》二基《き》〈一基は青竜形《せいりゆうがた》を立て、一基は赤竜形《せきりゆうがた》を立てる。〉・金銅の多羅《たら》一口《く》〈水を受ける分。〉・黒漆の机四脚〈一脚は御料の金銅の杓《ひさく》二柄を、同じ盤に安置してある。人給《ひとだまい》のための黒漆の杓二柄。一脚は白銅鉢一口・銀鉢四口。

各々、輪を加えてある。並びに五色水《ごしきのみず》の分。一脚は花盤《かばん》二口。時花《じか》を盛ってある。金銅の火炉《かろ》一口。蓋を加えてある。一脚は散花《さんげ》の筥五枚。時花を盛ってある。〉・茵《しとね》一枚〈導師《どうし》の分。〉・磬一枚〈台と槌を加えてある。〉」と。

十日、庚辰。　藤原能子忌日／源倫子、新造今南第に移徙／源師房、藤原定輔宅に移徙

故殿《ことの》（藤原実頼《さねより》）の女御《にょうご》（藤原能子《よしこ》）の御忌日《きにち》である。諷誦を勧修寺《かんしゅうじ》に修した。

右大史佐親が奏報《そうほう》を進上した。

「今夜、禅室の北方《きたのかた》（源倫子《ともこ》）が、新宅《しんたく》に移徙《わたまし》を行なった。日数を経ず、造営した」と云うことだ。大《おお》炊頭《いのかみ》（菅原）為職《ためもと》が、この造作を行ない、一階を加えられた〈「四位」と云うことだ。〉。（藤原）定輔《さだすけ》の宅は、急に券文《けんもん》を召し返された。「中納言師房が、急いで移った」と云うことだ。

十一日、辛巳。

宰相中将が云ったことには、「禅室の北方は、昨日の亥□□□新宅に移りました。饗膳《きょうぜん》の準備については、通常のとおりでした。関白・内府（教通）・諸卿が会合しました。黄昏に臨んで、またその殿に参ります。為職朝臣が来て、加階《かかい》の慶びを申しました」と。

十二日、壬午。　賀茂御禊・賀茂祭の過差を禁じる／賀茂斎院御禊

御禊と祭の間、過差《かさ》を禁じるという宣旨《せんじ》が下った。その日以前に下されなければならない宣旨である。かえって事の煩いが有るのではないか。見物の人々が云ったことには、「検非違使が大宮《おおみや》大路の辻に群れ立った。過差や従類《じゅうるい》を禁制《きんせい》している」と云うことだ。「多く遁避《とんぴ》する者がいた」と云うことだ。

吉川弘文館

新刊ご案内　2022年1月

〒113-0033・東京都文京区本郷7丁目2番8号　振替 00100-5-244（表示価格は10％税込）
電話 03-3813-9151（代表）　ＦＡＸ 03-3812-3544　http://www.yoshikawa-k.co.jp/

教科書の「あの人物」は「あの時」こんな年齢だったのか！
自分の年齢の時、偉人たちは何をしていたのだろう？

Ａ5判・二九六頁　二二〇〇円

日本史人物〈あの時、何歳？〉事典

0歳から85歳まで、1，200人の事跡

吉川弘文館編集部編

飛鳥時代から昭和まで、日本史上の人物が、何歳の時に何をしていたのかが分かるユニークな事典。年齢を見出しに人物の事跡を解説。生没年を併記し在世も把握できる。巻末に物故一覧と人名索引を付した好事的データ集。

尋尊《じんそん》（人物叢書311）

安田次郎著

四六判・三二八頁／二五三〇円

室町時代中期の僧。幼年で興福寺大乗院に入室、のち門主となる。『大乗院寺社雑事記』などを書き残し、応仁・文明の乱や明応の政変の動向を今に伝える。時代の転換期に門跡の舵を取り、次世代に繋ぐべく尽力した生涯。

裁かれた絵師たち

五十嵐公一著　近世初期京都画壇の裏事情

二六四〇円　Ａ5判・二八〇頁

江戸初期、京都画壇には裁判に巻き込まれた絵師がいた。その詳細を検証し、現在の感覚とは異なる法理念や刑罰の実態に迫る。当時の法が絵師の生涯と画業に与えた影響を発見するとともに、作品理解にも役立つ注目の書。

源氏・北条氏から鎌倉府・上杉氏をへて、小田原北条氏とつながる四〇〇年！

対立軸で読みとく〝わかる〟東国史

対決の東国史

全7巻
刊行開始

〈企画編集委員〉
高橋秀樹・田中大喜

四六判・平均二〇〇頁『内容案内』送呈
各二二〇〇円

源義朝の大蔵《おおくら》合戦から小田原北条氏の滅亡まで、四〇〇年に及ぶ中世の東国では、さまざまな勢力が対立・連携し戦いを繰り広げた。源頼朝と木曾義仲の相克より小田原北条氏と越後上杉氏の関東覇権争いに至る七つの「対決」に光を当て、東国がいかなる歴史過程をへて近世を迎えたのかを描く。中央政権と地域権力がからみ合い織りなす姿に迫る、新しい東国史。

●第1回配本の2冊

②北条氏と三浦氏

高橋秀樹著

有力御家人を次々と排斥した北条氏と、その唯一のライバル三浦氏、という通説は正しいのか。両者の武士団としての存在形態に留意し、『吾妻鏡』の記述を相対化する視点から検証。両氏の役割と関係に新見解を提示する。

十三日、癸未。　季御読経について指示／道長の病悩により、関白賀茂詣、停止

左大史貞行宿禰を召して、御《み》読経《どきよう》の御仏・御経・堂具・鐘の有無を問うた。申して云ったことには、「図書寮《ずしよりよう》もしくは蔵人所《くろうどどころ》の方から申させるのでしょうか。官方《かんがた》は承っていません」ということだ。祭を過ごした後の宜しい日に、図書寮に命じて注進《ちゆうしん》させるよう命じた。但し、また弁を介して関白に伝えさせなければならない。また、事情に随って、御読経の僧名《そうみよう》を定めなければならない。貞行が云ったことには、「一昨日、御禊と祭日の前駆の使々たちの僕従《ぼくじゆう》の数、および過差を禁制する事について、大納言行成卿〈行事の上卿。〉が、勅を承って宣下しました」と。中将が云ったことには、「明日の関白の賀茂《かも》詣《もうで》は停止《ちようじ》となりました。また、一家の卿相《けいしよう》は見物されてはなりません。皆、これは禅室が悩《や》まれていることによります」ということだ。「この四、五日、平復《へいふく》の様子が有るとのことだ」と云うことだ。ところが不快なのか。

十四日、甲申。　藤原妍子、病悩

中将が来て云ったことには、「皇太后《こうたいごう》（藤原妍子《きよこ》）は、まだ病悩の様子がおありになります。□御膳を食べられません。枯槁《ここう》は特に甚しいものです」と。

十五日、乙酉。　賀茂祭／頼通・教通、同車して見物／行事上卿行成、頼宗従者に罵辱される

今日、賀茂祭が行なわれた。そこで奉幣《ほうべい》を行なった。十二箇月の幣《ぬさ》を加えた〈使は（石作《いしづくりの》）忠時《ただとき》宿禰。〉。近衛《このえ》府《ふ》使《し》左中将《さちゆうじよう》（源）顕基《あきもと》〈蔵人頭《くろうどのとう》。〉は、南院《なんいん》から出立《しゆったつ》する。摺袴《すりばかま》を遣わした。宰相中将が来て云ったことには、「祭使所《さいししよ》に罷り向かいます。忌月《きげつ》ですので、未だ歌舞《かぶ》を発しない前に退去することにします」ということだ。黄昏に臨んで、来て云ったことには、「舞の前に皇太后宮《こうたいごうぐう》(妍子)に参って伺候しました。御病悩は不快でした」と。また、云ったことには、「関白と内府は、同車して見物しました。禅室が悩まれているので、賀茂社《かも》に参られませんでした。また、『見物してはならない』と云うことでした。ところが今、見物されました。事は暗に相違しています」と。また、云ったことには、「過差を禁制する宣旨を下されました。その後、関白が内々に検非違使を召し仰されて云ったことには、『東宮使良頼の従僕《じゆうぼく》は、糺弾《きゆうだん》してはならない』ということでした。極めて怪しい事です」と云うことだ。「更に過差を禁制する宣旨を下されてはならないのではないでしょうか」と云うことだ。資房と資高が云ったことには、「良頼の従者二十人は、紅染《こうぞめ》の擣袙《うちあこめ》でした。過差の極みであるばかりです。近衛府使顕基〈蔵人頭。〉の従者十五人は、白い狩衣《かりぎぬ》を着していました」と云うことだ。「行事の上卿の行成卿は、行列所《ぎようれつしよ》に到って車を立て、次第《しだい》を見ようとしましたが、その所に女車《おんなぐるま》が先に立っていました。行成卿が云ったことには、『行事の上卿(行成)が、この処に於いて次第を見る。この車は退かせるように』ということでした。ところが、女車の従類は数が多く、一切、聞きませんでした。『これは春宮大夫頼宗卿の家の車である。あの大夫は、密々に見ている』と云うことでした。かえって嘲弄《ちようろう》を行ないました。すぐに人を遣わして関白に申させました。関白が随身《ずいじん》に命じて仰せ遣わしたところ、この車の従類は承引せず、かえってこれを罵辱しました。また、大納言斉信卿と弟尋《じん》光僧都《こうそうず》が、同車して中納言師房の家の門前を渡りました〈或いは云ったことには、『高松殿《たかまつどの》（源明子《あきこ》）が、この家に住んでいる』と云うことです。〉。上下の雑人《ぞうにん》が出て来て、石で車を打ちました」と云うことだ。二つの事は、もっとも狼藉《ろうぜき》であるばかりである。

後日、行成卿が中将に談って云ったことには、「女車の人が、行事の宰相と相論《そうろん》していた。すぐにこの女車は、私（行成）の車の前に立った。そうであってはならないということを伝えたが、聞き入れなかった。この間、極めて狼藉であった。私の従者の狩衣の肩を引き破った。女車の雑人たちは、抜刀《ばっとう》して抑えつけた。我が家の雑人は、防ごうと思った。怖《ふ》畏《い》はもっとも多い。そこで制止を加えた。この間、面目を失った。ただ時勢を憚り、打ち合わなかったところである。『この女車は、春宮大夫頼宗の家司《けいし》（藤原）為資朝臣の出車《いだしぐるま》である』と云うことだ。頼宗卿の雑人を羽《う》翼《よく》として、この濫吹を行なった。後日、申したところが有ったが、関白は特にその対応は無かった。後年については、次第を見ることはできない。斎院《さいいん》から退出することにする」ということだ。

十六日、丙戌。　興照の房で賀茂祭使還立を見物

小女（藤原千《ち》古《ふる》）に催促されて、辰剋の頃、阿闍梨興照の房〈知足院の西。〉に向かった。宰相中将・資房・少納言資高・（藤原）経仲《つねなか》が従った。木《も》工頭《くのかみ》（源）政職《まさもと》が追って来た。各々、小食を提げた。私はいささか、その準備が有った。食物を房主阿闍梨（興照）に分けた。申剋の頃、雨が降った。すぐに止んだ。同じ時剋、知足院の北方に於いて見物した。院（小一条院《こいちじょういん》）は、知足院の東に於いて御覧になった。西剋の頃、家に帰った。

十七日、丁亥。　維摩会講師請奏に加署／図書寮焼亡による季御読経の処置／公請の僧綱を減ず

維摩会《ゆいまえ》講師《こうじ》輔静《ほじょう》〈法相宗《ほっそうしゅう》。薬師寺《やくしじ》。〉の請奏《しょうそう》に「朝臣」の二字を加えた。季御読経《きのみどきょう》は、賀茂祭を過ぎてから定め申すということを、先ず申させておいた。ところが、「図書寮が焼亡したので、御仏・御経・仏具《ぶつぐ》が焼失したとのことだ」と云うことだ。あの寮は、焼失した物の数を記して申したのか。状況に随って定め申さなければならないのである。「来月十日以前に、宜しい日が有る」と云うことだ。今月二十日頃に定め申すという事・またあの御仏などの事を、右少弁《うしょうべん》（藤原）家経《いえつね》を介して関白に伝えさせた。関白が報じられて云ったことには、「今月の内に行なわれるのが宜しいであろう。図書寮の御仏については、今日は重日《じゅうにち》であって仰せ下すことはできない。但し、御仏は仁寿殿《じじゅうでん》の御持仏《じぶつ》で行なわれるであろうか。御経や雑具は、今回は、他の所を用いられても、何事が有るであろう」と。私が報じて云ったことには、「今日は重日です。図書寮の焼亡の後、御読経について仰せ下すのは、憚りが有るでしょう。明日は吉田祭《よしだのまつり》です。明後日、定め申そうと思いますが、すでに御衰日《すいにち》です。必ずしも忌避《きひ》しなくてもよいとはいっても、今回は、やはり忌みの無い日に、特に定め申すべきでしょう。明後日は宜しい日です。ところが御衰日です。そうとはいっても、その日に定め申すべきでしょうか。今月の内に必ず行なわれなければならないのならば、廻請《かいじょう》の日は近いでしょう。二十四日は吉日《きちにち》ですが、議定の後、はなはだ迫って近いです。また、二十七日は吉日です。ところが滅門日《めつもんにち》です。陰陽《おんみょう》

寮《りょう》の勘申《かんじん》によるべきでしょう」と。日を定めるについては、又々の仰せに随うということを、報答しておいた。左大史貞行宿禰に、大略、これらの事を伝えた。また、僧綱《そうごう》の員数は多々である。停めなければならない寺々は有るのであろうか。申して云ったことには、「東寺の分は、中古は二人でした。ところが近日は、三人有ります。僧綱の多少によるのでしょうか」と。驚いて天慶《てんぎょう》・天暦《てんりゃく》の例を引見《いんけん》したところ、三人有った。ここに知ったことには、僧綱の数が少ない時は、三人有ることを。今回は、二人に減じて、東寺の一人および一寺を停めることとする。そもそも東寺が二人であった時の例を勘申するよう、命じておいた。但し、議定を行なう日に、仰せに随って進上するよう、また加えて命じておいた。家経が重ねて関白の書状を伝えて云ったことには、「二十日に定め申すこととする」ということだ。内々に云ったことには、「図書寮の御仏事の日次《ひなみ》は、宜しくない。今となっても命じられない。汝《なれ》(実資)はどの様に加えて云ったのか」ということだ。頭中将《とうのちゅうじょう》(顕基)が来て、袴《はかま》の悦びを言った。また、云ったことには、「今日、内匠助俊経の罪名を勘申する宣旨を下されることになりました」ということだ。私が答えて云ったことには、「今日は重日である。明日は吉田祭である。明後日は御衰日である。二十日の頃に宣下されるのが宜しいであろう。この日記を検非違使別当《けびいしべっとう》(経通)の許に遣わし、彼を介して下給するように」ということだ。下官が述べた趣旨を関白に申すようにとの意向が有った。

十八日、戊子。　内裏触穢／賀茂祭の濫行により頼宗の従者を獄に下す

蔵人式部丞《しきぶのじょう》（源）経任《つねのり》が云ったことには、「今日、内裏に犬の死穢《しえ》が有りました。祭の日に、春宮大夫の僕従が、行事の大納言に対して濫行《らんぎょう》を行なった者について、関白が言い遣わしました。そこで三人を捕えて遣わし奉り、獄所《ごくしょ》に下されました」と云うことだ。

十九日、己丑。　荒木武晴、府生を望む

随身番長《ばんちょう》荒木武晴《たけはる》は、私が初めて大将に任じられた時、近衛《このえ》随身であった。その後、番長に補し、また随身とした。随身近衛の功労は二十一年、番長は七年である。府生《ふしょう》を望み申している。長谷部兼行《はせべのかねゆき》の死欠《しけつ》である。事の道理は当たっている。そこで右近将曹正方を介して、将たちの所に告げ示した。正方が帰って来て云ったことには、「先ず右中将《うちゅうじょう》（源）隆国《たかくに》に伝え仰せました〈政所《まんどころ》の事を行なっているからである。〉。『同じく思い奉っている。仰せ下される日に、右近衛府《うこのえふ》の奏を作成させることとする』ということでした。宰相中将（兼経）及び次席の将たちは、明日、返事を申すようにということを、伝えておきました」と。

二十日、庚寅。　妍子の病悩により御読経・御修法を行なう／親仁の勅別当を補す／斎院、触穢

中将が来て云ったことには、「宮〈皇太后。〉は、重く悩まれています。昨日、急に御読経と御修法《みしほ》を行なわれました。欠請《けつしょう》について申す為に、関白の邸第に参ります」ということだ。そこで今日の御読経《みどきょう》定《さだめ》および武晴の府生について伝えさせた。しばらくして、帰って来て云ったことには、「『今日、若宮の勅別当《ちょくべつとう》を補されることになった。仏事を定め奏するのは、如何なものであろう。明日、定め申すこととする』ということでした。『武晴を府生に任じるとなれば、番長は誰か』と。申して云ったことには、『(下毛野)公安《きんやす》でしょうか』と。答えて云ったことには、『武晴より劣るのではないか。きっと見苦しいであろう』ということでした」と。鳳駕《ほうが》に乗ることは、多く武晴に勝っている。特に右近衛府が養った者である。これより先に、右少弁家経が来た。今日の御読経定および修される日の詳細を関白に伝えさせた。左大史貞行宿禰が参って来た。今日の御読経定および申文について命じた。その後、また関白の御書状によって、明日、参入するという事を伝えた。大弁がここから示し遣わした。また、貞行に命じておいた。時剋が推移し、家経が来た。関白の報を伝えて云ったことには、「御読経の日については、もっともそうあるべきである。来月十二日で、何事が有るであろう」ということだ。「明日、定めるということを宣さなかった」ということだ。そうではあるが、宰相を介して御書状が有った。そこでそのことを命じておいた。大外記頼隆が云ったことには、「左中弁《さちゅうべん》経頼は、賀茂祭の行事でした。ところが、御禊の日、急に障りを申して、勤めませんでした」と。経頼が密かに語って云ったことには、「斎院は、祭日に至って、犬の死穢が有りました。秘して斎王《さいおう》(選子《のぶこ》内親王)に申しませんでした。私(経頼)は長斎《ちょうさい》を行なっていました。斎院に伺候する女房《にょうぼう》が、密々に告げ送ってきたところです。そこで故障を申しました」ということだ。良円《りょうえん》は、朝廷の長日《ちょうじつ》の御修法に奉仕していた。最初の事は、もっとも怖畏しなければならない。そこで一昨日、行事の蔵人経任を呼んで、病悩が有るということを申させた。今日、来て、障りを免《ゆる》されたということを告げた。明日、結願《けちがん》する。

三十箇日、修し奉った。その日の内に山（延暦寺《えんりやくじ》）に登るということを、示し遣わしてきた。

二十一日、辛卯。 **千古の家司を定める／良円の御修法、結願／陣申文／季御読経定／興福寺僧良胤の処置／車副殺害犯人の情報／頭中将顕基、橘俊経の罪名を勘申させず／復任除目**

（菅原）孝標《たかすえ》朝臣・経孝朝臣・学生《がくしょう》藤原行光《ゆきみつ》を小女の家司とした。内供《ないぐ》良円の御修法が結願した。辰剋の頃、来た。「午剋の頃、山に登ることにします」ということだ。荒木武晴の府生の請奏を右近将曹正方が持って来た。二字を加えて返給した。将たちが署し終われば、蔵人左少将《さしょうしょう》資房に託すよう命じた。資房が宣旨一枚〈左少弁《さしょうべん》為善が、周防《すおう》国の申し返した位禄《いろく》を大和《やまと》国に給わることを申請した。〉を持って来た。随身近衛下毛野公安は、案主《あんじゅ》か府掌《ふしょう》に補すことにする。欠所《けつしょ》が有る事を、正方を介して右中将隆国の許に示し遣わした。但し、府生の宣旨が下った後に補すよう、伝えた。左少弁家経が来た。「今日、参るかどうかを聞く為に、来たものです」ということだ。逢わずに、資高を介して申させたものである。午剋の頃に参るということを答えた。今朝の宣旨は、資高を介して家経に伝え下した。宰相中将が来て云ったことには、「宮（妍子）の御病悩は、同じようです。昨日、権中納言《ごんちゅうなごん》長家を若宮の別当《べっとう》としました」と。正方が帰って来て云ったことには、「府生奏《ふしょうそう》に、将たちが署しました。すぐに資房に託しておきました」と。内裏に参った〈未一剋。〉。左大弁定頼が陽明門に参会し、一緒に参入した。文書を申上させた作法は、通例のとおりであった〈右大史佐親は、符十三枚を失った。右近衛府の粮の官符《かんぷ》は、右近衛府が焼亡した時に焼失した。四箇国の後不堪文《ごふかんぶん》。〉。次いで季御読経を定めた。左大弁定頼は、僧綱の数を多く書いた。そこで東寺の僧三人の内、一人を停めた。或いは二人有り、或いは一人有る例は、貞行宿禰が申したものである。また、安祥寺《あんしょうじ》を留めた。この寺は、或いは除き、或いは入れる。右少弁家経に命じて、日時を勘申させた〈今月二十四日か来月十二日。〉。定文と日時勘文《にちじかんもん》を加えて、内覧《ないらん》させた〈関白は里第にいた。〉。還って来て、関白の報を伝えて云ったことには、「今月二十四日は、はなはだ近い。来月十二日に行なわれるように」と。また、云ったことには、「興福寺《こうふくじ》の軸請《じくしょう》の良胤《りょういん》は、昨年、権僧正《ごんのそうじょう》（慶命《きょうみょう》）の名を書いて、丹波《たんば》国の物を受用《じゅよう》した。そして長日の御読経に参列していた間に、事がすでに発覚し、出された。随ってまた、本寺が放逐《ほうちく》した。軸請を止めなければならない。他の人を改めて入れ、奏上するように」ということだ。急に思慮を廻らすと、はなはだ処置し難い。本寺の解文《げぶみ》によって軸請に入れた。ところが、本寺に知らせず、暗に軸請に入れるのは、如何なものか。本請のまま請書《しょうしょ》を出し、まずは解文を進上するよう仰せ遣わした。また、明日、この良胤の他行《たぎょう》の替わりに欠請を補す事の子細を、綱所《こうしょ》に召し仰せた。本寺の解文が到来した日に、良胤を磨《す》って、解文の僧を改めて入れるのが宜しいであろう。但し、先ず定文を奏上し、この趣旨を関白に申すよう、命じておいた。定文を奏聞した。すぐに下給された。次いで弁に下した〈日時勘文を加えた。〉。頭中将が宣旨を下した〈紀伊国が申請した雑事。〉。家経に下した。次いで退出した〈申三剋。〉。家経が来て云ったことには、「関白に申しました。報じられて云ったことには、『そうあるべき事である』ということでした」と。そこで一々、仰せ下しておいた。あの欠請は、私の前に於いて補してはならない。直ちに明日、補して入れるべきであろうか。検非違使(中原)成通《なりみち》が、車副《くるまぞい》(助光《すけみつ》)を殺した犯人について申した。(藤原)良資《よしすけ》が云ったことには、「隠れていた所を捜して、召し搦めて進上することにします」ということだ。また、(粟田《あわたの》)豊道《とよみち》が来て、正安《まさやす》が取られた絹について申した。事は頗るいい加減である。そこであれこれを伝えてはならないということを、命じておいた。内匠助俊経の罪名について頭中将に問うた。答えて云ったことには、「検非違使《けびいし》日記《にっき》は、召し取られました。ところが、意向を見ると、罪名を勘申されてはならないのでしょうか」と。事はきっと、掌《てのひら》を返すようなものである。はなはだ軽々である。今日の参入は、参議朝任。私が退出した際、大納言行成卿と、外記庁《げきちょう》の北方で会った。「復任《ふくにん》除目について行なう為に、参入しました」ということだ。送った。私は礼を言って送った。資高を介して云ったことには、「復任除目によって参入した。そこで送る事はできない」と。これは礼節《れいせつ》か。

二十二日、壬辰。　上東門北南大垣の修築を上野国に命じる／斉信、未完の新宅に移徙

権左中弁章信が、勘宣旨《かんせんじ》および大垣《おおがき》の損色《そんしょく》の文を持って来た。上野国《こうずけ》を定めて充てる事を仰せ下しておいた。初めは御忌方《いみかた》に充てた。そこで上東門の北と南の垣に充てるべきである。破損は少ない。一町余りを充てるべきである。初めは一町を定めた。「昨日、大納言斉信卿が、新宅に移った。わずかに北対《きたのたい》を造営した。甚だ荒れ果てている」と云うことだ。「新宅の作法を用いなかった。ただ黄牛《あめうし》を牽いた」と云うことだ。

二十三日、癸巳。　**季御読経行事所雑物請奏／官奏について指示／右近衛府番長・府掌・馬場所掌を補す／社頭に参らなかった大神祭舞人を勘責**

資高が云ったことには、「昨日、府生の宣旨を、中納言師房卿に下しました」と。右少弁家経が、御読経行事所《ぎょうじしょ》の雑物の請奏を持って来た。奏下《そうか》するよう伝えた。また、申させて云ったことには、「軸請の解文を進上するよう、興福寺に仰せ遣わしておきました」と。私は逢わなかった。近日、一、二の国司《こくし》が、官奏を催促し申している。貞行宿禰に問うたところ、申して云ったことには、「未だ南所《なんしょ》に申上していない申文が有ります」ということだ。国々の申文は、揃ったならば、事情を申すに随って官奏に出さなければならないことを命じた。院の御随身の府生高扶常《すけつね》が番長を申請した申文を、右中将隆国に給わった。番長は、特に難点は無いであろう。また、随身近衛下毛野公安は、扶常を番長に補す替わりに、府掌に補すこととする。この趣旨を右中将に示し遣わした。随身近衛身《む》人部信武《ひとべののぶたけ》を馬《ば》場所掌《ばのしょしょう》とするよう、正方に命じた。正方が申して云ったことには、「中将が申させて云ったことには、『大神祭《おおみわのまつり》の舞人で、右近府掌文是安《うこんのふしょうふみのこれやす》〈禅室に伺候している。〉、右近衛下毛野安行《やすゆき》・多公重《きんしげ》〈以上二人は、関白の随身。〉は、装束《しょうぞく》を受け取って、社頭《しゃとう》に参らなかった』ということを、事の次いでが有って関白に申しました。おっしゃられて云ったことには、『極めて便宜のない事である。重ねて召勘《しょうかん》するように。今回、戒めが無ければ、後々、まったく大神祭に参らないではないか。また、大将〈実資〉が咎《とが》められなかったのは、如何なものか」と。申して云ったことには、「祭使は、そのことを申しませんでした。また、右近衛府も申しませんでした。尋問されている間は、未だ勘責《かんせき》されないのでしょうか」と。関白が云ったことには、「特に勘当《かんどう》を加える。先ず手結《てつがい》の射手《いて》を止めるように」ということでした』と」と。私が答えて云ったことには、「この事は、右近衛府内の事ではない。朝廷の恒例の神事は、懈怠《けたい》してはならない。ところが今、社頭に向かわずに神事を懈怠するのは、もっとも調べて勘じられなければならない事である」と。

二十四日、甲午。　妍子、平癒

賀茂明神《かものみょうじん》の御為に、仁王講《にんのうこう》を修した〈智照《ちしょう》・念賢・慶範《けいはん》・運好《うんこう》・忠高《ちゅうこう》。〉。恒例の事である〈二季。〉。

宰相中将が来て云ったことには、「宮は宜しくいらっしゃいます」ということだ。

二十五日、乙未。　永昭、見舞いを謝す

永昭《えいしょう》僧都が来た。人を介して言わせて云ったことには、「煩う所が有った頃、頻りに書状が有りました。今日、初めて外出しました。そこで先ず来たものです。病悩は、やはり未だ通例に従いません」と。逢うことはできなかった。立ったまま、退出した。

二十六日、丙申。　法成寺戒壇について延暦寺・園城寺の軋轢

「天台《てんだい》両門徒《もんと》の喧嘩《けんか》は、極まり無い。法成寺《ほうじょうじ》の戒壇《かいだん》についてである。ところが、慈覚大師《じかくだいし》(円仁《えんにん》)門徒の愁吟《しゅうぎん》の風聞によって、停止された。但し、尼戒壇《あまかいだん》を止めなかった。まだ余忿《よふん》が有る」と云うことだ。

「権僧正慶命と大僧都《だいそうず》尋円《じんえん》が張本であるということが、禅閤《ぜんこう》（道長）の耳に入った」と云うことだ。忿《ふん》怒《ぬ》の詞は、日を逐って多々である。

二十七日、丁酉。　官奏について指示／讃岐守、下向／妍子、病悩

貞行宿禰が云ったことには、「和泉・信濃《しなの》・丹後《たんご》の文書は、未だ申し通していない」ということだ。命じて云ったことには、「これらの文書は、申上しておいた。南所に申上した後、奏に入れるように」と。明日の官奏は停止となった。近衛下毛野光重《みつしげ》を御馬騎《うまのり》とすることになった〈右近府生《うこんのふしょう》武晴の代わり。〉。随身佐伯国兼《さえきのくにかね》を予備の御馬乗《うまのり》とするよう、右近将監扶宣に命じた。讃岐守《さぬきのかみ》長経が云ったことには、「明日、任国に下向します。七月十日までに、必ず上洛《じょうらく》します」ということだ。

皇太后宮はまだ悩まれているということを、宰相中将が伝え送ってきたのである。

二十八日、戊戌。　伊予右近衛府大粮／季御読経欠請について指示／内匠助を停任／右馬寮、御馬走奏を進上

伊予守《いよのかみ》（藤原）済家《なりいえ》が来て、前司《ぜんじ》（源定良《さだよし》）の任終《にんしゅう》の年の右近衛府の大粮《たいろう》について弁済《べんさい》した。頗る道理が有った。右少弁家経が来た。人を介して、申させて云ったことには、「御読経の欠請は、晦日《つごもり》の頃に補されるよう、先日、承りました。ところが、辞書《じしょ》が未だ進上されていません」ということだ。報じて云ったことには、「朔日の頃に辞書が出て来れば、来月三日に補すよう、示し仰すように」と。権左中弁章信が、宣旨〈馬寮《めりょう》の史生《ししょう》。〉、および覆奏文《ふくそうぶん》を持って来た。頭中将顕基が来て、勅語《ちょくご》を伝えて云ったことには、「内匠助橘俊経を停任《ちょうにん》するように」ということだ。大外記頼隆を召して、宣下しておいた。

右馬寮《うめりょう》が、御馬走奏《うまはしりのそう》を進上した。〈藤原〉有信《ありのぶ》朝臣が、筑前《ちくぜん》から参上した。「国司〈高階成順《たかしなのなりのぶ》〉の妻を送る為、明日、帰ることにします」ということだ。高田牧《たかだのまき》の雑物の解文を進上した。

御読経の大般若経《だいはんにゃきょう》一部を図書寮に命じた。また、御堂《みどう》の雑具を綱所に命じた。これは右少弁家経が申したものである。前例を調べて行なったものである。御経を立て、史に実検《じっけん》させるよう、弁に命じておいた。

二十九日、己亥。　妍子・道長、小康／法華経講釈

中将が云ったことには、「宮は尋常に復されました」と。また、云ったことには、「昨日、禅閤は堂を廻られました」と云うことだ。特に病悩の様子は無かった。これは頼任朝臣が談ったものである。

化城喩品《けじょうゆほん》を釈し奉った〈念賢。〉。

〇五月

一日、庚子。　石塔供養

石塔供養《せきとうくよう》を行なった。

二日、辛丑。　蛭喰／人事不省となる

諷誦《ふじゅ》を三箇寺〈東寺《とうじ》・広隆寺《こうりゅうじ》・清水寺《きよみずでら》。〉に修した。念誦堂《ねんじゅどう》に於いて、三口《く》の僧〈念賢《ねんけん》・運好《うんこう》・忠高《ちゅうこう》。〉を招請して、今日だけ、薬師経《やくしきょう》を転読《てんどく》させ奉った。小瘡《こがさ》は未だ癒えていない。そこで蛭喰《ひるがい》を行なった〈尻と耳。〉。秉燭《へいしょく》の後、喰い終わった。心神《しんしん》が乖違《かいい》し、すでに不覚となった。しばらくして、蘇息《そそく》した。蛭喰の致したところである。何日か、精進《しょうじ》を行なった。無力は特に甚しかった。良円《りょうえん》が山(延暦寺《えんりゃくじ》)を下りた。加持《かじ》を行なわせた。中将《ちゅうじょう》(藤原資平《すけひら》)が来た。(中原)恒盛《つねもり》に占わせた。占って云ったことには、「卜の咎《とが》が有ることは無く、自然の事です」ということだ。中将が来た。すぐに関白《かんぱく》(藤原頼通《よりみち》)の読経《どきょう》に参った。また、来た。蛭喰の間であったので、逢わなかった。

三日、壬寅。　当季仁王講始／当季尊星王供・当季聖天供／道長、法成寺阿弥陀堂で百体絵像不動尊供養／季御読経欠請を補す

当季《とうき》の修法《しゅほう》を始めた〈新たに等身《とうしん》の大威徳《だいいとく》像を造顕《ぞうけん》し奉り、修し奉った。阿闍梨《あじゃり》良円。伴僧《ばんそう》は四口。〉。当季尊《そん》星王供《しょうおうく》と当季聖天供《しょうでんぐ》を行なった。心神は通例のとおりになった。頗る無力である。早朝、中将が来た。晩方、また来て、法成寺《ほうじょうじ》に参った。仏事に会する為であろうか。幡《はた》一流《りゅう》を縫わせて、随身府生《ずいじんふしょう》(高《こうの》)扶武《すけたけ》を介して、(橘)俊孝朝臣《としたかあそん》の所に遣わした〈俊孝は御堂《みどう》にいた。この幡四流は、昨年、禅室《ぜんしつ》(藤原道長《みちなが》)から送られた。ところが、その時、三流有った。壺は錦であった。「もう一流の壺を、追って送ることとする」ということであった。ところが一昨日、俊孝を遣わして送られた。「今日、阿弥陀堂《あみだどう》に於いて、等身の百体絵像不動尊《ふどうそん》を供養《くよう》されることになっている。今日、あの堂に懸ける分である」ということだ。〉。右少弁《うしょうべん》（藤原）家経《いえつね》が、欠請《けっしょう》を持って来た。心神が宜しくなかったので、会うことはできなかった。（中原）師重《もろしげ》を介して、四人の辞書《じしょ》を伝えて進上させた。先に三人を補すよう、伝えさせた〈戒心《かいしん》・頼秀《らいしゅう》・蓮照《れんしょう》の三人を補した。〉。すぐにこれを補した。これを見終わって、返給した。もう一人は、明日、補すということを伝え仰せた。晩方、宰相中将《さいしょうちゅうじょう》（資平）が法成寺から来て云ったことには、「今日、阿弥陀堂に於いて、等身の不動尊百体〈絵仏《えぶつ》。〉を供養されました。真言供養《しんごんくよう》に寄せて、音楽が有りました。大唐《だいとう》・高麗舞《こままい》、各三曲。関白・内府（藤原教通《のりみち》）以下の殿上人《てんじょうびと》は、衣を脱いで、舞人《まいびと》に被《かず》けました。左近将監《さこんのしょうげん》（狛《こまの》）光高《みつたか》は、舞人の内にいました。優免《ゆうめん》されたのでしょうか。何箇月か、殺害の事によって、禅閤《ぜんこう》（道長）が勘当《かんどう》しています。『今日、復活したのか』と云うことでした。関白は饗の座に着しませんでした」と云うことだ。会さなかった人は、大《だい》納言《なごん》（藤原）頼宗《よりむね》〈腫物《しゅもつ》。〉、中納言《ちゅうなごん》（藤原）実成《さねなり》・（源）道方《みちかた》〈南山《なんざん》（金峯山《きんぶせん》）に参っている。〉、参議《さんぎ》（藤原）広業《ひろなり》〈南山に参っている。〉。「今日、禅閤は仏前《ぶつぜん》に出居《でい》を行ないました。尋常のようでした」と云うことだ。

四日、癸卯。　右近衛府荒手結／不参の大神祭舞人の手結を止む／下毛野安行の弁解

右中将《うちゅうじょう》（源）隆国《たかくに》が来た。（藤原）資高《すけたか》を介して伝言させて云ったことには、「今日、手結《てつがい》に罷り着すことにします。ところが右近衛府《うこのえふ》は、焼亡の際に、手結がすべて焼失しました。昨年の手結を下給してください」ということだ。昨日、右近将曹《うこんのしょうそう》（紀）正方《まさかた》に下給したということを報じた。また、云ったことには、「大神祭《おおみわのまつり》の舞人三人は、社頭《しゃとう》に参りませんでした。そこで手結を止めます。昨日、近衛《このえ》(下毛野《しもつけのの》)安行《やすゆき》が申させて云ったことには、『私(安行)は、あの日、柞杜《ははそのもり》に於いて、胸病《きょうびょう》が発動《はつどう》し、罷り留まりました。そのことは、使および陪従《べいじゅう》の官人たちが知っているところです。申文《もうしぶみ》を記して関白に申したところ、関白がおっしゃられて云ったことには、「大将(実資)や将たちに告げるように」ということでした』と。昨日、申させたところが有るのでしょうか」と。私が報じて云ったことには、「昨日、申文を進上した。ところが、未だ事情を聞かない前に、関白が咎められた。したがってまた、手結を留めるよう、仰せ下された。今となっては、下官(実資)が処置することはできない。関白の命に従わなければならないのである」と。隆国は感心して、退去した。今、事情を考えると、先ず下官に伝えられ、能く尋ね問うて、あれこれ処置すべきであろうか。隆国が内々に云ったことには、「陪従の右近府生直貞《うこんのふしょうなおさだ》に問うたところ、申して云ったことには、『安行は、柞杜に於いて、胸病が発動したということを申しました。もう二人は、内蔵寮《くらりょう》に罷り留まっていました』ということでした。未だ祭使《さいし》の右近将監《うこんのしょうげん》(紀)惟光《これみつ》に問うていません」ということだ。夜に入って、右近府生(下毛野)公武《きんたけ》が手結を持って来た。安行は入っていなかった。右中将隆国、左少将《さしょうしょう》(藤原)資房《すけふさ》・(藤原)行経《ゆきつね》が、着して行なった。手結は、明日、下給することとする。そのことを伝えた。

五日、甲辰。　道長、丈六阿弥陀如来絵像供養

馬場所《ばばしょ》が、藤蕨《ふじわらび》の糟酒《かすざけ》を進上した。これは恒例の事である。手結を下給した。左少将資房が来た。安行について問うたところ、云ったことには、「右中将隆国が云ったことには、『安行が申したところは、皆、これは虚言《きょげん》です。関白がおっしゃられたことはありません』と」と。今日、禅閤は丈六《じょうろく》の阿弥陀《あみだ》如来《にょらい》〈絵像。〉を供養された。中将が来た。すぐに参入した。

六日、乙巳。　右近衛府真手結

中将が云ったことには、「昨日、禅閤は丈六の阿弥陀如来像を供養し奉られました。講師《こうじ》は、僧正院《そうじょういん》源《げん》〈天台座主《てんだいざす》。〉。今日から七箇日、観無量寿経《かんむりょうじゅきょう》不断読経〈三十口。一番に十口。〉を行ないます。中納言以下が、禄を執りました」と云うことだ。夜に入って、右近府生（荒木）武晴《たけはる》が手結を進上した。右中将隆国と左少将資房が、着して行なった。

真手結《まてつがい》が行なわれた。垣下《えんが》を馬場《ばば》に遣わした。将以下の禄は、例事であるので、これを遣わした。饗《きょう》料《りょう》は、あらかじめ下給させておいた。

七日、丙午。　定基、腫物により僧都・寺司を辞す／季御読経に辞書を出しながら諸所に招請される僧の辞書を返却／図書寮、季御読経料の大般若経不足を愁う

手結を下給した。良静《りょうじょう》師が云ったことには、「定基僧都《じょうきそうず》の腫物は、減じることはありません。頻りに灸治《きゅうじ》を行なっています。僧都および所帯の寺々の司を辞退しました」ということだ。良静師を遣わして見舞った。

右少弁家経が、御読経僧《みどきょうそう》の辞書を持って来た。欠請を補すよう命じた。すぐに補した。私はいささか病悩が有り、逢わなかった。但し、所々の御読経に招請されていて、辞書を進上した僧たちは、そうであってはならない。辞書を返却するよう、加えて命じた。また、云ったことには、「図書頭《ずしょのかみ》（藤原）通範《みちのり》が申して云ったことには、『大般若経《だいはんにゃきょう》を借り求めることができません。揃っていない御経は、図《ず》書寮《しょりょう》にございます。前々の御読経では、他の経を求め加えて、紫宸殿《ししんでん》の分に充てました。ところが、焼失した後は、求めて進上することができません』ということでした」と。つまり家経が伝え申させたところである。命じて云ったことには、「図書寮は、一部を求め借りよ。もしまだ、もう一部を求めることができなければ、そのことを申すように。二部とも準備して揃えることができない事は、極めて不当である。やはり二部を準備して揃えるよう、伝えるように」と。又々、申すところが有れば、関白に申し、その命に随って奏聞《そうもん》するよう、命じておいた。

八日、丁未。　亡室忌日／道長の見舞い／常陸国百姓の善状／妍子、病悩再発／夢想により散供を行なう

諷誦を天安寺《てんあんじ》に修した。亡者《もうじゃ》（実資室、源惟正女《これまさのむすめ》）の忌日《きにち》である。良静が定基僧都の報を伝えた。禅室が（藤原）頼任《よりとう》朝臣を遣わして、蛭喰の間の気上《きじょう》について見舞われた。簾《すだれ》の前に呼び、逢って返事を申させた。

右少弁家経が関白の御書状を伝えて云ったことには〈師重を介して伝え申させた。〉、「常陸《ひたち》国の百姓《ひゃくせい》が参上して、善状《ぜんじょうちょうにん》〈重任。〉を申した。州民《しゅうみん》が西門の外に来た」と。家経が官掌《かじょう》に善状を執らせた。すぐに師重を介して伝えた。見終わって、関白に奉るよう命じた。弁朝臣が、大僧都《だいそうず》心誉《しんよ》と永円《えいえん》の辞書を進上した。替わりを補すよう命じた。すぐに補して、これを進上した。見終わって、返給した。宰相中将が来て云ったことには、「皇太后宮《こうたいごうぐう》(藤原妍子《きよこ》)の御病悩が、更に発《おこ》りました」と。信濃守《しなののかみ》(大江)保資《やすすけ》が、(高階《たかしなの》)為善《ためよし》朝臣を介して、中納言について事情を伝えてきた。子細を伝えなかった。

九日、戊申。　但馬守罷申／夢想により散供

但馬守《たじまのかみ》(藤原)能通《よしみち》が、蔵人《くろうど》(藤原)実範《さねのり》に借りた書を持って来た。また、云ったことには、「明朝、下向することにします」と。

今夜、陰陽属《おんみょうのさかん》恒盛に命じて、東門の辺りに於いて散供《さんぐ》を行なわせた。夢想《むそう》によって、行なったものである。厩《うまや》も同じくこれを行なった。

十日、己酉。　季御読経の欠請を補す／季御読経の経巻・堂具について指示／招魂祭

中将が云ったことには、「皇太后宮の御病悩は、軽くはありません」と。右少弁家経が申させて云ったことには、「辞書が二枚、有ります〈「大僧都永円と凡僧《ぼんそう》一人」ということだ。〉」と。欠請を補すよう、伝えさせた。更に召して見なかった。御経および堂具について問わせた。申して云ったことには、「御経一部を、求めて揃えました。もう一部は、未だ揃っておりません。遂に揃えることができなければ、御堂(道長)や関白の御経を申請することにします」ということだ。「堂具は、綱所《こうしょ》に命じて求めて揃えるものです。多くは東山《ひがしやま》の寺に借ります。洪水ですので、持ち運ぶことは難しいでしょう」

ということだ。命じて云ったことには、「今日は、必ずしも運ぶことはない。雨はすでに止んだ。明朝、運ばせても、懈怠《けたい》と称すわけにはいかない」と。今朝、(小槻《おつきの》)貞行宿禰《さだゆきすくね》が云ったことには、「綱所が御読経を借り求めるということは、毎年です」ということだ。先日、蛭喰の間、心神は不覚となった。そこで今夜、(賀茂《かもの》)守道朝臣《もりみち》に招魂祭《しょうこんさい》を行なわせた。

十一日、庚戌。　季御読経の欠請を補す／季御読経御前僧定の上卿を辞す

中将が告げて云ったことには、「皇太后宮は重く悩《や》まれています。あの宮司《みやづかさ》ですので、早朝、馳せ参りました」と。右少弁家経が松禅《しょうぜん》の辞書を持って来た。替わりの僧を補すよう命じた。弁が云ったことには、「澄源《ちょうげん》を補すことにします」ということだ。明日の御読経は、病悩が有って参ることができないということを、家経を介して関白に伝えさせた。明日、御前僧《ごぜんそう》を定める上卿《しょうけい》について、あらかじめ仰せ事が有った。剋限《こくげん》以前に参入し、定めて奏上するのが、宜しいであろう。このことを、家経に伝えておいた。弁が云ったことには、「二部の御経について、図書寮に命じました。考えると、宜しくないのではないでしょうか。そこで中宮《ちゅうぐう》(藤原威子《たけこ》)と関白の御経を申し置きました」ということだ。しばらくして来て、報を伝えて云ったことには、「病悩が有るについては、どうして参られることがあろう。他の上卿に命じることとする」ということだ。

十二日、辛亥。　当季仁王講、延行

修法《しゅほう》が結願《けちがん》した〈九箇日、修した。慎しまなければならないので、もう二箇日、延行《えんこう》したところである。〉。良円は山に登った。季御読経《きのみどきよう》に参入しなかった。仁海《にんかい》僧都が、辞書および僧の夾名《きようみよう》を随身して、来て云ったことには、「入道殿《にゆうどうどの》〈道長〉は、関白の為に修善《しゆぜん》を行なわれています。御読経を兼ねるのは、老身《ろうしん》〈仁海〉には堪え難いでしょう。そこで辞し申すところです。この替わりの懐久《かいきゆう》法師は、東大寺《とうだいじ》の学生《がくしよう》です。御論義《ろんぎ》に奉仕させようと思います」ということだ。御辞書は、下官〈実資〉が請け取るわけにはいかない。弁の所に送られるよう、伝えておいた。私は逢わなかった。辞書は前日に、綱所に託さなければならない。格別な故障も無く、当日に辞退するのは、そうであってはならない。

当季仁王講《にんのうこう》は、念賢・運好・忠高。

十三日、壬子。　季御読経

右少弁家経が来て云ったことには、「昨日の御読経は、僧綱《そうごう》六人が参入しました。但し、僧都永昭《えいしよう》は、病の後、忌避《きひ》しなければならない日でしたので、参入しませんでした。明日、参入することになっています」ということだ〈「明日」と謂うのは、今日である。〉。「御前の僧綱は四人〈明尊《みようそん》・永昭・教円《きようえん》・融碩《ゆうせき》。〉。内大臣〈教通〉が二部の御経を定めて奏上しました。図書寮は借りて進上しました。見参《げんざん》した僧の数は、僧綱の他、七十余口でした」ということだ。

中将が云ったことには、「宮は、まだ重く悩まれています。昨日の日中から、心誉と文慶《もんけい》〈前僧都《さきのそうず》。〉両僧都が、御修法《みしほ》を行ないました。

十四日、癸丑。　当季仁王講、延行

今日は仁王講の結願の日である。ところが、慎しまなければならないので、もう二箇日、これを延行した。

十五日、甲寅。　大江時棟、内御書所開闔に補される／季御読経、結願／藤原顕信、入寂／経通、実頼忌法会に不参

先日、或いは云ったことには、「前出羽守《さきのでわのかみ》（大江）時棟《ときむね》は、内御書所《うちのごしょどころ》に伺候することになった」と云うことだ。時棟は、任終《にんしゅう》の年、参上して関白の邸第《ていだい》にいた。上下の者が怪しんだところである。ところが、また禁中《きんちゅう》に出入りする。朝憲《ちょうけん》が無いようなものである。今日、大外記《だいげき》（清原）頼隆《よりたか》が云ったことには、「近日、時棟は開闔《かいこう》の宣旨《せんじ》を下されました」と。いよいよ驚き怪しむばかりである。

今日、御読経が結願した。蛭喰の後、身力《しんりょく》は尫弱《おうじゃく》であって、参入することができなかった。また、「今日と明日は、後一条《ごいちじょう》天皇の御物忌《ものいみ》である」と云うことだ。昨夜、入道馬頭《にゅうどううまのかみ》（藤原顕信《あきのぶ》）が、無《む》動寺《どうじ》に於いて遷化《せんげ》した〈禅閤の子。高松《たかまつ》（源明子《あきこ》）腹。年は三十四歳。〉。

日暮れ時、左兵衛督《さひょうえのかみ》（藤原経通《つねみち》）が来て云ったことには、「十八日は、大厄日《だいやくび》に当たります。そこで東北《とうほく》院《いん》に参ることができません」ということだ。

十七日、丙辰。　資平の任中納言、確定との説

為善朝臣が云ったことには、「保資朝臣が申させて云ったことには、『中納言について、決定しました。但し、入道殿（顕信）の服喪《ふくも》の後に行なわれるでしょう』ということでした」と。この事は、未だ信じ

ないばかりである。中将が来て云ったことには、「皇太后宮は、まだ重く悩まれています」ということだ。明日の東北院の法会について、示し伝えておいた。私は参ることができない。慎しまなければならない日であるからである。

十八日、丁巳。　実頼忌法会

慎しむところが有って、東北院に参ることができない。新写の法華経《ほけきょう》と般若心経《はんにゃしんぎょう》、諷誦、仏供《ぶつぐ》、御明《みあかし》、僧供《そうぐ》を進送した。饗膳《きょうぜん》は、通例のとおりであった。宰相中将・左大弁《さだいべん》（藤原定頼《さだより》）・四位侍従《しいじじゅう》（藤原）経《つね》任《とう》・少将資房・少納言《しょうなごん》資高を、参入させた。左兵衛督は大厄日に当たっていて、参入しなかった。四位や五位の者に、廻らし仰させた。行香《ぎょうごう》や堂童子《どうどうじ》の役のためである。私は尫弱であって、斎食《さいじき》することができない。身代わりに阿闍梨盛算《じょうさん》に斎させた。念賢が斎食を行なった〈僧の膳。〉。申剋の頃、四位侍従と少納言資高が、東北院から帰って来た。

十九日、戊午。　痢病

昨日から、痢病《りびょう》が発動した。今日は減じることが有った。風病《ふうびょう》が致したところである。恒盛が占って云ったことには、「祟《たた》りは無く、風気《ふうき》です」ということだ。晩方、中将が来て云ったことには、「皇太后《こうたいごう》（妍子）は、昨日、宜しくいらっしゃいました。『禅閤は、まだ悩まれている』と云うことです」ということだ。

二十日、己未。　山陽道相撲使、出立／賑給使定について頼通の指示を仰ぐ

山陽道《さんようどう》の相撲使《すまいのつかい》の随身身《む》人部信武《ひとべののぶたけ》は、今日、出立《しゅったつ》した。先日、厩の馬〈鼠毛《ねずみげ》。宜しい馬である。上総介《かずさのすけ》(慶滋《よししげの》)為政《ためまさ》が貢上した。〉と胡籙《やなぐい》二腰《こし》を下賜した。特に恪勤《かくご》を致す者である。賑給使《しんごうし》を定める事について、関白の物忌を過ぎて、事情を取るよう、大外記頼隆に伝えておいた。御假《か》の間、事情を伝え、指示に随う為である。

二十一日、庚申。　車副殺害犯を逮捕／着鈦政／道長を弔問

右衛《え》門志《もんのさかん》(中原)成通《なりみち》が申させて云ったことには、「車副《くるまぞい》の男(助光《すけみつ》)を殺害した童《わらわ》を、今朝、(藤原)良《よし》資《すけ》朝臣が進上しました。何箇月か申したところは、錯綜《さくそう》しています。宅の中に隠し置いていました。捕えて進上しなければならない期日は、多く過ぎました。そこで今朝、看《か》督長《どのおさ》および放免《ほうめん》たちを随身して、譴責《けんせき》しました。詞は弁解するところはありませんでした。住む所から召し出して、これを進上します〈春童丸《しゅんどうまる》と号す。〉。すぐに検非違使《けびいし》別当《べっとう》(経通)に伝えました。拷訊《ごうじん》するよう命じました」ということだ。「今日、着鈦政《ちゃくだのまつりごと》は早く終わりました。今日、拷訊することにします」ということだ。その口状《こうじょう》に随って、奏聞させようと思う。殺害人を隠し置いた罪科《ざいか》は、軽くないのではないか。夜に入って、成通が、良資の牛童《うしわらわ》を拷訊した日記を持って来た。すでに承伏《しょうふく》した。「左京大夫《さきょうだいぶ》(源)経親《つねちか》の牛童〈犬男《いぬお》丸《まる》。〉と一緒に殺害したものです」ということだ。「犯行を行なった後、美濃《みの》・尾張《おわり》・播磨《はりま》国に逃亡しました」と云うことだ。やはり良資の宅にいたようである。ところが、強いてそのことを伝えなかった。大略、様子を見させたところ、成通は頗るその意味を理解した。度々、良資が弁解し申したところは、児女子のようなものであった。今となっては、すでに承伏している。あれこれ、検非違使《けびいし》庁《ちょう》が行なうべきものである。このことを召し仰せておいた。拷七十杖《じょう》は、日記に記すところである。共犯者を捜して捕えるよう、また召し仰せておいた。禅室に参った。入道馬頭について弔い申した。権弁《ごんのべん》（藤原）章信《あきのぶ》を介して、書状を伝えた。「起居《ききょ》は叶わない。逢うことはできない」ということだ。伝えられたところは、事が多かった。二、三度、往反《おうはん》した。

二十二日、辛酉。

経親の牛童を、確かに捜して捕えるよう、（藤原）顕輔《あきすけ》と成通に命じた。

二十三日、壬戌。　賑給使定の日時／明宴を法成寺阿闍梨に補す／妍子、小康

早朝、大外記頼隆が来て云ったことには、「二十八日に賑給使を定める事を、関白に申しました。報じられて云ったことには、『承った。最も佳《よ》い事である』と」と。その日、左大弁が参るよう、頼隆に伝えた。

資房が宣旨〈法成寺阿闍梨椈源《かくげん》の死欠《しけつ》の替わりに、明宴《みょうえん》を補されるという解文《げぶみ》。〉を持って来た。右少弁家経に下した。中将が来て云ったことには、「宮の御病悩は、平復《へいふく》されました」ということだ。

二十四日、癸亥。　右馬医宣旨

夜に入って、兵部丞《ひょうぶのじょう》範信《のりのぶ》が参って来た。右《う》馬馬《まのば》医《い》の宣旨を下給した。次いで信濃守保資が来て、中納言について談った。「事はすでに決定しました。疑慮《ぎりょ》は無いでしょう」ということだ。

二十五日、甲子。　落雷／小一条院、白河殿に逍遥／後一条天皇、病悩

昨日、雷が所々に落ちた〈豊楽院《ぶらくいん》・雲林院《うりんいん》・白河殿《しらかわどの》。「院(小一条院《こいちじょういん》)が白河殿に於いて逍遥《しょうよう》されていた間に、この事が有った。上下の者は色を失った」と云うことだ。〉。中将が告げて云ったことには、「去る夕方、主《しゅ》上《じょう》(後一条天皇)は、霍乱《かくらん》のように悩まれました。今日は格別な事はおありになりませんでした」ということだ。

二十六日、乙丑。　雷火、豊楽院に付く

資房が云ったことには、「一昨日、主上は霍乱のように悩まれました。昨日から宜しくいらっしゃいます。ところが、未だ御膳に着されません」と。また、云ったことには、「一昨日、豊楽院を守護《しゅご》していた衛士《えじ》が走って来て云ったことには、『雷火が豊楽院に付きました』と。急に殿上人たちを遣わして、滅させました。東第二堂の柱四本が、割れて損じました。その四本の内、二本に火が付きました。撲滅《ぼくめつ》しました」ということだ。

二十七日、丙寅。　妍子の病悩、再発／車副殺害共犯を訊問／大般若御読経を始む

皇太后宮の御病悩が、更に発って重く悩まれているということを、告げて来た。そこで馳せ参るということを、中将が伝え送ってきた。その次いでに云ったことには、「主上は、まだ尋常でいらっしゃいません。滝口《たきぐち》に命じて、心誉僧都を召し遣わしました」と云うことだ。宮の御病悩についての詳細を、中将が報じて云ったことには、「御病悩の様子は、はなはだ奇怪です。御頸《くび》を、左右に揺り動かされています」ということだ。中将が告げて云ったことには、「『(大江)景理《かげまさ》の牛童が、あの宅にいた』ということです。成通を遣わすべきでしょうか」ということだ。驚きながら、成通を召し遣わした。すぐに参って来た。事情を伝えさせた。しばらくして、帰って来て云ったことには、「先ず検非違使別当に申しました。検非違使別当が云ったことには、『今朝、景理が来て云ったことには、「犬男丸は、私(景理)の牛童ではありません。左京大夫経親の牧童《まきわらわ》です。誠に親しく交わってきた家とはいっても、事実によるべきでしょう」ということでした』と。先ず景理朝臣の許に罷り向かいました。申して云ったことには、『この童は、左京大夫の童です。そこでその宅におります。昨日と今日、車を遣わして、すでに見申しあげたところです。榻《しじ》を置いたということについて、聞いたところです』ということでした。そこで源中納言《げんちゅうなごん》(道方)の家〈左京大夫が住んでいるのか。〉に向かって、事情を告げさせました。すぐにその犬男丸を召し出し、請け取って検非違使別当の許に連行しました。検非違使別当が云ったことには、『今日の内に、検非違使《けびいし》の官人たちを召集して、訊問《じんもん》させることにする』ということでした。大略、問い申したところ、云ったことには、『犬男丸の名は、牛童に多くこの名が有ります。この事は、一切、知り申しません。また、その春童丸の面を知りません』ということでした」と。成通が来て云ったことには、「春童丸に見せたところ、『この童ではありません』と。申したところは、あれこれしています。(平)正輔《まさすけ》朝臣の牛童と云う説も、云々しています」ということだ。命じて云ったことには、「検非違使別当に告げて、能く捜して行なわなければならない事である」と。

主上の御病悩の詳細を資房に問い遣わした。伝え送って云ったことには、「尋常でいらっしゃるとはいっても、未だ昼御膳《ひるごぜん》に着されません。今月、やはり慎しまれなければなりませんので、今日から承《じょう》香殿《きょうでん》に於いて、五口の僧を招請して、百箇日を限り、大般若御読経《だいはんにゃみどきょう》を始め行なわれます」と。また、云ったことには、「今朝、蔵人《くろうど》(平)以康《もちやす》に命じて、大僧正《だいそうじょう》(深覚《しんがく》)を召し遣わせました」ということだ。

二十八日、丁卯。　妍子平癒を祈り、二壇御修法／後一条天皇の病悩、平癒／賑給使定／陣申文

宰相中将が伝え送って云ったことには、「皇太后宮の御心地《ここち》は、異なることはありません。ただ、御頸と肩の痛みがございますのです。昨日から二壇の御修法を始め行なわれています〈一壇は僧都明尊、一壇は阿闍梨舜世《しゅんせ》。〉。心誉僧都は参りませんでした」と。資房が云ったことには、「主上は尋常に復されました。昨日、昼御膳に着されました。大僧正は、膝に熱物《ねつもつ》が有って、参入しませんでした」と。諷誦を六角堂《ろっかくどう》に修した。早朝、右少弁家経が来て、今日、内裏に参るかどうかを問うた。参入するということを伝えた。また、云ったことには、「今日は、内(後一条天皇)の御物忌です」ということだ。或いは云ったことには、「昨日と今日は、火事の御物忌です。前例では、忌まれていません。関白が、外宿《がいしゅく》の人は参入してはならないということを申したからです」と云うことだ。今日、賑給《しんごう》を定め申さなければならない。「内紙《うちがみ》に書いて奏上させようと思います」ということだ。関白に内覧《ないらん》させるのは、外《げ》書《しょ》としなければならない。前々は、格別な事が無い例文は、奏聞させるとはいっても、御覧にならず、下給する通例が有った。もしくはまた、書写《しょしゃ》して奏聞する。この間の事情を、先ず関白に申すよう、大外記頼隆に命じておいた。昨日の童について、源納言道方が中将に伝え送った。私が答えて云ったことには、「『張本人の童が申したところは、あれこれしている』と云うことだ。重ねて検非違使庁に命じて、道理に任せて行なうように。下官(実資)は、口入《こうじゅ》するわけにはいかない」と。内裏に参った。宰相中将は車後《くるまじり》に乗った。待賢《たいけん》門に於いて輦車《てぐるま》に乗り、参入した。宰相中将・少将資房・少納言資高が、輦車の供にいた。仗座《じょうのざ》に着した。これより先に参議広業が参入し、壁の後ろに立っていた。大外記頼隆を召して、今朝、伝えた事を問うた。申して云ったことには、「関白に申したところ、おっしゃって云ったことには、『家経を介して、申させておいた』ということでした」と。家経に問うたところ、申して云ったことには、「関白の御書状に云ったことには、『賑給の定文《さだめぶみ》は、内紙に書いて奏下《そうか》するように。更に送ってはならない』ということでした」と。私は南座《なんざ》に着して、賑給使を定めた。参議広業がこれを書いたことは、通例のとおりであった。蔵人右近将監(源)経成《つねなり》を介して、奏上させた。すぐに下給された。定文は、元のように筥《はこ》に納め、外記《げき》(源)成任《なりとう》に返給した。次いで文書《もんじょ》を申上させた。右大弁《うだいべん》(藤原)重尹《しげただ》が、参議の座に着した。右大史《うだいし》(丹生《にうの》)挙光《たかみつ》が、中文の儀に伺候した。四通。和泉《いずみ》の開用奏《かいようそう》・信濃《しなの》の減省《げんせい》と後不堪《ごふかん》・淡路《あわじ》の後不堪・史《し》(坂合部《さかいべの》)国宣《くにのぶ》が申請した馬料の文。儀が終わって、退出した。宰相中将が輦車に扈従《こしょう》した。但し、車後に乗らなかった。別の車で、皇太后宮に参った。

二十九日、戊辰。　経親牧童の犬男丸を原免／共犯は頼職牛童の犬男丸

左京大夫経親の牧童犬男丸については、頗る不審である。そこで成通を召して、子細を問うた。あの殺害の日に、諸家の牛童たちが集って酒食を行なっていた。張本の童春童丸は泥酔した。あの日、貫首《かんじゅ》の男〈関白の牛童。〉は、童部《わらわべ》に託して、良資の宅に送り遣わした。それに副えて遣わした童は、(源)頼職《よりもと》朝臣の牛童の犬男丸であった。経親の牛童ではないということは、関白の牛童が申したところである。私が命じて云ったことには、「春童丸が特定し申した事は、疑いが無い。その後、犬男丸の面を見させたところ、『この童ではありません』と申したのは、はなはだ怪しむべき事である。ところが、証人の童は、また、『この童ではありません』と申した。本来ならば頼職の童を捕えた後、原免《げんめん》しなければならない。ところが、関白の童が申したところは分明《ぶんめい》である。犯行を行なっていない者を、数日、獄に拘禁《こうきん》した。罪報《ざいほう》は恐れなければならない。宜しきに随って定めるのが、もっとも宜しいであろう事である」と。成通は、検非違使別当の許に到って、事情を告げた。また帰って来て、申して云ったことには、「疑いの浅い者でした。ところが、頼職の牛童の犬男丸が出て来た後、究問《きゅうもん》して、免《ゆる》すべきでしょうか。指示に随います」ということだ。私が答えて云ったことには、「検非違使庁の事は、他の人が口入するわけにはいかない。ところが、源中納言から頻りに書状が有る。事はまた、確かではない。原免しても、何事が有るであろう。もしくは、そうあるべき人に請けさせては如何であろう。この間、考えて行なうべきである」と。

三十日、己巳。　顕光・嬉子の霊、妍子に示現／法華経講釈

夜に入って、宰相中将が来て云ったことには、「宮の御病悩は、減じることはありません。故堀河左府《ほりかわさふ》（藤原顕光《あきみつ》）と尚侍《ないしのかみ》（藤原嬉子《よしこ》）の霊が出て来ました」と。五百弟子授記品《ごひゃくでしじゅきほん》を講釈し奉った〈済算《さいさん》。〉。

○六月

一日、庚午。　石塔供養

石塔供養《せきとうくよう》を行なった。

二日、辛未。　彰子、頼通邸に渡御／小一条院、実資家工豊武を追捕／官奏について指示／禎子内親王、東宮を退出

「今朝、女院《にょういん》（藤原彰子《あきこ》）は、関白《かんぱく》（藤原頼通《よりみち》）の邸第《ていだい》〈書亭《しょてい》。〉に渡御《とぎょ》された。上東門院《じょうとうもんいん》（土御門院《つちみかどいん》）の東対《ひがしのたい》を壊されたからである」と云うことだ。「小一条院《こいちじょういん》の雑人《ぞうにん》五人が、我が家の工《たくみ》の豊武《とよたけ》の宅〈西町。〉に乱入した。捕え搦めて、家の北門に連行していた際、厩舎人《うまやのとねり》と牛童《うしわらわ》が、この豊武を引き留めた。豊武は引き離れて、家の中に逃げ入った。尋問したところ、豊武は出て去った」ということだ。「院（小一条院）の人および家の牛童は、刀を抜いた」と云うことだ。この事は、先日、院の訴えが有った。また、検《け》非違使庁《びいしちょう》が、院の訴えられた男を糺《ただ》し定めた事は、事の道理が無かったので、そのことを伝えておいた。一昨日、検《け》非違使《びいし》（平）時通《ときみち》が申したものである。ところが、院がまた、定め仰されたのは、如何

なものか。これは（藤原）永信朝臣《ながのぶあそん》が申し行なったものである。永信朝臣が来て、院の仰せを伝えた。その趣旨は、「二度の報復によって理非を決する為、召したものである。ところが、家の中から三十余人が出て来て、打ち奪ってしまった事は、驚き思ったところである」ということだ。「この間、捜して追及したが、家の中からは一人も出て来なかった。随ってまた、打ち奪わなかった。厩舎人や牛童が、近辺から走って来た。事情を告げ述べているうちに、豊武は家の中に遁れ入った。豊武を召させたが、すでに罷り去ってしまった」と。今となっては、院が捜して捕えられればよいであろう。また、この辺りに来たならば、召して進上させるということを、永信朝臣に伝えておいた。四日の官奏《かんそう》について、頭中将《とうのちゅうじょう》（源顕基《あきもと》）が伝え送って云ったことには、「その日、伺候することにします」ということだ。右大史《うだいし》行高《ゆきたか》を召して、官奏について命じた。右大弁《うだいべん》（藤原重尹《しげただ》）を督促するよう命じた。左《さ》大弁《だいべん》（藤原定頼《さだより》）は障りが有るからである。あの日に揃えておかなければならない文書《もんじょ》について、同じく（小槻《おつきの》）貞行宿禰《さだゆきすくね》に命じた。何日来、足下《そつか》に病悩が有って、政務に従事していない。右大弁は、四日に参るようにということについて、こちらから伝え送った。参るという報が有った。左大弁は勤行《ごんぎょう》が無いということを、上下の者が云々している。宜しくない事である。今夜、一品宮《いっぽんのみや》（禎子《よしこ》内親王）が御《ぎょ》出《しゅつ》された。母后《ははきさき》（藤原妍子《きよこ》）が重く悩《や》まれていることによるのであろうか。また、神事の月に、御服喪《ふくも》によるものか。

三日、壬申。　豊武の妻を拘禁／官奏、延引

中将《ちゅうじょう》（藤原資平《すけひら》）が云ったことには、「去る夕方、一品宮が御出されました。母后の御病は、一分も減じることはありません」と。小一条院が捜されていた豊武の妻を、尋ね搦めて拘禁《こうきん》させたのである。院は宇治《うじ》にいらっしゃる。そこでこれを進上することはできなかった。中将が云ったことには、「明日、院は帰られます。関白は、若宮《わかみや》（親仁《ちかひと》）の渡御の準備をされています。もしかしたら官奏については、暇が無ければ、便宜《びんぎ》が無いでしょうか。昨日、藤宰相《とうさいしょう》（広業《ひろなり》）と右大弁が述べたものです」ということだ。近代は、あの御一家に準備が有る時は、通例が有る公事《くじ》も、棄て忘れるようなものである。ましてや格別な時期が無い事は、なおさらである。そこで事情を頭中将の許に示し遣わした。報じて云ったことには、「事情を取って、伝え告げることにします」ということだ。左中弁《さちゅうべん》（源）経頼《つねより》が、能《の》登《と》国の解文《げぶみ》〈裁許《さいきょ》された大内裏《だいだいり》の大垣《おおがき》と中和院《ちゅうかいん》の南門は、ただ料物《りょうもつ》を下給して造営する事・官符《かんぷ》に祈る多宝塔《たほうとう》および国分寺《こくぶんじ》の事。〉を持って来た。奏聞《そうもん》させた。頭中将が告げ送って云ったことには、「明日の官奏は、準備によって延引《えんいん》してはならない。また、十日に始めても、何事が有るであろう」ということだ。そこで明日は、官奏を奉仕することはできない。

四日、癸酉。　祇園仁王経読経始／若宮親仁、頼通邸に渡御

祇《ぎ》園仁王経《おんにんのうきょう》読経始《どきょうはじめ》を行なった〈年中の通例の事である。〉。中将が云ったことには、「禅門《ぜんもん》（藤原道長《みちなが》）に参って、拝謁しました。飲食を受けず、無力は特に甚しいということをおっしゃられました」と。また、云ったことには、「皇太后《こうたいごう》（妍子）の御病悩は、減じることはありません。関白の邸第に参りました。

女院は書殿《ふどの》にいらっしゃいました。東宮(敦良《あつなが》親王)の若宮は、書殿から関白の居所に渡御されました。その室家《しつか》(隆子《たかこ》女王)が見奉りました。権中納言《ごんちゅうなごん》(藤原)長家《ながいえ》が抱き奉りました。しばらくして、帰られました。御贈物が有りました。手本《てほん》と笛を、中納言《ちゅうなごん》(源)師房《もろふさ》と頭中将顕基が執りました。関白は徒歩で扈従《こしょう》しました。履《くつ》は追って持って来ました。幼少の宮(親仁)が、関白の室家の居所に渡御されて、贈物を得られました。はなはだ凡事《ぼんじ》でした」と云うことだ。今日、内大臣(藤原教通《のりみち》)及び卿相《けいしょう》が、多く会した。禅室《ぜんしつ》(道長)が重く悩まれている間に、興宴《きょうえん》のような事が有った。如何なものか、如何なものか。

五日、甲戌。　俊賢を見舞う

書状を遣わして、民部卿《みんぶきょう》(源俊賢《としかた》)を見舞った。報じて云ったことには、「土公《どくう》の祟《たた》りである。始めは目と足が腫れ上がった。近日は股に及んでいる。苦しみは堪えることができない」ということだ。一昨日、報じて云ったことには、「種々の病〈脚病《きゃくびょう》・痢病《りびょう》・物の祟りが、身に纏《まと》っている。〉が、重なり合って、病悩している」ということだ。「飲食は頗る受けない。枯槁《ここう》は極まり無い。生きていられそうもない」と云うことであった。「(藤原)頼任《よりとう》朝臣が談ったものである」ということだ。宰相中将《さいしょうちゅうじょう》(資平)が伝え説いた。

六日、乙亥。　豊武の妻を小一条院に引き渡す

小一条院が捜されていた豊武の妻女は、先日、搦め縛って、拘禁させている。ところが、先日は、院は宇治にいらっしゃった。去る夕方、帰られた。今朝、永信朝臣を召して、この女を預けられた。宰相中将が云ったことには、「女院は、夜分、帰られました。宮(妍子)が悩まれているので、伺候しませんでした。宮の御病悩は、まったく減じることはありません」と。

八日、丁丑。　大峯聖、地蔵菩薩を左近馬場の馬出舎に安置／道長の病状

「大峯聖《おおみねひじり》〈大峯山《おおみねさん》(金峯山寺《きんぶせんじ》)に通っているので、世に大峯聖と称する。〉が、今朝、地蔵菩薩《じぞうぼさつ》を迎え奉った〈仏《ぶっ》師《し》の宅から迎え奉った。〉。しばらく左近馬場《さこんのばば》の馬出屋《うまだしのや》に安置した。力車《ちからぐるま》を構築し、その上に輿《こし》のように少し装飾して、載せ奉り、馬場殿《ばばどの》に移し奉った。輿の前に、獅子舞《ししまい》や音声《おんじょう》の人が従った。数十人の念《ねん》仏僧《ぶっそう》が前行した。また、しばらく馬場殿に安置し奉った。午剋、大峯堂《おおみねどう》に移し奉った。見物の車および雑人は、肩を入れる処は無かった」と云うことだ。「この堂は、馬場殿の北西の方角に当たる。板《いた》葺《ぶき》の堂である」と云うことだ。見物の男女たちが申したところである。馬場の舎は、官舎《かんしゃ》である。最も怪異《かいい》とするに足る。事の咎徴《きゅうちょう》が有るであろうか。

夜に入って、安芸守《あきのかみ》(紀)宣明《のぶあき》が来て、国についての事を言った。また、云ったことには、「禅閤《ぜんこう》(道長)は、四箇日、念仏《ねんぶつ》し奉っています。薬師《やくし》堂《どう》の講を拝する為です。ところが、急に尋常を得ました。一分も苦悩はありません」ということだ。また、云ったことには、「先日、任国から罷り上って、御顔を見奉ったことは、近いものでした。はなはだ好かったです。罷り下った際の御様子は、疲瘦《ひそう》が甚しいものでした。今、これを見奉ると、宜しくいらっしゃいます。また、飲食は頻りに受用《じゅよう》されていま

した。今のようでしたら、事の恐れは無いようなものです」と云うことだ。

九日、戊寅。　藤原資頼、百日の精進を満たす／俊賢、危篤

(藤原)資頼《すけより》が来て云ったことには、「昨日、精進所《しょうじしょ》に帰って来ました。今朝、宅に罷り帰りました。明日、百日《ももか》を満たします。味物《うましもの》を服用することができます」ということだ。今朝、書状を遣わして、民部卿を見舞った。報じて云ったことには、「『種々の病である』ということであった。念じなければならない。三十箇日、痢病を煩っている。生きていることはできない。今朝から起居《ききょ》していない」ということだ。四位侍従《しいじじゅう》(藤原)経任《つねとう》を招いて、戸部《こぶ》(俊賢)の病を問うた。述べて云ったことには、「昨日、車に乗って、東の家から西の宅に来ました。格別な事はありません。今朝、到り訪ねました。通例では、南面《みなみおもて》に住んでいましたが、今日は北面《きたおもて》にいました。起居しませんでした」と云うことだ。もしかしたら通例より重いのか。経任を介して、書状を送った。黄昏に臨んで、帰って来て、報を伝えた。但し、大いに不覚であった。頭中将顕基が云ったことには、「四、五日間、見定めなければなりません。憑《たの》むことは難しいようです」ということだ。

十日、己卯。　主税助の覚挙状／官奏の日時

早朝、(中原)師重《もろしげ》を遣わして、戸部の夜間の様子を問うた。帰って来て云ったことには、「今日は頗る宜しいです」ということだ。頭弁《とうのべん》重尹が宣旨《せんじ》を持って来た。これは主税助《しゅぜいのすけ》(三善《みよしの》)雅頼《まさより》の覚挙状《かくきょじょう》〈周防《すおう》・伊予《いよ》・土佐《とさ》の租《そ》の舂米《しょうまい》。承知官符《しょうちかんぷ》は無く、この三箇国の文書に請印《しょういん》する事。〉。命じて云ったことには、

「定め申すように」ということだ。奏上させて云ったことには、「先ず主税頭《しゅぜいのかみ》（中原）貞清《さだきよ》を召し問い、弁じ申した趣旨を注進《ちゅうしん》させます。奏聞の後、仰せに随って定め申すべきでしょうか」と。ひとえにこの覚挙状を定め申すわけにはいかないのである。中将が来て云ったことには、「宮の御病悩は、減じることはありません」と。左中弁経頼が云ったことには、「二十三日の官奏について、関白に申しました。奉仕するよう、命じられました」ということだ。また、宣旨を持って来た。すぐに宣下した〈大中臣通時《おおなかとみのみちとき》が、斎宮《さいぐう》の必要な舎を造営し、伊勢《いせ》大神宮司《だいじんぐうじ》の宣旨を下された事。〉。

十一日、庚辰。　俊賢、出家

宰相中将が来て、語った次いでに云ったことには、「民部《みんぶ》（俊賢）は、今日、出家しました。禅閤が督促しました」と云うことだ。頼任が語った。大舎人頭《おおとねりのかみ》（源）守隆《もりたか》が云ったことには、「民卿《みんきょう》（俊賢）の悩んでいる所は、極めて重いものです。これは痢病です。また、足の腫れは、いよいよ倍しています」と。

十二日、辛丑。　美作国、大垣修築を辞す

「戸部の病は重い」と云うことだ。四位侍従に問い遣わしたところ、「敢えて減気《げんき》はありません」ということだ。「出家しました」と云うことだ。権弁《ごんのべん》（藤原）章信《あきのぶ》が、他の事が有った次いでに示し遣わして云ったことには、「戸部は出家したのでしょうか。御堂《みどう》（道長）から法服《ほうふく》と念珠《ねんじゅ》を遣わされました」ということだ。四位侍従の許に問い遣わしたところ、報じて云ったことには、「出家については、事

実です。命を永らえることができそうにもないからです」ということだ。夜に入って、明宴阿闍梨《みようえんあじやり》が来て云ったことには、「出家の戒師《かいし》は心誉《しんよ》僧都《そうず》でした」ということだ。早朝、権弁章信が来た。美作《みまさか》国が申請した大垣の修築を改める事を定めた。他の国は、皆、同じく任終《にんしゆう》の年の国である。そこで改めることはできない。月内に、秋節《しゆうせつ》に入った後、勤功を行なっても、煩いは有るはずもない。和泉《いずみ》は、未だ充てていない。もしこの国を充てれば、美作一国では、この事を勤めることはできないのではないか。関白に申すよう命じた。

十三日、壬午。　俊賢、薨去

中将が示し遣わして云ったことには、「昨日の夕方、宮は重く悩まれました」ということだ。出家した戸部の病は、昨夜と今朝は、同じであった。大底、憑み難いということについて、四位侍従の報が有った。朝源律師《ちようげんりつし》が談って云ったことには、「戸部は、これは生きていることはできないでしょう」と。興昭《こうしよう》阿闍梨が云ったことには、「すぐに危ない様子はありませんでしたが、未だ日没に及ばない頃、入滅《にゆうめつ》しました」と云うことだ〈六十九歳。員外帥《いんがいのそち》(源高明《たかあきら》)の遷化《せんげ》も六十九歳であった。〉。確かに問わせると、「すでに事実でした」と云うことだ。無常《むじよう》の道理である。黄昏に臨んで、中将が来て云ったことには、「宮の御心地《ここち》は、軽くありません。明朝、禅閤は宮に参られます」ということだ。

十四日、癸未。　法成寺の申請により、近江・丹波の勅旨田を寺領とする

頭弁が宣旨〈法成寺《ほうじようじ》が申請された、近江《おうみ》・丹波《たんば》の勅旨田《ちよくしでん》を寺領《じりよう》とするという宣旨。〉を持って来た。同じ弁に下した。勅命《ちょくめい》を伝えて云ったことには、「主税頭貞清が、主税助雅頼の覚挙《かくきょ》についての申文《もうしぶみ》を記し、一々、弁じ申させることになりました」ということだ。同じ弁に宣下した。また、覚挙を下した。「今夜、禅閤は皇太后宮《こうたいごうぐう》（妍子）に参られました。すぐに退出されました」と云うことだ。

十五日、甲申。　唐暦を貸与

唐暦《とうれき》一部四十巻を、丹波守《たんばのかみ》（藤原）能通《よしみち》の使に託した。書写《しょしゃ》の為に、借り請けたものである。「これは子の（藤原）実範《さねのり》の分です」ということだ。

祇園《ぎおん》社に奉幣《ほうべい》したことは、通例のとおりであった。

十六日、乙酉。　請雨奉幣使定／深覚の独鈷を千古の護りとする／鬼気祭

中将が云ったことには、「宮の御病悩は、軽くはありません」ということだ。「夜、心誉僧都が邪気《じゃけ》を駆り移した際、御膳を食されました」と云うことだ。

大外記《だいげき》（清原）頼隆真人《よりたかまひと》が云ったことには、「右衛門督《えもんのかみ》（藤原）実成《さねなり》が、請雨《しょうう》の御祈使《いのりづかい》の発遣〈丹生《にう》・貴布《きぶ》禰《ね》社。後に聞いたことには、『二十三日に、その使を定めることとなった』と云うことだ。〉によって、召しが有りました。そこで参入しました」ということだ。もしかしたら、今日、発遣されるのであろうか。大《だい》僧正《そうじょう》（深覚《しんがく》）の独鈷《どっこ》を請い取って、小女（藤原千古《ちふる》）の護りとした。今月を過ぎて、返し奉ることにする。

侍従（経任）の為に、（中原）恒盛《つねもり》に鬼気祭《ききさい》を行なわせた。侍従は、胸病《きょうびょう》と頭痛が競って発《おこ》り、辛苦は極まり無かった。そこで三口《く》の僧〈念賢《ねんけん》・運好《うんこう》・忠高《ちゅうこう》。〉を招請して、五箇日を限り、薬師経《やくしきょう》を転読《てんどく》する。

十八日、丁亥。　夢想紛紜

夢想《むそう》が紛紜《ふんうん》としていた。そこで諷誦《ふじゅ》を清水寺《きよみずでら》に修した。また、金鼓《こんぐ》を打たせた。中将が云ったことには、「宮の御心地は、やはり重いです。一切、御膳を食されません」と。

十九日、戊子。　筑後守の下向せざるを責める／宣旨・覆奏文

明日、施米《せまい》の文を奏上する事を貞行宿禰に命じておいた。また、弁が参るよう、同じく命じた。内々に左少弁《さしょうべん》（源）為善《ためよし》朝臣に戒め仰せた。左中弁経頼が勅命を伝えて云ったことには、「筑後守《ちくごのかみ》（藤原）懐尹《かねまさ》は、理由も無く、今も任国に下向していない〈昨年二月に任じられた。〉。早く追い下させるように」ということだ。同じ弁に伝えておいた。また、宣旨一枚〈東大寺《とうだいじ》が申請した、山城《やましろ》・伊賀《いが》国に命じて、東大寺の柱一本を曳かせること。〉を持って来た。すぐに宣下した。覆奏文《ふくそうぶん》〈和泉国が申請した、蔵人所《くろうどどころ》が召した雑物の価格の文書。〉が有った。

二十日、己丑。　施米定／時杭、破損

諷誦を六角堂《ろつかくどう》に修した。内裏に参った。中将は車後《くるまじり》に乗った。苦熱《くねつ》であった。輦車《てぐるま》に乗って〈宰相中将と少納言《しょうなごん》（藤原）資高《すけたか》が従った。〉、春華門《しゅんかもん》に到った。左仗《さじょう》に入り、右大弁重尹を呼んで、施米の文について問うた。「準備して揃えてあります」ということだ。また、云ったことには、「関白に参謁《さんえつ》しました。おっしゃられて云ったことには、『明日、新造の仏像〈百体。釈迦如来《しゃかにょらい》。〉を、新造の御堂に移し奉るので、早く御堂に参る。施米の文は、まったく見られるわけにはいかない。直ちに奏下するように』ということでした」と。私は南座《なんざ》に着して、右大弁重尹〈非参議《ひさんぎ》。〉を呼んで着させた。次いで施米の文を召させた。左大史《さだいし》行高が、これを進上した〈僧と沙弥《しゃみ》の夾名《きょうみょう》、十五巻。東・西・北、各五巻。米塩《べいえん》の勘文《かんもん》は、一筥《はこ》に納めた。〉。左少弁為善を介して伝奏《てんそう》した〈近代は、やはり米塩の勘文を加えて奏上する。〉。近代の例によって、史《し》を使に副えて賜わせるということを、加えて奏上させた。内覧《ないらん》することもないということをおっしゃった。そこでこれを返給した。おっしゃって云ったことには、「史を使とすることは、通例によって行なうように」ということだ。関白に申して、仰せ下すよう、命じておいた。また、大弁に伝えた。次いで史を召して、筥文《はこぶみ》を撤去させた。大弁は座を起った。私は座を起って、退出した〈巳三剋、参入した。同じ時剋、退出した。時杭《ときのくい》は無かった。随身府生《ずいじんふしょう》（高《こうの》）扶武《すけたけ》に見させた。「杭の上の棚がありません。杭は倒れています。これは、下の棚は、巳三剋です」ということだ。驚きながら尋ね問うたところ、「時剋を奏上する内豎《ないじゅ》がいません」ということだ。大弁に問うたところ、大弁が云ったことには、「先日、風が吹いて顛れた際に、破損したところです」と。所司《しょし》を召し仰せて、吉日《きちにち》に修理させるべきであろうか。但し、関白に申して、その命に随って処置するよう命じた。〉。

二十一日、庚寅。　道長、新造百一体釈迦如来像を法成寺釈迦堂に安置／主税頭の弁疏状

「法成寺の中に於いて、新たに造顕《ぞうけん》した百一体〈中尊《ちゅうそん》は丈六《じょうろく》。もう百体は等身《とうしん》。〉の釈迦如来像を、今日の巳剋、新造の堂に移し奉った」と云うことだ。「男女の道俗《どうぞく》で、拝し奉った者は、垣のようであった」と云うことだ。

主税頭貞清が、主税助雅頼の覚挙状の内の事について弁解し申した申文を持って来た。内々に見たものである。すぐに返給した。貞行宿禰に託すよう命じておいた。国々の帳を持って来た。承知官符は無く、雅頼が署を加えた帳である。

二十二日、辛卯。　雷鳴の日に不参の官人を勘責／道長、主税頭の弁疏状に言及

十禅師《じゅうぜんじ》良円《りょうえん》が、山(延暦寺《えんりゃくじ》)を下った。明朝、山に帰る。ところが、談らなければならない事が有って、暇を窺って来たものである。右近将曹《うこんのしょうそう》(紀)正方《まさかた》が、近頃の雷鳴の日の官人の散状《さんじょう》を持って来た。申して云ったことには、「外記《げき》(令宗《よしむねの》)業任《なりとう》が、仰せを伝えて云ったことには、『この官人の假《か》については、大将(実資)に告げて、確かに申すように』ということでした」と。仰詞《おおせことば》では、召問《しょうもん》するということ、および散状の事が有ることを申していなかった。そこであれこれを命じるわけにはいかなかった。本来ならばこのことを召問して、過状《かじょう》を進上させなければならない。ところが、思うところが有って、召勘《しょうかん》しなかったのである。外記業任を介して、宣旨の詳細を問うた。

明日の官奏について、左大史貞行に命じた。貞清が云ったことには、「今朝、申文を御堂に覧せなければなりません。おっしゃられて云ったことには、『能く作成したが、如何か。早く貞行に託すように』ということでした」と。大外記頼隆には、不審の様子が有った。これはあの寮の助である。雅頼に同意する者である。

二十三日、壬辰。　祈雨奉幣使、発遣／陣申文／官奏

諷誦を六角堂に修した。

「今日、旱魃によって、蔵人を丹生・貴布禰社に発遣された〈丹生社は右近将監源経成、貴布禰社は藤原実範。〉。中納言実成が上卿を勤めた。巳剋、発遣された」と云うことだ。その時剋を推して、参入した。宰相中将は車後に乗った。待賢門に於いて、輦車に移り乗って、参入した。宰相中将と少納言資高が、輦車に従った。仗頭に参入した。随身を遣わして、左中弁経頼を召した。官奏について問うた。準備して揃えていることを申した。関白の御書状を伝えて云ったことには、「今日、参入しなければならないのである。ところが、神事があるので、参入しない〈軽服。〉。極めて熱い候、長い時間、陣座に伺候されるのは、如何なものか。奏書については、皆、これは通例のものである。まったく見られることもない。ただ早く奏下するように」ということだ。思慮を廻らせたところ、礼節の詞を致されたのである。官奏は重事である。たやすく奏下するわけにはいかない。左中弁が宣旨を下した。すぐに下給した。右大弁重尹が、先日、下給した主税助雅頼の覚挙状および主税頭貞清が弁解し申した申文を進上した。私が命じて云ったことには、「貞清が申した、承知官符が無く勘合した公文帳を官底に召せ」と。弁と史が一緒に申文と比較して申すよう命じた。この申文と覚挙状を返給した。私は南座に着した。大弁が座に着した。申文が有ったことは、通例のとおりであった〈丹波の減省と加賀の鈎匙文〉。右大史（伴）佐親が、これに伺候した。申文の儀が終わって、大弁が座を起った。長い時間の後、座に復した。右大弁と右大史（丹生）挙光が、奏に伺候したことは、通例のとおりであった。左中弁を介して内覧させた。信濃《しなの》国の減省は、度々、申請している。随ってまた、裁許した。先例が有る。備後《びんご》国も同じく申請した。任終の年に裁許することは無い。得替《とくたい》の年に裁許する。皆、続文《つぎぶみ》が有った。左中弁に命じて、関白に伝えた。時剋が推移し、帰って来て云ったことには、「両国については、皆、前例によるように」ということだ。そこで奏し申させた。しばらくして、大弁を召した。座を起った。私は御所に参った。右大史挙光が、奏書を捧げて従った。射場《いば》に於いて、これを執って御前に参上した。急に先例を思って、信濃と備後の減省を束ね申した際、事情を奏上した。束ね申し終わって、文書を結び、杖に副えて退下した。史に給わって、仗座《じょうのざ》に復した。大弁は座に着した。史は奏書を奉った。先ず表紙《おもてがみ》を給わった。次いで一々、文書を給わった。命じて云ったことには、「申したままに」と。但し備後の文書は、文書を開いて、先ず五年を裁許するということを大弁に伝えた。この国の任期は、六箇年である。次いで史に給わった。五年は申したままであるということを伝えた。史は成文《なりぶみ》を申した。元のように推し巻いて、伺候した。結緒《ゆいお》を下給した。すぐに右に移した。大弁は座を起った。私は退出した〈申剋。〉。中将が従った。待賢門に於いて、車後に乗った。

二十四日、癸巳。　経通女、誕生／史、奏報を進上／頼通、美作の申請を却下／淡路守下向に餞す／主税頭の弁疏状を史のみに批校させる／良円、律師を望むを頼通に伝達

昨日の戌剋、左兵衛督《さひょうえのかみ》〈藤原〉経通《つねみち》の妻に御産があった〈女子。〉。事情を示し遣わしてきた。穢《え》に籠るよう、〈藤原〉経季《つねすえ》朝臣に伝えた。先ずあの産所《さんじょ》に向かった。すぐに帰って来た。重ねて籠るよう、命じておいた。

右大史挙光が、奏報《そうほう》を進上した。権弁章信が来て云ったことには、「美作が申請した大垣は、立秋が近くにあり、他の国に改めるわけにはいきません」ということだ。これは関白の御書状である。貞清が弁解し申した趣旨および雅頼の覚挙状について伝えた。禅門と関白に伝える為である。この間、あれこれの事が有る為である。春宮大進《とうぐうだいじん》（高階《たかしなの》）成行《しげゆき》朝臣が来た。明日、春季御《しゅんきみ》読経《どきょう》であることを告げた。参ることができないということを伝えた。心神《しんしん》が宜しくない。

淡路守《あわじのかみ》（菅野）敦頼《あつより》が来て云ったことには、「今日か明日、任国に下向することにします。頻りに旱魃について申上してきます」と。用紙《ようし》百帖《じょう》と阿弥陀経《あみだきょう》を施した。

貞清が進上した申文を、証とすることのできる帳と見合わせるよう、仰せ下しておいた。弁および左大史貞行が一緒に見るよう、命じておいた。ところが、近日、弁官は朝の参謁の礼式《れいしき》の定を勤めない。争論について預かり参らないのか。この間、各々、喧嘩《けんか》している。もしも遅引《ちいん》に及べば、嗷々《ごうごう》はいよいよ倍するのか。今となっては、貞行および他の史たちに見合わさせる事を、右大弁に命じておいた。

内供《ないぐ》（良円）が、慶快《きょうかい》法師を遣わして、律師について言い送ってきた。宰相中将を呼んで、関白に伝えるよう、命じておいた。晩方、報が有った。「実誓《じつせい》僧都の辞状は、未だ出て来ていない。『阿闍梨源心《げんしん》の手にある』と云うことだ。『譲るとのことだ』と云うことだ。もし許容が無く、返給されれば、その後、重ねて辞退の状を進上する。その際、定が有るであろうか」ということだ。

（ご注意）
・この用紙は、機械で処理しますので、金額を記入する際は、枠内にはっきりと記入してください。また、本票を汚したり、折り曲げたりしないでください。
・この用紙は、ゆうちょ銀行又は郵便局の払込機能付きＡＴＭでもご利用いただけます。
・この払込書を、ゆうちょ銀行又は郵便局の渉外員にお預けになるときは、引換えに預り証を必ずお受け取りください。
・ご依頼人様からご提出いただきました払込書に記載されたおところ、おなまえ等は、加入者様に通知されます。
・この受領証は、払込みの証拠となるものですから大切に保管してください。

収入印紙
課税相当額以上
貼　　　付

印

この用紙で「本郷」年間購読のお申し込みができます。

◆この申込票に必要事項をご記入の上、記載金額を添えて郵便局でお払込み下さい。
◆「本郷」のご送金は、４年分までとさせて頂きます。
※お客様のご都合で解約される場合は、ご返金いたしかねます。ご了承下さい。

この用紙で書籍のご注文ができます。

◆この申込票の通信欄にご注文の書籍をご記入の上、書籍代金（本体価格＋消費税）に荷造送料を加えた金額をお払込み下さい。
◆荷造送料は、ご注文１回の配送につき500円です。
◆キャンセルやご入金が重複した際のご返金は、送料・手数料を差し引かせて頂く場合があります。
◆入金確認まで約７日かかります。ご了承下さい。

※領収証は改めてお送りいたしませんので、予めご了承下さい。

お問い合わせ　〒113-0033・東京都文京区本郷７―２―８
吉川弘文館　営業部
電話03-3813-9151　FAX03-3812-3544

この場所には、何も記載しないでください。

各票の※印欄は、ご依頼人において記載してください。

02	東京

払込取扱票

通常払込料金加入者負担

口座記号番号	金額
00100－5－244	千 百 十 万 千 百 十 円 ※

加入者名	株式会社 吉川弘文館	料金		備考	

ご依頼人・通信欄	
フリガナ ※お名前	
郵便番号	電話
※ご住所	
※	

〈この用紙で書籍代金ご入金のお客様へ〉
代金引換便、ネット通販ご購入後のご入金の重複が増えておりますので、ご注意ください。

◆「本郷」購読を希望します

購読開始 　　号 より

1年 1000円 (6冊)　3年 2800円 (18冊)
2年 2000円 (12冊)　4年 3600円 (24冊)
(ご希望の購読期間に○印をお付け下さい)

日附印

裏面の注意事項をお読みください。(ゆうちょ銀行)(承認番号東第53889号)

これより下部には何も記入しないでください。

切り取らないでお出しください。

記載事項を訂正した場合は、その箇所に訂正印を押してください。

振替払込請求書兼受領証

口座記号番号	00100－5 通常払込料金加入者負担 244
加入者名	株式会社 吉川弘文館
金額	千 百 十 万 千 百 十 円 ※
ご依頼人	おなまえ ※ 様
料金	日附印
備考	

この受領証は、大切に保管してください。

二十五日、甲午。　千古の為の如意輪供／源道済女、初参

小女の為に、今日から七箇日、内供の天台房《てんだいぼう》に於いて、定範《ていはん》を招請して如意輪法《にょいりんぽう》を供養《くよう》し奉る。「定範は浄行《じょうぎょう》の者である」と云うことだ。

今夜、故(源)道済《みちなり》の女《むすめ》が、初めて参った。

二十六日、乙未。　故俊賢室を弔問／広業を介し、良円の申請を道長に伝達

(藤原)致行《むねゆき》朝臣を遣わして、故民部卿の後家《ごけ》(藤原忠君女《ただきみのむすめ》)を弔問《ちょうもん》した。法事の間、一事を労するということを加えて伝えた。黄昏、藤宰相が来た。私が招いたものである。内供良円が律師を申請する事を語り付けた。禅閤に申させる為である。

二十七日、丙申。　滝口、抜刀して格闘／源政職を見舞う

中将が云ったことには、「昨日、宮は宜しくいらっしゃいました」ということだ。また、云ったことには、「法興院《ほこいん》の御八講《みはっこう》は、今日から行なわれることになっていました。ところが、晦日《つごもり》から法成寺に於いて行なわれることになりました」ということだ。資頼が云ったことには、「去る二十四日の夜、滝口《たきぐち》の一労《ろう》 某《なにがし》と四労某が、刀を抜いて格闘しました。二人とも、検非違使に引き渡して、左衛門府《さえもんふ》の射場に拘禁させました」と。文命《ぶんみょう》を遣わして、木工頭《もくのかみ》(源)政職《まさもと》朝臣の病を見舞った。

二十八日、丁酉。　主税頭の弁疏状の批校

貞清が報じた申文について、貞行宿禰に問うた。申して云ったことには、「年々の帳を召して、見合わせました。或いは符合を記し、或いは丹《に》で点を突いています。或いは符合を記さず、また点を付けていません。続紙《つぎがみ》の高さは同じではありません。そこで欠点をいよいよ続ぎ目として、名字《みょうじ》を記させました。また、通例の帳を証としなければなりません。見合わせる為に、調べるようにということを伝えておきました。まずはこのことを右大弁に告げました」ということだ。私が命じて云ったことには、「貞清の中文に記してあった国々の帳の承知官符の有無は、太政官《だいじょうかん》・外記・民部省《みんぶしょう》に、きっと見えるところが有るであろう」と。調べるよう、同じく命じた。貞行が申して云ったことには、「符合を記すとはいっても、事実とはし難いのです」ということだ。「昨日、見合わせた処には、史一、二人が伺候していました。特に(紀)為資《ためすけ》が一緒に見申したものです」ということだ。

二十九日、戊戌。 陰陽寮、東大寺の怪異を勘申/法華経講釈

早朝、中将が来た。(源)知道《ともみち》が云ったことには、「木工頭が、昨日と今日に煩っている様子は、意味がわかりません。やはり重いようです」ということだ。

大外記頼隆が云ったことには、「今日、陣頭に於いて、陰陽寮《おんみようりよう》〈(賀茂《かも》)守道《もりみち》と(惟宗《これむねの》)文高《ふみたか》。〉が、今月十日辰剋の東大寺の塔の小虫の怪異を勘申《かんじん》しました。推して云ったことには、『後一条《ごいちじよう》天皇の御病悩について慎しまれるのではありません。天下に疾疫《しつえき》が有るでしょうか。怪異の日以後三十五日、及び来たる八月・十月の節中《せっちゅう》の甲・乙の日です』ということでした。按察大納言《あぜちだいなごん》(藤原)行成《ゆきなり》卿が上卿を勤めました」と。また、云ったことには、「来月五日に諸社奉幣使《しょしゃほうべいし》を出立《しゅつたつ》されます」ということだ。

晩方、解除《げじょ》を行なった。
授学無学人記品《じゅがくむがくにんきほん》を釈し奉った〈慶範《けいはん》。〉。

付録

用語解説（五十音順）

白馬節会《あおうまのせちえ》 正月七日に天皇が紫宸殿に出御して群臣に賜宴し、左右馬寮の引く白馬を見る儀式。外任の奏、御弓奏があり、次に左右馬寮から庭上を渡る馬の毛並みを奏上する白馬奏があった。

阿《あ》闍梨《じゃり》 単に闍梨ともいう。伝法灌頂を受けた者、また灌頂の導師その人。一種の職官となった。

位記《いき》 位階を授ける時に発給する公文。勅授の位記は中務省の内記が作成し、中務卿および太政大臣・式部卿（武官は兵部卿）等が加署した後、内印を捺して発給した。

一上《いちのかみ》 筆頭の公卿の意で、通常は左大臣がこれにあたる。摂関が大政総攬の職であるのに対し、一上は公事執行の筆頭大臣である。

位禄《いろく》 官人が位階に応じて受ける禄物。官職禄と封禄の二種があったが、普通、位禄という場合は封禄をさす。封禄は五位以上に賜わる身分禄で、従三位以上は食封制、四位・五位は位禄制で年一回、十一月支給となっていた。

石清水八幡宮《いわしみずはちまんぐう》 山城国綴喜郡の男山に鎮座。豊前国宇佐八幡宮から八幡神を勧請して鎮護国家の神とし、皇室の祖神と称す。三月の午の日に臨時祭、八月十五日に放生会が行なわれた。

雨儀《うぎ》 晴天の際の晴儀に対し、雨雪の時に行なう儀礼。その次第を簡略にし、それに伴う室礼が行なわれた。

褂《うちき》 単《ひとえ》と表着《うわぎ》との間に着けた袷の衣で、「内着の衣」の意。「袿」とも。禄や被物用に大ぶりに仕立てたものを大褂と称した。

延暦寺《えんりゃくじ》 比叡山にある寺院。天台宗の総本山。東塔・西塔・横川の三塔からなる。天台密教の総本山として朝廷や貴族の崇敬を集めた他、源信が浄土信仰を説いて民衆化の基礎をつくった。

大祓《おおはらえ》 毎年六月・十二月の晦日、また大嘗会や凶事に際して臨時に行なわれる祭儀。罪・穢を除き、心身を清らかにし、その更生を図る。中臣は祓麻、東西文部は祓刀を奉り、百官男女を祓所の朱雀門に集め、中臣は祓詞を宣り、卜部は解除を行なう。

大原野社《おおはらのしゃ》　長岡京遷都の時、あるいは藤原冬嗣の請により、王城守護のために春日社を山城国乙訓郡に勧請した神社。

小野宮《おののみや》　平安京の名第。大炊御門南、烏丸西の方一町。元は文徳第一皇子惟喬親王の第宅。藤原実頼、実資と伝領され、その家系は小野宮流と称された。西・北・東門があり、南に池と山を配し、寝殿を中心に、西・東・北対を持つ典型的な寝殿造で、南東の池畔に念誦堂が建てられた。実資以後は、女の千古、その女と女系で伝領された。

小野宮流《おののみやりゅう》　藤原実頼に始まる小野宮家に伝わる有職の流派。またその門流を指すこともある。藤原忠平一男の実頼は、二男師輔(その流派が九条流)とともに父の儀式についての「教命」を受け継ぎ、それぞれの儀式作法を確立した。その内、実頼に始まる儀式作法を小野宮流という。実頼自身は儀式作法についてまとめようとして果たさず、その養子実資によって完成された『小野宮年中行事』によって知られる。

女叙位《おんなじょい》　皇親の女子以下宮人等に至る女子に五位以上の位を賜わる儀式。隔年を原則とした。

女装束《おんなしょうぞく》　宮中における命婦以上の女性の朝服の総称。女房装束とも。単・掛・裳・唐衣・袴からなる。俗に「十二単衣」とも称する。

過状《かじょう》　「怠状」ともいう。犯罪や怠務・失態を犯した者が上庁に対し自分の非を認め、許しを乞うために提出する書状。

春日社《かすがしゃ》　和銅三年に藤原不比等が藤原氏の氏神である鹿島神(武甕槌命)を春日の御蓋山に遷して祀り、春日神と称したのに始まる。初めて一条天皇によって春日行幸が行なわれた。

春日祭《かすがのまつり》　二月・十一月の上の申の日に行なわれた奈良春日社の祭。近衛府使を摂関家の中将・少将が勤めた。

社頭の儀のみならず、途中の儀も重視された。

被物《かずけもの》　禄の一種で、上位者が下位者の功労等を賞して直接相手の肩にかつがせてやる衣装の類。

方忌《かたいみ》　陰陽道の禁忌のうち、方角についての禁忌。年単位の大将軍・金神・八卦、月単位の王相神、日単位の太白神・土公・天一神等がある。

結政《かたなし》　太政官の政務執行上の一過程。官結政と外記結政の二種があり、ともに官政、外記政の準備段階的なもの。聴政の前に内外諸司からの申文を類別してそれぞれ結び束ねておき、結政当日、大弁以下の弁官が一応これを一々披見し、史が再び文書をひろげて読み上げ、これを元の形に戻す儀。官結政は外記庁の南に連なる結政所のうちの弁官の結政所で、また外記結政はその西に隣接する外記の結政所で行なわれた。

賀茂斎院《かもさいいん》　賀茂の神に奉仕する斎王。伊勢斎王のように天皇の代替わり毎に交替するわけではなく、当時は選子内親王が五代五十七年の長きにわたって勤めた。

賀茂社《かもしゃ》　賀茂別雷神社(上賀茂神社、略称上社)と賀茂御祖神社(下鴨神社、略称下社)の総称。平安遷都以後は皇城鎮護の神として朝廷から篤い尊崇を受けた。四月の中の酉の日を祭日とする賀茂祭、十一月の下の酉の日を祭日とする臨時祭が行なわれた。

元日節会《がんじつせちえ》　元日に天皇が群臣に紫宸殿で宴を賜う儀式。暦の献上、氷様奏、腹赤奏、吉野国栖の歌舞、御酒勅使、立楽等が行なわれた。

勘申《かんじん》　儀式等に必要な先例や典故を調べたり、行事の日時等を占い定めて報告すること。

官奏《かんそう》　太政官が諸国の国政に関する重要文書を天皇に奏上し、その勅裁をうける政務。奏上する文書は不堪佃田奏、不動倉開用奏等、諸国から申請された地方行政上重要と認められるものが多かった。摂政が置かれている時は摂政が直廬等で覧じ、関白がある時はその内覧を経て奏上された。

官符《かんぷ》　太政官から被管の諸司諸国へ発給される下達文書。弁官が作成する。謄詔勅ないし騰勅の官符と、太政官における議定事項を下達する場合、及び弁官のみで作成する事務的内容からなる場合とがある。

祈年穀奉幣《きねんこくほうべい》　年穀の豊穣を祈って神社に幣帛を奉じる朝廷臨時の神事。祈雨とともに臨時奉幣制の基本となり、十一世紀には二十二社奉幣制へと発展する。

季御読経《きのみどきょう》　春二月と秋八月の二季に、毎日百僧を宮中に請じて『大般若経』を転読させ、天皇の安寧と国家の安泰を祈る仏事。

行幸《ぎょうこう》　天皇が皇居を出て他所に行くこと。王臣の私第に天皇を迎える際には、しばしば家人らに叙位・賜禄が行なわれた。

行事《ぎょうじ》　朝廷の公事、儀式等において主としてその事を掌った役。

公卿《くぎょう》　大臣・納言・参議および三位以上の上級官人の称。大臣・納言・参議を見任公卿と称し、議定に参加する。これに対し、三位以上の公卿でまだ参議にならぬ者、一度参議になった前参議の者を非参議と称した。

競馬《くらべうま》　馬の走行速度を争う競技の一。単なる競走ではなく、先行する儲馬と後発の追馬の二騎一番で、いかに相手の騎手や馬を邪魔して先着するかが審査の対象となった。

蔵人《くろうど》　令外官の一。本官以外の兼官で、五位蔵人三名、六位蔵人四、五名、非蔵人三ないし六名の職階になる。代替わり毎に新任される。職掌は文書の保管、詔勅の伝宣、殿上の事務から、天皇の私生活に関することにまで拡大した。院・女院・東宮・摂関家・大臣家にも置かれた。

蔵人頭《くろうどのとう》　蔵人所の長官。定員二人。天皇の宣旨によって補された。一人は弁官、一人は近衛中将が兼補され、それぞれ頭弁、頭中将と呼ばれた。殿上に陪侍し、機密の文書や諸訴を掌った。参議には多く頭から昇進したが、有能で信任の厚い実資や行成は、なかなか参議に昇進できなかった。

慶賀《けいが》　「よろこびもうし」とも。任官・叙位や立后のお礼の挨拶を、天皇や摂関、中文の申請者に行なうこと。

外記政《げきせい》　令制太政官における政務の一形態。公卿が諸司の申す政を内裏建春門の東にある外記庁（太政官候庁)において聴取裁定すること。外記政の次第は、まず外記庁の南舎に弁・少納言・外記・史が参着して結政を行ない、次いで上卿以下公卿が庁座に着き、弁以下が列座し、弁が史をして諸司の申文を読ませ、上卿が裁決する。次いで請印し、終わって上卿以下が退出する。一同が外記庁から南所(侍従所)に移って申文の事があり、終わって酒饌を供することもある。

解除《げじょ》　罪穢を除去すること。祓とも。人形・解縄・切麻を用いて中臣祓を読む所作が一般的。神祇官の祓の他、陰陽道や仏教に伝わった祓もあった。

欠請《けっしょう》　請僧の欠員。すなわち、法会に参列する僧に生じた空席。空席を補充する必要があった。

解文《げぶみ》　八省以下の内外諸司のみならず、官人個人あるいは諸院家・寺社・荘家・住人が、太政官および所管の官司に上申する文書。

見参《げんざん》　節会・宴会等に出席すること。また、出席者の名を名簿に書き連ねて提出すること。

元服《げんぷく》　男子が成人したことを示す髪型や服装を初めてする儀式。十一歳から十五歳までの例が多い。髪を束ねて元結で結い、末の部分を切って後頭部に結い上げる理髪の儀と、次いで冠をかぶらせる加冠の儀が中心となる。元服すると実名が定められ、叙位がある。

候宿《こうしゅく》　官人が内裏内の直廬や宿所等に宿泊すること。

興福寺《こうふくじ》　奈良に所在する法相宗大本山。藤原氏の氏寺。春日社との神仏習合を進め、摂関家と興福寺・春日社との緊密な関係が成立した。

国忌《こき》　特定の皇祖・先皇・母后等の国家的忌日。政務を休み、歌舞音楽を慎しんで追善の法要を行なった。元々は天皇忌日のみを指していたが、天皇の父母・后妃にも拡大した。

御禊《ごけい》　水で身を清める行事。主に鴨川の三条河原で行なわれた。天皇は即位後、大嘗会の前月の十月下旬に、伊勢斎宮や賀茂斎院は卜定後に行なう。

御斎会《ごさいえ》　正月八〜十四日に宮中において、『金光明最勝王経』を講説して国家安穏、五穀豊饒を祈る法会。大極殿(後には清涼殿、御物忌の時は紫宸殿)に、衆僧を召し、盧遮那仏を本尊として読経供養した。

五節舞姫《ごせちのまいひめ》　新嘗祭・大嘗会・豊明節会に出演する舞姫。九月あるいは儀礼の数日前に、公卿の女二人、受領の女二人が舞姫に決定された。十一月の中の丑の日が帳台試、寅の日が御前試、卯の日が童女御覧、辰の日が豊明節会で、この日、舞の本番が行なわれた。

小朝拝《こちょうはい》　元日朝賀の後、大臣以下が天皇を拝する儀。はじめは朝賀とともに並び行なわれたが、後には、朝賀のある年には行なわれず、朝賀と交互にする場合もあった。清涼殿東庭に殿上人以上が参列する私的な礼。一条天皇以後は朝賀が絶え、小朝拝のみが行なわれた。

駒牽《こまひき》　信濃・上野・武蔵・甲斐四国の御牧（勅旨牧）から貢上された馬を、宮中で天皇が御覧じ、貴族たちに馬が分給されて牽く儀式。毎年八月に行なわれる。

斎王《さいおう》　伊勢神宮に奉仕する皇女（もしくは女王）。未婚の内親王または女王の中から卜定され、約一年間、宮城内の初斎院に入り修斎し、続いて宮城外の浄野（平安時代以降は嵯峨野）の野宮で一年あまり潔斎に努め、卜定後三年目の九月上旬、伊勢に群行した。

定文《さだめぶみ》　公卿が陣定等の議定を行なった際、終わって上卿が参議（大弁の兼任が原則）に命じて、出席者各自の意見をまとめて作成させた文書。上卿はこれを天皇に奏覧し、その裁決を仰いだ。

参議《さんぎ》　太政官の議定に参与する、大臣・納言に次ぐ官。唐名は宰相・相公。定員は八名。大臣・納言と違って詔勅や大事の決定事項を弁官に宣して太政官符や官宣旨を作成させるような権限はなかった。補任されるためには、大弁・近衛中将・蔵人頭・左中弁・式部大輔の内の一つを経ていること、五箇国以上の国守を歴任していること、位階が三位以上であること等、七つの道があった。

試楽《しがく》　行幸や年中行事等、舞楽を伴う儀式に際して行なわれる楽の予行演習。賀茂・石清水臨時祭の社頭の儀に先立って行なわれるものをいう場合が多い。

直廬《じきろ》　皇太后、女御、東宮、親王、内親王、摂関、大臣、大納言等が、休息・宿泊・会合等に用いるために宮廷内に与えられる個室。摂関の場合は、ここで政務を執ることもあった。

室礼《しつらい》　屋内の一部を障子・几帳・屏風等で隔て、帳台・畳・茵を置き、厨子・二階棚・衣架、その他、身辺の調度類を設け整えたり飾りつけたりすること。

除目《じもく》　官職任命の政務的儀式。外官除目は春に三夜にわたって行なわれ、京官除目は秋から冬にかけて、二夜または一夜で行なわれた。執筆の大臣が前日に勅を奉って外記に召仰を命じ、当夜は諸卿が清涼殿東孫廂の御前の座に着して議し、執筆は任官決定者を大間書に記入していく。執筆は大間書を清書上卿に授け、参議に召名(勅任・奏任に分けて任官者を列記したもの)・下名(文官・武官に分けて四位以下の任官者名を列記したもの)を書かせる。

射礼《じゃらい》　毎年正月十七日、建礼門前において親王以下五位以上および左右近衛・左右兵衛・左右衛門府の官人等が弓を射る儀式。まず手結という練習を行なう。翌十八日には賭弓を行ない、勝負を争う。

叙位《じょい》　位階を授ける儀式で、勤務評定に基く定例的な叙位と、臨時の叙位がある。正月七日の定例の叙位は五位以上のみとなった。五日または六日に行なわれる叙位議で叙位者が決定された。

請印《しょういん》　位記や文書に内印(天皇御璽)を捺すことを請う儀。内印は少納言が上奏して、勅許によって少納言または主鈴が捺した。外印(太政官印)等を捺す手続きにもいう。

上官《じょうかん》　政官(太政官官人)のことで、太政官官人(弁・少納言・外記・史・史生・官掌・召使・使部)全般を指す場合と、特に外記・史のみを指す場合とがある。

上卿《しょうけい》　公卿の総称の場合と、個々の朝儀・公事を奉行する公卿の上首を指す場合とがある。後者の場合、摂政・関白・太政大臣および参議は上卿を勤めない。

上表《じょうひょう》　天皇に奉る書のことであるが、特に辞官表、致仕を請う表、封戸随身を辞す表、立后・立太子・天皇元服・朔旦冬至等の慶事に際しての賀表等が多い。実際に辞任が認められる場合でも、天皇は二度は辞表を返却するのが例であった。

触穢《しょくえ》　穢とは一切の不浄をいうが、穢に触れることを触穢といい、一定の期間は神事・参内等ができなかった。人死穢は三十日間、産穢は七日、六畜死穢は五日、六畜産穢は三日の忌が必要とされた。穢は甲から乙へ、更に丙へと二転三転する。

諸国申請雑事定《しょこくしんせいぞうじさだめ》　諸国から解文によって太政官に申請された行政事項を、陣定の議題として議定すること。申請の内容は、地方行政の全般にわたる。

諸大夫《しょたいふ》　参議以上の公卿を除く四位、五位の者の総称。

陣座《じんのざ》　左右近衛陣における公卿の座。仗座ともいう。本来は近衛府の武官の詰所であったが、平安時代になると、節会や神事、議定等、宮中の諸行事の多くがここで執行された。

陣定《じんのさだめ》　陣座(仗座)を国政審議の場とした公卿議定。天皇の命を受けた上卿が、事前に外記に命じて見任公卿を招集し、当日は席次の低い者から順に所見を述べ、発言内容を参議が書き留めて定文を作成し、蔵人頭に付して上奏し、天皇の最終的な判断を仰いだ。

随身《ずいじん》　太上天皇や摂政・関白、左右近衛の大・中・少将等の身辺警護にあたる武官。

相撲節会《すまいのせちえ》　毎年七月に諸国から相撲人を召し集めて行なう相撲を天皇が観覧する儀式。七月中旬に召仰と称し、相撲節を行なうことを命じ、次いで御前の内取と府の内取という稽古に入る。節会の当日は天皇が出御し、南庭で行なわれる相撲を観覧する。これを相撲の召合という。翌日には抜出、追相撲が行なわれる。

受領《ずりょう》　任地に赴く国司。十世紀に入ると、受領国司による租税の請負化が進展した。長官(守)が中央の要職を兼帯している国や、上総・常陸・上野といった親王任国では、介が代わって受領となった。

受領功過定《ずりょうこうかさだめ》　任期が終わる受領の業績を判定する政務。特に所定の貢進の完納、公文の遺漏無き提出と正確な記載について審査された。除目と関連して、陣定において議定された。

釈奠《せきてん》　孔子やその弟子(十哲)を祀る大陸渡来の儒教儀

礼。春秋二回、二月と八月の上丁日に主として大学寮で行なわれた。

宣旨《せんじ》　勅旨または上宣(上卿の命令)を外記、または弁官を経て伝宣する下達文書。奉勅宣旨・外記宣旨・弁官宣旨・官宣旨・上宣宣旨等がある。簡易な手続きで迅速に発行されるため、従来の詔・勅や太政官符・太政官牒に代わって用いられるようになった。

宣命《せんみょう》　天皇の命令を宣する下達公文書の一。詔のうちの国文体のもの。神前で読み上げ、群臣に宣り聞かせる古風で荘重な文体をとっている。

僧綱《そうごう》　僧正・僧都・律師より構成される僧位。それぞれ大少の別や権位がもうけられ、一条朝には、公卿の員数と同じ二十人に達した。

大饗《だいきょう》　大きな饗宴。二宮大饗と大臣大饗とがある。二宮大饗とは中宮と東宮の二つの宮の大饗をいい、正月二日に行なわれる。大臣大饗は正月と大臣任官時に行なわれる。

大嘗会《だいじょうえ》　天皇即位の後、初めて新穀を天照大神はじめ天神地祇に奉る儀式。夕と朝の二度にわたって神膳が供されたうえ、天皇が食し、天皇としての霊格を得る儀。大嘗宮は大極殿前庭竜尾壇下に設けられ、東に悠紀殿、西に主基殿の他、天皇の斎戒沐浴する廻立殿、神膳を調備する膳屋等より成る。

着座《ちゃくざ》**・着陣**《ちゃくじん》　公卿が新任・昇任、または昇叙されると、吉日を択んで宜陽殿の公卿座に着した後、さらに陣座に着すこと。

着裳《ちゃくも》　「裳着」とも。貴族の女性の成人儀礼で、成人の装束の象徴である裳を初めて着ける儀式。十二歳から十五歳ごろまでに行なう。高貴の人が裳の大腰の紐を結び、髪を元結で束ね、髪上げを行なう。

中宮《ちゅうぐう》　本来は皇后ないし皇太后・太皇太后の称であったが、二皇后並立以後は、原則として新立の皇后を中宮と称するようになった。ただし、正式の身位の称は皇后であった。

重陽節会《ちょうようのせちえ》　陽数の極である九が重なる九月九日に、宮中で催された観菊の宴。杯に菊花を浮かべた酒を酌みかわし、長寿を祝い、群臣に詩をつくらせた。

勅授帯剣《ちょくじゅたいけん》　通常、帯剣が聴されたのは武官および中務省・大宰府・三関国の官人等に限られていたが、天皇の命により帯剣が聴される場合を勅授帯剣という。

衝重《ついがさね》　飲食物を載せる膳の一種。檜材を薄くはいだ片木板を折り曲げて脚にし、衝き重ねたもの。饗宴の席に折敷・高坏等とともに用いられた。

手結《てつがい》　射礼・賭射や相撲等の勝負事で、競技者を左右に分けて二人ずつ組み合わせること、またその取組。特に射礼・賭射・騎射等、射術を競う儀式の前に行なう武芸演習。

殿上人《てんじょうびと》　四位・五位の廷臣のうち、内裏清涼殿の殿上間に昇ること(昇殿)を許された者の称。天皇の側近として殿上間に詰めて天皇身辺の雑事に奉仕し、輪番制で宿直や供膳に従事した。院・東宮・女院にも昇殿制があった。

纏頭《てんとう》　歌舞・演芸をした者に、褒美として衣類等の品物を与えること。また、その品物。衣類を受けた時、頭にまとったところからいう。

豊明節会《とよのあかりのせちえ》　新嘗祭・大嘗会の翌日、豊楽院で行なわれる宴。新嘗祭翌日の辰日(大嘗会の時は午日)に天皇が出御し、その年の新穀を天神地祇に奉り、自ら新穀の御膳を食し、群臣に賜わった。

内弁《ないべん》　節会等、宮廷内における重要儀式に際し、内裏承明門内(大極殿で行なわれる場合は会昌門内)において、式の進行を主導する官人。

内覧《ないらん》　関白に准じる朝廷の重職。奏上および宣下の文書を内見する職。関白が万機を総攬するのに対し、内覧は太政官文書を内見することが多い。

直物《なおしもの》・**小除目**《こじもく》　除目の行なわれた後に日を改めて、人名その他の書き誤りを訂正する行事が直物で、その際に小除目(臨時除目)を伴うこともあった。

丹生《にう》・**貴布禰社**《きぶねしゃ》　大和国吉野郡の丹生川上神社と山城国愛宕郡の貴布禰神社。祈雨・止雨を祈る奉幣奉馬が行なわれた。

日記《にっき》　日々の儀式や政務を記録した日記の他に、特に検非違使が事件の経過を記録した文書をいう。盗難・傷害等の事件に際して、検非違使がその経過や被害状況、当事者の言い分を、事件発生直後に和文で直写した文書で、訴訟等の証拠にもなった。

女官《にょうかん》　朝廷および院宮に仕える女性の官人の総称。上﨟・中﨟・下﨟に区別され、上﨟には典侍・掌侍・命婦、中﨟には女史・女蔵人・女孺、下﨟には樋洗女・長女・刀自・雑仕等があった。

仁王会《にんのうえ》　護国経典の『仁王般若経』を講じて、鎮護国家を祈念する法会。天皇の即位毎に行なわれる一代一度仁王会、一年に春秋各一回行なわれる定季仁王会、臨時仁王会に類別される。

年中行事御障子《ねんじゅうぎょうじのみしょうじ》　宮廷の年中行事を列記して清涼殿に立てた衝立障子。藤原基経が光孝天皇に献上したもので、『年中行事御障子文』の成立は、長和年間とみられる。

荷前《のさき》　毎年十二月に行なわれる朝廷の奉幣型の山陵祭祀。この奉幣の使者が荷前使。荷前の対象陵墓には変遷があり、流動的であった。また、私的に父祖の墓に奉幣する荷前もあった。

拝舞《はいぶ》　儀式で祝意、謝意等を表わす礼の形式。まず再拝し、立ったまま上体を前屈して左右を見、袖に手をそえて左右に振り、次にひざまずいて左右を見て一揖、さらに立って再拝する。

拝礼《はいらい》　元日、院や摂関家等に年賀の礼をすること。

八省院《はっしょういん》　大内裏の正庁で、本来は朝堂院と称した。八省とも。その正殿が大極殿である。

疋絹《ひっけん》　「ひきぎぬ」「ひけん」とも。一疋、つまり二反ずつ巻いてある絹。被物に用いられた。

平座《ひらざ》　二孟旬、元日・重陽・豊明等の節会の日に、天皇が紫宸殿に出御しない場合、勅命により、公卿以下侍臣が宜陽殿西廂に設けられた平座に着いて行なった宴のこと。

不堪佃田奏《ふかんでんでんそう》　諸国から年荒、すなわちその年に作付けが行なわれなかった田地を報告してきた申文を奏上する儀。不堪佃田に関わる政務は、大臣への申文（不堪佃田申文)、奏聞(荒奏)、諸卿による議定(不堪佃田定)、再度の奏聞(和奏)等から構成されていた。

諷誦《ふじゅ》　諷詠暗誦の意で、経典・偈頌等を節をつけ、声をあげて読むこと。また、諷誦文は各種の祈願や追善供養のために施物を記入して、僧に経の諷誦を請う文。

仏名会《ぶつみょうえ》　宮中ならびに諸国において、毎年十二月に三日三晩にわたって行なわれた仏事。三日間に過去・現在・未来の三世の諸仏の名号を唱えれば、六根の罪障が消滅するといわれていた。

弁官《べんかん》　律令国家の庶務中枢としての役割を果たした機関。左右大弁・左右中弁・左右少弁は各省の庶務を受け付け、また太政官の判官としての役割を担った。その下部に主典として左右大史・左右少史があり、雑任の左右史生・左右官掌・左右使部が配置されていた。

法成寺《ほうじょうじ》　藤原道長が晩年に造営した方二町の寺院。九体阿弥陀堂を中心とした伽藍を備えた、平安遷都以来最初の寺院であった。

法華《ほっけ》八講《はっこう》・法華《ほっけ》三十講《さんじっこう》　『法華経』八巻を、一日を朝・夕の二座に分け、一度に一巻ずつ修し、四日間で講じる法会が法華八講、『法華経』二十八品とその開経である『無量義経』と結経の『観普賢経』とを合わせた三十巻を三十日間に講じたり、また朝夕に各一巻ずつ十五日間で結了したりする法会が法華三十講。

御修法《みしほ》　国家または個人のために、僧を呼んで密教の修法を行なう法会。

夢想《むそう》　夢の中でおもうこと。また夢に見ること。夢想の内容によっては物忌となる。『小右記』には一四七回の夢記事が記録されているが、宗教的な夢に加えて自らの昇進や、王権や道長に関わる夢を記している。

召仰《めしおおせ》　上位者が下位者を呼び寄せて、特定の任務につくことを命じること。特に、除目や行幸・相撲等の朝廷の行事の役職の任命のために行なわれるものをいうことが多い。

物忌《ものいみ》　「物忌」と書いた簡を用いる謹慎行為。大部分は怪異・悪夢の際、陰陽師の六壬式占で占申される物忌期をいい、怪日を剋する五行の日、十日毎の甲乙両日が特徴。当日は閉門して外来者を禁じ、必要な者は夜前に参籠させる。軽い場合は門外で会ったり、邸内に入れて着座させずに会ったりする場合もある。

弓場始《ゆばはじめ》　射場始《いばはじめ》とも。天皇が弓場殿に出御し、公卿以下殿上人の賭射を見る儀式。通常十月五日を式日とするが、十一月や十二月に行なわれることもあった。

人物注(五十音順)

敦良親王《あつなが》　一〇〇九〜四五　在位一〇三六〜四五年。一条天皇第三皇子。母は道長女の彰子。兄の後一条天皇の後を承けて長元九年、二十八歳で即位し、後朱雀天皇となる。先帝より厳格であり、天皇の責を果たすのに努めた。道長女の嬉子が妃として入宮して後の後冷泉天皇を産み、三条天皇皇女禎子内親王が皇后となって後の後三条天皇を産んだ。

安《あ》倍吉平《べのよしひら》　九五四〜一〇二六　陰陽家。晴明男。賀茂光栄と並んで陰陽道の大家の一人。陰陽博士、陰陽助、主計頭等を歴任。道長をはじめ、天皇・貴紳の信任を得て、祓や祭を行なった。

小《こ》一条院《いちじょういん》　九九四〜一〇五一　諱は敦明《あつあきら》親王。三条天皇第一皇子。母は藤原済時女の娍子。長和五年、後一条天皇即位と同時に東宮となったが、三条院崩御後の寛仁元年に東宮を辞し、小一条院の号を授けられた。

後《ご》一条《いちじょう》天皇　一〇〇八〜三六　諱は敦成《あつひら》親王。在位一〇一六〜三六年。一条天皇第二皇子。母は道長女の彰子。寛弘五年に誕生、同八年に皇太子に立ち、長和五年に践祚して後一条天皇となる。寛仁二年に十一歳で元服、道長三女の威子を妃とした。威子は女御、次いで中宮となり、章子・馨子内親王を産んだ。即位時に道長が摂政となり、寛仁元年に頼通がこれに替わり、同三年以後は関白となった。

婉子《つやこ》女王　九七二〜九八　村上天皇皇子為平親王女。母は源高明女。寛和元年十二月、十四歳で入内、女御となる。同二年六月、天皇出家後、藤原道信・実資と交渉を持ち、実資の室となった。

脩子《ながこ》内親王《ないしんのう》　九九六〜一〇四九　一条天皇第一皇女。母は藤原道隆女の定子。同母弟妹に敦康親王・媄子内親王がいた。寛弘四年には一品に叙され、年官年爵を賜り、三宮に准じられた。

選子《のぶこ》内親王　九六四〜一〇三五　賀茂斎院、歌人。村

上天皇第十皇女。母は藤原師輔女の安子。天延三年、賀茂斎院に卜定。以来、円融・花山・一条・三条・後一条の五代五十七年にわたり奉仕、大斎院と称された。貴族社会との盛んな交流の実態が諸書に描かれる。

藤原彰子《ふじわらのあきこ》　**九八八〜一〇七四**　一条天皇中宮。道長一女。母は源倫子。長保元年、入内、女御となり、翌二年、中宮となった。寛弘五年に敦成親王(後の後一条天皇)、翌六年に敦良親王(後の後朱雀天皇)を産む。長和元年に皇太后、寛仁二年に太皇太后となる。万寿三年に出家、上東門院の称号を受け女院となった。

藤原章信《あきのぶ》　**生没年未詳**　知章男。文章生から出身し、三事兼帯(衛門佐・五位蔵人・弁官)した。文人の傍ら、伊予・和泉・但馬守を歴任し、宮内卿に至った。敦成親王家蔵人、敦良親王の春宮大進も勤めた。一条天皇の入棺に奉仕し、道長の遺骨を木幡まで懸けた。

藤原朝経《あさつね》　**九七三〜一〇二九**　朝光男。母は重明親王女。寛和二年に叙爵、右大弁、蔵人頭等を経て、長和四年、参議に任じられた。権中納言まで進んだ。有能な官吏であるとともに、道長に私的にも接近している。

藤原兼隆《かねたか》　**九八五〜一〇五三**　道兼の二男。長徳元年に叙爵、寛弘五年に参議となる。寛仁三年に権中納言、治安三年に転正。寛仁元年に敦明親王の東宮辞退をそそのかし、道長の外孫敦良親王の立坊を工作したのは兼隆であったという(『大鏡』)。

藤原兼経《かねつね》　**一〇〇〇〜四三**　道綱三男。母は源雅信女。道長の猶子となる。室は隆家女など。治安三年に参議に上り、長久四年に出家し、薨じた。

藤原妍子《きよこ》　**九九四〜一〇二七**　道長の二女。母は源倫子。寛弘元年に尚侍となり、同七年に東宮居貞親王(後の三条天皇)の許に入る。同八年に女御、長和元年に娍子に先立ち中宮となる。翌二年に禎子内親王を出産。寛仁二年に皇太后となった。

藤原公季《きんすえ》　**九五七〜一〇二九**　師輔の十一男。母は康子内親王。室に有明親王女がいた。永観元年に参議、正暦二年に中納言、長徳元年に大納言、同三年に内大臣、寛仁元年に右大臣、治安元年には太政大臣に任じられた。その後裔は閑院流と呼ばれた。

藤原公任《きんとう》　九六六～一〇四一　頼忠の一男。母は厳子女王。通称は四条大納言。歌人、歌学者としても有名。長保三年に権中納言・左衛門督、同四年に中納言、寛弘六年に権大納言となった。藤原斉信・同行成・源俊賢とともに「寛弘の四納言」と称され、多才で有能な政務家でもあった。儀式書『北山抄』を著した。

藤原公成《きんなり》　九九九～一〇四三　実成一男。祖父公季の養子となる。寛仁四年に蔵人頭、万寿三年に参議、長久四年に権中納言に任じられる。公成女の茂子が能信の養女となって後三条天皇の女御となり、白河天皇を産み、院政期以後の一家の繁栄をもたらした。

藤原公信《きんのぶ》　九七七～一〇二六　為光六男。母は伊尹二女。長徳元年に叙爵。少納言、右少将等を歴任し、寛弘六年に蔵人頭、長和二年に参議となり、権中納言に至った。異母兄斉信に比べ資質に乏しかったが、和歌はよく詠んだ。

藤原定頼《さだより》　九九五～一〇四五　公任男。母は昭平親王女。弁官等を歴任した後、寛仁四年に参議に上り、権中納言に至った。歌人。音楽にも長じ、能書家としても有名。

藤原実資姉　九四九～一〇一八　斉敏女。母は藤原尹文女。実頼の養女となり、尼となって室町に住んだ。実資がしばしば訪れている。

藤原実資室　九七七～没年未詳　源頼定乳母子で、はじめ婉子女王の女房となり、婉子女王の没後、実資の妾(または召人)となる。「今北の方」とも称された。正暦四年に夭亡した子と、千古を産む。実資より二十歳年少か。晩年は出家し、「角殿の尼上」と呼ばれた。

藤原実資室　生没年未詳　寛和元年に「小児」と見える子、永観元年に良円を産んだ。はじめは室町殿に住み、後に小野宮に引き取られ、妾(または召人)となった。正暦の終わりか長徳のはじめに死去したか。

藤原実資男　生没年未詳　寛弘二年に初見。「町尻殿弁腹の小童」と見える。童名観薬。寛弘八年に明年の元服が定められている。

藤原実資女　九八五～没年未詳　「小児」と見える。正暦四年に受戒、「小尼」と呼ばれた。

藤原実成《さねなり》　九七五～一〇四四　公季男。母は有明親王女。侍従、少納言、兵部大輔、右中将等を歴任し、寛弘元年に蔵人頭、同五年に参議となり、中納言に至る。

藤原実頼《さねより》　九〇〇～七〇　忠平嫡男。母は宇多皇女源順子。男に敦敏・頼忠・斉敏がいたが、孫の佐理・実資を養子とした。太政大臣・関白・摂政となったが、外戚関係を築くことができず、自らを「揚名関白」と呼んだ。諡を清慎公といい、日記『清慎公記』(『水心記』とも)があったが、公任の代に散逸している。

藤原重尹《しげただ》　九八四～一〇五一　懐忠男。母は藤原尹忠女。長徳五年に叙爵。寛弘六年に父の大納言辞退の代わりとして右中弁となる。右大弁、蔵人頭等を歴任し、長元二年に参議、長暦二年に権中納言に任じられる。長久三年に中納言を辞して大宰権帥に任じられた。

藤原娍子《すけこ》　九七二～一〇二五　大納言済時の一女。母は源延光女。三条天皇皇后。敦明・敦儀・敦平・師明親王、当子・禔子内親王を産む。宣耀殿女御と称された。東宮妃として正暦二年に入侍。寛弘八年に女御となり、長和元年に皇后となる。道長は娍子の立后を妨害した。後一条天皇の皇太子となった敦明親王は、寛仁元年に皇太子を辞退した。

藤原資高《すけたか》　九九九～没年未詳　高遠男。長和元年に実資の養子となり元服。道長に故高遠の遺財を奪われる。一条桟敷宅を領有。筑前守となり、少納言に進む。

藤原資業《すけなり》　九八八～一〇七〇　有国七男。母は橘徳子。文章生より出身し、寛仁元年に文章博士となったが、翌年、辞した。受領や式部大輔を兼ねた。永承六年に出家して日野に隠棲、法界寺薬師堂を建立した。

藤原資平《すけひら》　九八六～一〇六七　懐平男、実資の養子。母は源保光女。長徳三年に叙爵。少納言等を経て、長和二年に左中将、同四年に蔵人頭、寛仁元年に参議となる。長元二年に権中納言、康平四年に権大納言に任じられた。治暦元年に転正。実資の耳目・手足としても活動している。

藤原資房《すけふさ》　一〇〇七〜五七　実資の養子となった資平の子。後朱雀天皇の代、関白頼通の下で蔵人頭として勤め、春宮権大夫参議に上った。多病虚弱の質で、資平に先立ち、五十一歳で死去。日記『春記』を記した。

藤原資頼《すけより》　生没年未詳　懐平男、実資の養子。母は藤原常種女。阿波権守、弾正少弼、伯耆守、刑部少輔、美作守を歴任した。公私にわたり実資に近い存在であったが、道長家家司でもあった。

藤原隆家《たかいえ》　九七九〜一〇四四　道隆男。母は高階貴子。長徳元年に中納言に任じられたが、同二年、花山院闘乱事件により但馬国に配流。同四年、帰京。長保四年に権中納言、寛弘六年に中納言に更任。長和三年に大宰権帥。在任中の寛仁三年に刀伊の入寇があり、これを撃退した。

藤原威子《たけこ》　九九九〜一〇三六　後一条天皇中宮。道長三女。母は源倫子。長和元年に尚侍に任じられ、寛仁二年に十一歳の後一条天皇に二十歳で入内。女御、中宮となり、道長の女三人が后として並んだ。後一条天皇の後宮には、他の女性が入ることはなかった。万寿三年に章子内親王、長元二年に馨子内親王を出産。

藤原斉敏《ただとし》　九二八〜七三　実頼の三男。母は藤原時平女。室に藤原尹文女があり、高遠・懐平・実資（実頼の養子）を儲けた。参議となるが、参議兼右衛門督検非違使別当で薨去した。

藤原斉信《ただのぶ》　九六七〜一〇三五　為光の二男。道長の恪勤として知られ、藤原公任・同行成・源俊賢と並び「寛弘の四納言」と称された。正暦五年に蔵人頭となり、長徳二年に参議に任じられ、大納言に至る。

藤原千古《ちふる》　生没年未詳　寛弘八年頃の出生。実資女。「かぐや姫」と通称される。母は実資室婉子女王の弟源頼定の乳母子とも伝えられる。実資は千古を鍾愛し、小野宮の寝殿が完成した寛仁三年には小野宮や荘園・牧等を譲る処分状を書き遺している。万寿元年に着裳。後に藤原兼頼（頼宗男）と婚し、一女を儲けた。長暦二年に実資に先立って死去したらしい。

藤原経季《つねすえ》　一〇一〇〜八六　経通二男で実資の養子と

なった。蔵人頭となり、中納言に上った。官人としての資質は乏しく、資房に「不覚者」「素飡無才者」と酷評されている。

藤原経通《つねみち》　九八二〜一〇五一　懐平男。同母弟に資平がいる。永祚二年に叙爵。長和五年に蔵人頭、寛仁三年に参議、長元二年に権中納言となる。実資は経通の才学を認めながらも、摂関家に追従する行動にはしばしば批判的であった。

藤原長家《ながいえ》　一〇〇五〜六四　道長の六男。冷泉家の祖。母は源明子。侍従、右少将、近江介、皇太后権亮等を歴任。治安三年に権中納言に任じられ、権大納言に至る。中宮大夫・按察使・民部卿等を兼帯。

藤原教通《のりみち》　九九六〜一〇七五　道長の五男。母は源倫子。長和二年に権中納言に任じられる。康平三年に左大臣となり、治暦四年に後三条天皇が即位すると、関白に就任。延久二年に太政大臣となる。父道長の薨去後、兄頼通との間に政権をめぐる確執を生じた。頼通とともに外戚の地位を得ることができなかった。

藤原広業《ひろなり》　九七七〜一〇二八　有国の男。文章生より出身し、蔵人、右少弁、東宮学士等を歴任し、寛弘五年に文章博士となる。寛仁四年に参議となり、式部大輔を兼帯。

藤原通任《みちとう》　九七三？〜一〇三九　師尹の孫、済時の男。異母姉に三条天皇皇后娍子がいる。三条天皇の東宮時代に春宮亮を勤め、寛弘八年、天皇践祚に伴い蔵人頭となる。同年に参議となり、長元八年に権中納言に至る。道長の病の折、これを喜ぶ公卿の一人と噂された。

藤原道長《みちなが》　九六六〜一〇二七　兼家の五男。母は藤原中正女の時姫。父の摂政就任後に急速に昇進し、長徳元年、三十歳の時に、兄である道隆・道兼の薨去により、一条天皇の内覧となって、政権の座に就いた。右大臣、次いで左大臣にも任じられ、内覧と太政官一上の地位を長く維持した。道隆嫡男の伊周を退けた後は政敵もなく、女の彰子・妍子・威子を一条・三条・後一条天皇の中宮として立て、「一家三后」を実現するなど、摂関政治の最盛期を現出させた。

藤原道雅《みちまさ》　九九二～一〇五四　伊周一男。母は源重光女。幼名は松君。「荒三位」と称され、寛仁元年の前斎宮当子内親王との密通事件や花山院女王の強殺事件に関わった。非参議・左京大夫のまま、一生を終えた。

藤原行成《ゆきなり》　九七二～一〇二七　伊尹の孫、義孝の男。長徳元年に蔵人頭に抜擢された。弁官を歴任し、長保三年に参議、寛弘六年に権中納言、寛仁四年に権大納言に昇任。道長と同日に没した。一条天皇の信任篤く、道長にも重んじられ、源俊賢・藤原公任・同斉信とともに後世「寛弘の四納言」と称された。和様の最高の能書としても尊重された。日記『権記』を残す。

藤原能信《よしのぶ》　九九五～一〇六五　道長の四男。母は源明子。長和二年に蔵人頭となり、長和五年に権中納言に任じられ、治安元年には権大納言に上った。この間、春宮大夫等を兼帯するものの、四十五年間、官位の昇進はなかった。藤原氏と外戚関係を持たない尊仁親王（後の後三条天皇）の擁立に尽力した。

藤原頼通《よりみち》　九九二～一〇七四　道長の一男。母は源倫子。宇治殿と称する。姉の彰子所生の後一条天皇の在位二年目の寛仁元年、摂政となった。これ以後、後一条、後朱雀、後冷泉の三代にわたり五十一年間も摂関の座にあった。治暦三年に准三后となり、関白職を嫡子の師実に将来譲渡するという約束のもと、弟の教通に譲り、宇治に隠退した。

藤原頼宗《よりむね》　九九三～一〇六五　道長の二男。母は源明子。侍従、左右少将等を経て、長和三年に権中納言に任じられ、右大臣まで上る。この間、左右衛門督・検非違使別当・皇太后宮権大夫・春宮大夫・按察使・右大将等を兼帯。居処に因み、堀河右大臣と称された。

源《みなもとの》　朝任《あさとう》　九八九～一〇三四　時中七男。少納言、蔵人等を経て、長和元年に三条天皇の蔵人となり、寛仁三年に後一条天皇の蔵人頭、治安三年に参議に任じられる。

源経頼《つねより》　九八五～一〇三九　雅信孫、扶義男。弁官や蔵人を歴任し、長元三年参議となり、正三位に至った。二十五年間にわたって弁官職を勤め、実務に精通した。

日記『左経記』を遺している。

源俊賢《としかた》　九五九〜一〇二七　高明男。母は藤原師輔の三女。妹に道長室明子がいる。正暦三年に蔵人頭、長徳元年に参議となり、権大納言まで上る。道長の最も強力な支持者の一人であり、藤原行成・同公任・同斉信とともに「寛弘の四納言」とたたえられた。

源倫子《ともこ》　九六四〜一〇五三　雅信女。母は藤原穆子。道長の嫡室として頼通・教通・彰子・妍子・威子・嬉子を儲けた。永延元年に道長と婚す。長徳四年に従三位に昇叙され、寛弘五年には従一位にまで上る。長和五年に准三宮となった。治安元年に出家。

源道方《みちかた》　九六九〜一〇四四　重信の五男。侍従、右兵衛権佐、少納言を経て弁官となる。その間、宮内卿・蔵人頭・勘解由長官を兼任し、長和元年に参議に任じられた。寛仁四年に権中納言となった。文才と管絃の才に長じていた。

良円《りょうえん》　九八三〜一〇五〇　平安中期の天台僧。実資男。母は不詳。永祚元年に七歳で延暦寺に入り、慶円の許で修行。実資と慶円とのパイプ役を務める。長和四年、大僧正慶円は職を辞して良円の律師就任を願ったが、沙汰止みとなった。長元元年に権律師、同六年権少僧都に転任するが、長暦三年の「山相論」で罪を得て以後は昇進することはなかった。

公卿構成

万寿二年（九月時点）

太政官	位階	人名	年齢	兼官・兼職
左大臣	従一位	藤原頼通	三四	関白
太政大臣	従一位	藤原公季	六九	
右大臣	正二位	藤原実資	六九	右大将、皇太弟傅
内大臣	正二位	藤原教通	三〇	左大将
大納言	正二位	藤原斉信	五九	中宮大夫
権大納言	正二位	藤原行成	五四	
	正二位	藤原頼宗	三三	春宮大夫
	正二位	藤原能信	三一	中宮権大夫
中納言	正二位	藤原兼隆	四一	左衛門督
	正二位	藤原実成	五一	右衛門督
権中納言	正二位	藤原長家	二一	
	従二位	源道方	五八	宮内卿、皇太后宮大夫
	従二位	藤原公信	四九	左兵衛督、春宮権大夫
	正三位	藤原朝経	五三	

太政官	位階	人名	年齢	兼官・兼職
参議	正三位	藤原経通	四四	治部卿、右兵衛督、検非違使別当、太皇太后宮権大夫
	正三位	藤原資平	四〇	皇太后宮権大夫、侍従
	正三位	藤原通任	五三	大蔵卿
	従三位	藤原兼経	二六	右中将
	従三位	藤原定頼	三四	左大弁
	従三位	藤原広業	四九	
	正四位下	源朝任	三七	
前権大納言	正二位	源俊賢	六六	民部卿、太皇太后宮大夫
	正二位	藤原公任	六〇	按察使
前中納言	正二位	藤原隆家	四七	大蔵卿
		藤原道長	六〇	六〇

万寿三年（正月時点）

太政官	位階	人名	年齢	兼官・兼職
左大臣	従一位	藤原頼通	三五	関白
太政大臣	従一位	藤原公季	七〇	
右大臣	正二位	藤原実資	七〇	右大将、皇太弟傅

太政官	位階	人名	年齢	兼官・兼職
内大臣	正二位	藤原教通	三一	左大将
大納言	正二位	藤原斉信	六〇	中宮大夫
権大納言	正二位	藤原行成	五五	
	正二位	藤原頼宗	三四	春宮大夫
	正二位	藤原能信	三二	中宮権大夫
中納言	正二位	藤原兼隆	四二	左衛門督
	正二位	藤原実成	五二	右衛門督
権中納言	正二位	藤原長家	二二	
	従二位	源道方	五九	宮内卿、皇太后宮大夫
	従二位	藤原公信	五〇	左兵衛督、春宮権大夫
	正三位	藤原朝経	五四	
参議	正三位	藤原経通	四五	治部卿、右兵衛督、検非違使別当、太皇太后宮権大夫
	正三位	藤原資平	四一	皇太后宮権大夫、侍従
	正三位	藤原通任	五四	大蔵卿
	従三位	藤原兼経	二七	右中将
	従三位	藤原定頼	三五	左大弁
	従三位	藤原広業	五〇	
	正四位下	源朝任	三八	

太政官	位階	人名	年齢	兼官・兼職
前権大納言	正二位	源俊賢	六七	民部卿、太皇太后宮大夫
	正二位	藤原公任	六一	按察使
前中納言	正二位	藤原隆家	四八	大蔵卿
		藤原道長	六一	

万寿四年（正月時点）

太政官	位階	人名	年齢	兼官・兼職
左大臣	従一位	藤原頼通	三六	関白
太政大臣	従一位	藤原公季	七一	
右大臣	正二位	藤原実資	七一	右大将、皇太弟傅
内大臣	正二位	藤原教通	三二	左大将
大納言	正二位	藤原斉信	六一	中宮大夫
権大納言	正二位	藤原行成	五六	
	正二位	藤原頼宗	三五	春宮大夫
	正二位	藤原能信	三三	中宮権大夫

太政官	位階	人名	年齢	兼官・兼職
中納言	正二位	藤原兼隆	四三	左衛門督
	正二位	藤原実成	五三	右衛門督
権中納言	正二位	藤原長家	二三	
	従二位	源道方	六〇	宮内卿、皇太后宮大夫
	正三位	藤原朝経	五五	
	従三位	源師房	十八	春宮権大夫
参議	正三位	藤原経通	四六	治部卿、左兵衛督、検非違使別当
	正三位	藤原資平	四二	皇太后宮権大夫、左中将
	正三位	藤原通任	五五	大蔵卿
	従三位	藤原兼経	二八	右中将
	従三位	藤原定頼	三六	左大弁
	従三位	藤原広業	五一	
	正四位下	源朝任	三九	右兵衛督
	正四位下	藤原公成	二九	
前権大納言	正二位	源俊賢	六八	民部卿
前中納言	正二位	藤原隆家	四九	
		藤原道長	六二	

年譜

＊万寿二年―四年は本巻収録範囲

年次	西暦	天皇	年齢	官位	事績	参考事項
天徳元年	九五七	村上	一		誕生	
康保三年	九六六	村上	一〇	蔵人所小舎人		是歳、藤原道長誕生
安和二年	九六九	冷泉／円融	一三	従五位下 侍従	二月、元服	三月、源高明配流
天禄元年	九七〇	円融	一四		正月、昇殿	五月、藤原実頼薨去
天禄二年	九七一	円融	一五	右兵衛佐		
天延元年	九七三	円融	一七	右少将	この頃、源惟正女と結婚	二月、藤原斉敏卒去
天延二年	九七四	円融	一八	従五位上		三月、藤原兼通関白
貞元元年	九七六	円融	二〇			五月、内裏焼亡
貞元二年	九七七	円融	二一	正五位下	日記を書き始めたか	十月、藤原頼忠関白
天元三年	九八〇	円融	二四	従四位下 従四位上		六月、懐仁親王(後の一条天皇)誕生 十一月、内裏焼亡
天元四年	九八一	円融	二五	蔵人頭		十月、内裏還御
天元五年	九八二	円融	二六	兼中宮亮		三月、藤原遵子皇后 十一月、内裏焼亡

永観元年	九八三	円融	二七	左中将	是歳、良円誕生	八月、奝然入宋
永観二年	九八四	円融／花山	二八	蔵人頭		八月、内裏還御 十一月、『医心方』
寛和元年	九八五	花山	二九	兼中宮権大夫		四月、『往生要集』
寛和二年	九八六	花山／一条	三〇	正四位下	五月、源惟正女死去	六月、藤原兼家摂政 是歳、藤原資平誕生
永延元年	九八七	一条	三一	蔵人頭	五月、痢病	
永延二年	九八八	一条	三二		十月、腰病	十一月、尾張国郡司百姓、守を愁訴
永祚元年	九八九	一条	三三	参議		
正暦元年	九九〇	一条	三四	従三位	十一月、女(薬延)死去	五月、藤原道隆摂政 十月、藤原定子中宮
正暦二年	九九一	一条	三五	兼左兵衛督		九月、藤原詮子東三条院
正暦四年	九九三	一条	三七		二月、子、生まれ夭亡 この頃、婉子女王と結婚	四月、道隆関白
長徳元年	九九五	一条	三九	検非違使別当 権中納言 兼右衛門督 兼太皇太后宮大夫		三月、藤原伊周内覧 四月、道隆薨去、藤原道兼関白 五月、道長内覧 是歳、疫病蔓延
長徳二年	九九六	一条	四〇	中納言	六月、一条天皇より恩言	四月、伊周・隆家左遷

年次	西暦	天皇	年齢	官位	事績	参考事項
長徳三年	九九七	一条	四一		七月、藤原道綱に超越される	四月、伊周・隆家、赦免
長徳四年	九九八	一条	四二		七月、婉子女王死去	
長保元年	九九九	一条	四三	正三位	十月、藤原彰子入内の屏風歌を辞退	十一月、定子、敦康親王出産
長保二年	一〇〇〇	一条	四四	従二位		二月、彰子中宮・定子皇后 十二月、定子、崩御
長保三年	一〇〇一	一条	四五	権大納言 兼右大将	正月、資平左兵衛佐	十一月、内裏焼亡 閏十二月、詮子崩御 是頃、『枕草子』
長保五年	一〇〇三	一条	四七	正二位		
寛弘二年	一〇〇五	一条	四九			十一月、内裏焼亡
寛弘三年	一〇〇六	一条	五〇		正月、資平少納言	十二月、紫式部、彰子に出仕
寛弘四年	一〇〇七	一条	五一	兼按察使	是歳、藤原資房誕生	
寛弘五年	一〇〇八	一条	五二		十一月、敦成親王五十日の儀で紫式部と語る	九月、彰子、敦成親王(後の後一条天皇)出産 是頃、『源氏物語』

寛弘六年	一〇〇九	一　条	五三	大納言		十一月、彰子、敦良親王（後の後朱雀天皇）出産
寛弘七年	一〇一〇	一　条	五四			十一月、一条院還御
寛弘八年	一〇一一	一　条／三　条	五五			八月、内裏遷御
長和元年	一〇一二	三　条	五六		四月、藤原娍子立后の内弁を勤む	二月、藤原妍子中宮 四月、娍子皇后
長和二年	一〇一三	三　条	五七		五月、紫式部を介し彰子と接触	
長和三年	一〇一四	三　条	五八		三月、資平、蔵人頭に補されず	二月、内裏焼亡
長和四年	一〇一五	三　条	五九		二月、資平蔵人頭 九月、三条天皇より密勅	九月、内裏還御 十一月、内裏焼亡
長和五年	一〇一六	三　条／後一条	六〇		正月、春宮大夫を固辞	正月、道長摂政 六月、一条院遷御
寛仁元年	一〇一七	後一条	六一		三月、資平参議	三月、藤原頼通摂政 八月、敦明親王東宮を辞し、敦良親王立太子
寛仁二年	一〇一八	後一条	六二			四月、内裏遷御 十月、藤原威子中宮（一家三后）

年次	西暦	天皇	年齢	官位	事績	参考事項
寛仁三年	一〇一九	後一条	六三		六月、藤原顕光左大臣辞任の風聞 九月、千古に遺領処分	三月、道長出家 四月、刀伊の入寇 十二月、頼通関白
寛仁四年	一〇二〇	後一条	六四			三月、道長、無量寿院落慶供養
治安元年	一〇二一	後一条	六五	右大臣 兼皇太子傅		
治安二年	一〇二二	後一条	六六			七月、道長、法成寺金堂供養
治安三年	一〇二三	後一条	六七			
万寿元年	一〇二四	後一条	六八		十二月、千古着裳	二月、京都大火
万寿二年	一〇二五	後一条	六九		十二月、千古と藤原長家の縁談	三月娍子、七月寛子、八月嬉子死去
万寿三年	一〇二六	後一条	七〇		四月、輦車を聴される	正月、彰子出家、上東門院となる
万寿四年	一〇二七	後一条	七一		正月、千古と藤原長家の婚儀頓挫	九月、妍子薨去 十二月、道長薨去
長元元年	一〇二八	後一条	七二			六月、平忠常の乱

長元二年	一〇二九	後一条	七三		正月、資平権中納言 十一月、千古、藤原兼頼と結婚	
長元三年	一〇三〇	後一条	七四		九月、『小右記』六年分を資平に遣わす	
長元五年	一〇三二	後一条	七六		『小右記』写本、この年で終わる	
長元九年	一〇三六	後一条／後朱雀	八〇		四月、皇太子傅を止められる	
長暦元年	一〇三七	後朱雀	八一	従一位	三月、右大将辞任を請う、聴されず	
長暦二年	一〇三八	後朱雀	八二		六月、資房蔵人頭	
長久元年	一〇四〇	後朱雀	八四		『小右記』逸文、この年まで	六月、長久の荘園整理令
長久三年	一〇四二	後朱雀	八六		正月、資房参議	
長久四年	一〇四三	後朱雀	八七		十一月、右大将を辞す	
寛徳元年	一〇四四	後朱雀	八八		六月、致仕を請う、聴されず	
寛徳二年	一〇四五	後朱雀／後冷泉	八九			十月、寛徳の荘園整理令
永承元年	一〇四六	後冷泉	九〇		正月十八日、出家・薨去	

系図

- 藤原忠平
  - 実頼
    - 敦敏
      - 佐理
        - 頼房
    - 頼忠
      - 公任
        - 定頼
          - 経家
    - 斉敏
      - 高遠
        - 資高
      - 懐平
        - 経通
          - 経仲
          - 経季
          - 経平
        - 資平
        - 経任
        - 資頼
      - 実資
    - 実資
      - 良円
      - 観薬
      - 子
      - 女（薬延）
      - 女
      - 子
      - 千古
      - 資平
        - 資房
          - 資宗
        - 資基
        - 資仲
          - 顕実
      - 資高
      - 資頼
      - 経季
  - 伊尹
    - 義孝
      - 行成
        - 実経
        - 良経
        - 行経
    - 義懐
      - 成房
      - 伊成
  - 兼通
    - 朝光
      - 朝経
        - 誠任
    - 顕光
      - 元子（一条女御）
    - 時光
      - 忠任
    - 正光
      - 兼貞

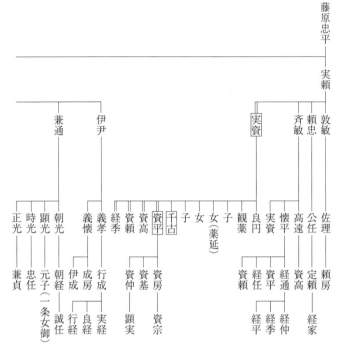

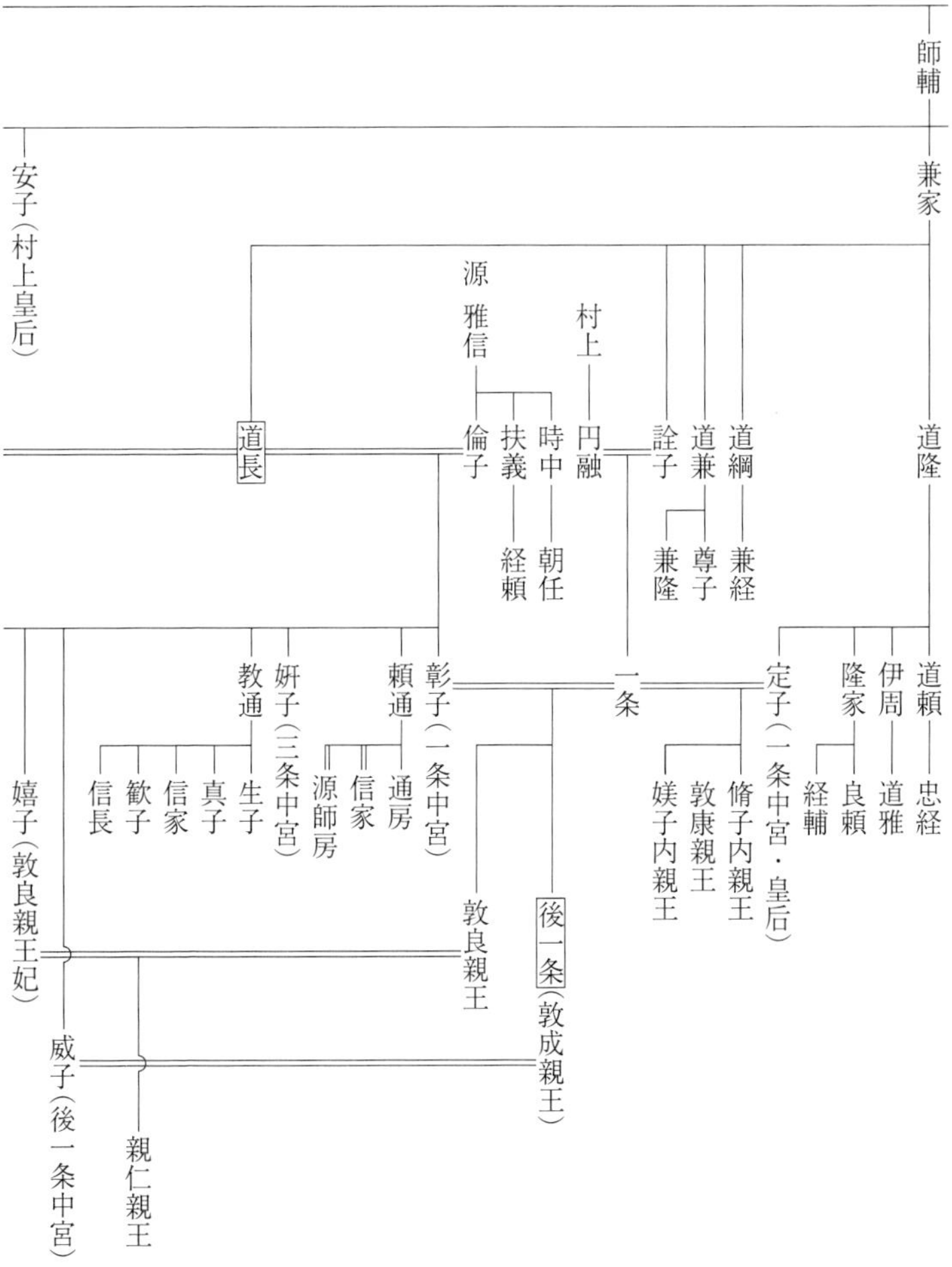
師輔
兼家
安子(村上皇后)
道隆
道綱
道兼
詮子
村上
円融
源雅信
時中
扶義
倫子
道長
兼経
尊子
兼隆
朝任
経頼
道頼
伊周
隆家
定子(一条中宮・皇后)
一条
彰子(一条中宮)
頼通
妍子(三条中宮)
教通
嬉子(敦良親王妃)
忠経
道雅
良頼
経輔
脩子内親王
敦康親王
媄子内親王
通房
信家
源師房
生子
真子
信家
歓子
信長
敦良親王
後一条(敦成親王)
威子(後一条中宮)
親仁親王

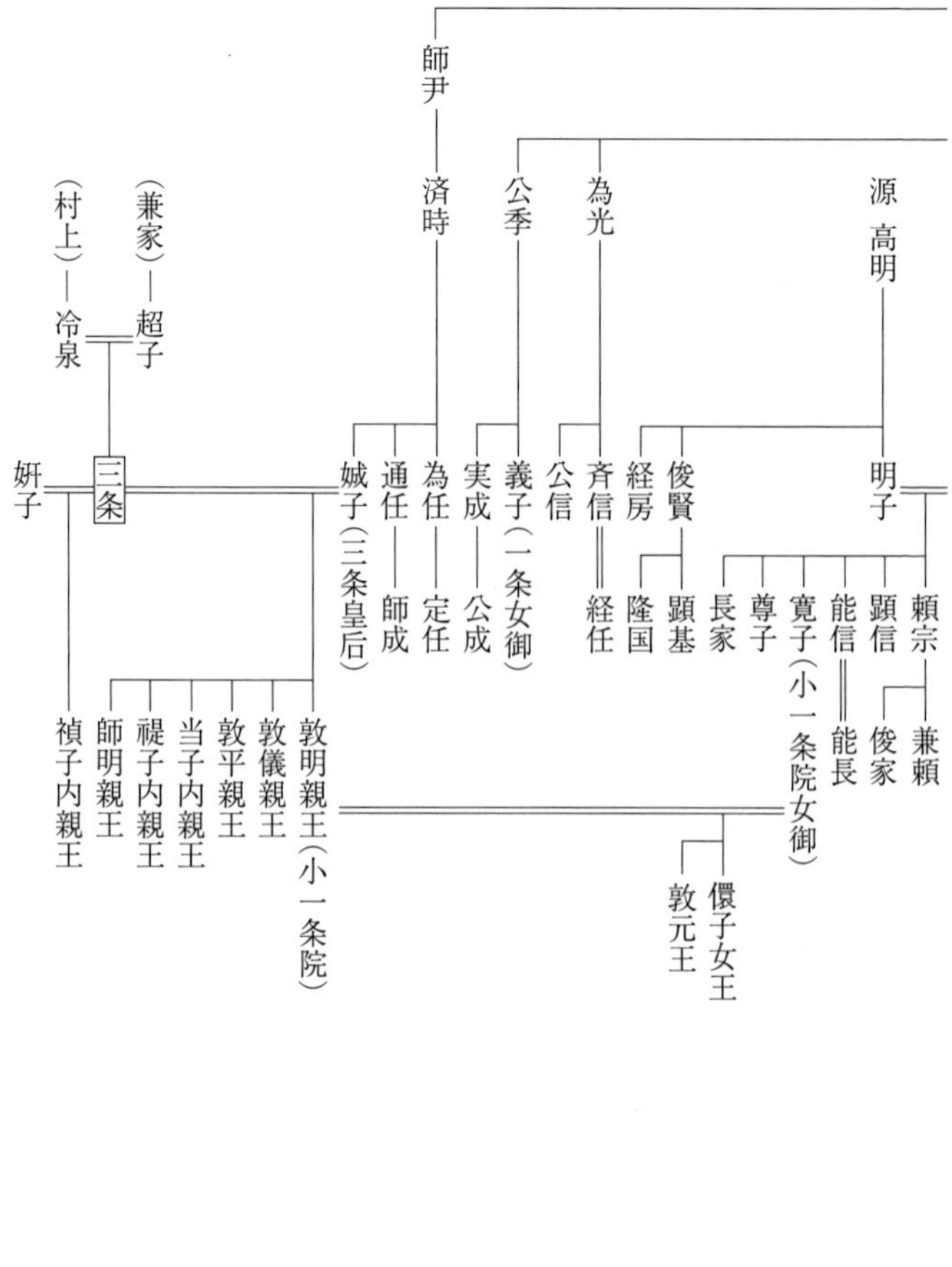

師尹
済時
為任
定任
通任
師成
娍子(三条皇后)
公季
義子(一条女御)
実成
公成
為光
斉信
経任
公信
源 高明
明子
俊賢
顕基
経房
隆国
頼宗
兼頼
俊家
顕信
能信
能長
寛子(小一条院女御)
尊子
長家
儇子女王
敦元王
(兼家)
超子
(村上)
冷泉
三条
妍子
敦明親王(小一条院)
敦儀親王
敦平親王
当子内親王
禔子内親王
師明親王
禎子内親王

①中和院
②職曹司
③小安殿
④大極殿
⑤太政官庁
⑥一条院（道長）
⑦一条院別納
⑧一条第（道長）
⑨土御門第（道長）
⑩枇杷殿（道長）
⑪小一条院
⑫花山院
⑬高陽院（頼通）
⑭小野宮北宅（資平）
⑮小野宮西殿（実資）
⑯小野宮（実資）
⑰小野宮東町（実資）
⑱陽成院
⑲町尻殿
⑳小野宮南町（実資）
㉑二条第（道長）
㉒法興院
㉓堀河殿
㉔閑院（公季）
㉕東三条第（道長）
㉖東三条第南院（道長）
㉗室町殿
㉘二条第
㉙小二条第（教通）
㉚三条院
㉛竹三条宮
㉜高松殿（源俊賢）
㉝三条第（行成）
㉞三条殿
㉟三条院
㊱四条宮（公任）

国土地理院発行1/25,000地形図「京都東北部」「京都西北部」を基に，縮小・加筆して作成.

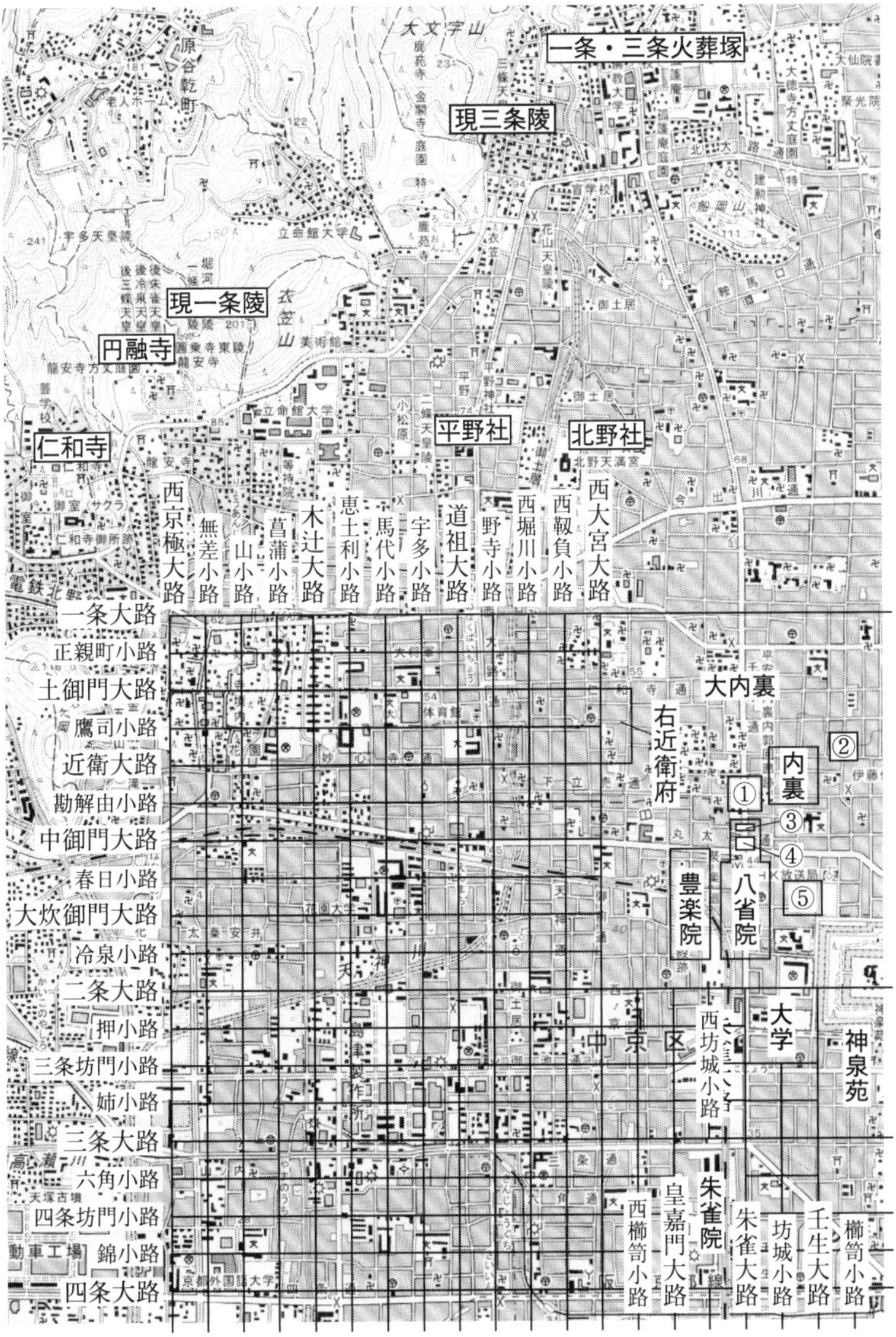
一条・三条火葬塚
現三条陵
現一条陵
円融寺
仁和寺
平野社
北野社
西京極大路
無差小路
山小路
菖蒲小路
木辻大路
恵土利小路
馬代小路
宇多小路
道祖大路
野寺小路
西堀川小路
西靫負小路
西大宮大路
一条大路
正親町小路
土御門大路
鷹司小路
近衛大路
勘解由小路
中御門大路
春日小路
大炊御門大路
冷泉小路
二条大路
押小路
三条坊門小路
姉小路
三条大路
六角小路
四条坊門小路
錦小路
四条大路
大内裏
右近衛府
内裏
①
②
③
④
⑤
豊楽院
八省院
大学
神泉苑
西坊城小路
西櫛笥小路
皇嘉門大路
朱雀院
朱雀大路
坊城小路
壬生大路
櫛笥小路

関係地図（平安京北半・北辺）

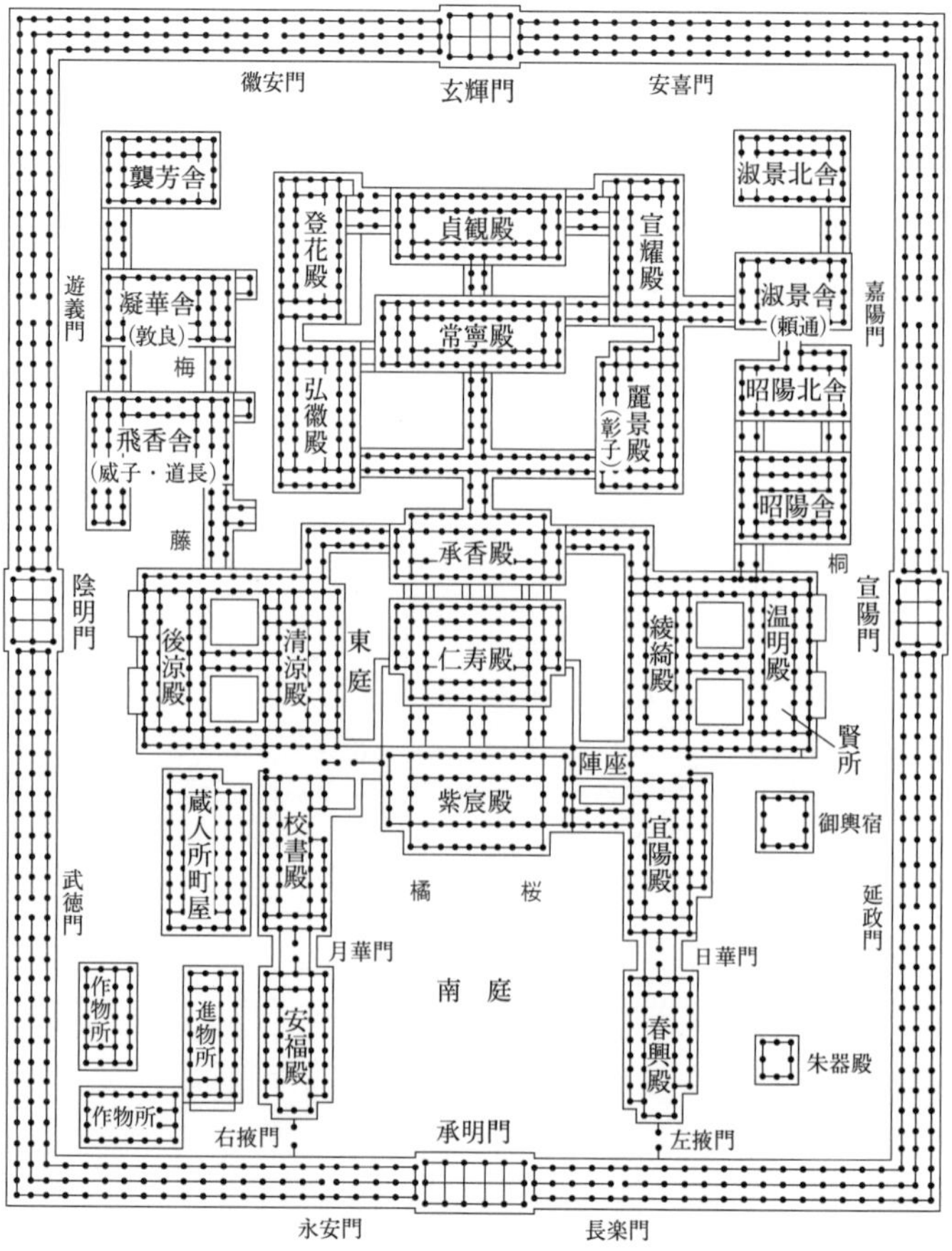
徽安門
玄輝門
安喜門
襲芳舍
登花殿
貞観殿
宣耀殿
淑景北舍
遊義門
凝華舍
(敦良)
梅
常寧殿
淑景舍
(頼通)
嘉陽門
弘徽殿
麗景殿
(彰子)
昭陽北舍
飛香舍
(威子・道長)
昭陽舍
藤
承香殿
桐
陰明門
後涼殿
清涼殿
東庭
仁寿殿
綾綺殿
温明殿
宣陽門
賢所
陣座
蔵人所町屋
校書殿
紫宸殿
宜陽殿
御輿宿
武徳門
橘
桜
延政門
月華門
日華門
作物所
進物所
南庭
安福殿
春興殿
朱器殿
作物所
右掖門
承明門
左掖門
永安門
長楽門

平安宮内裏図

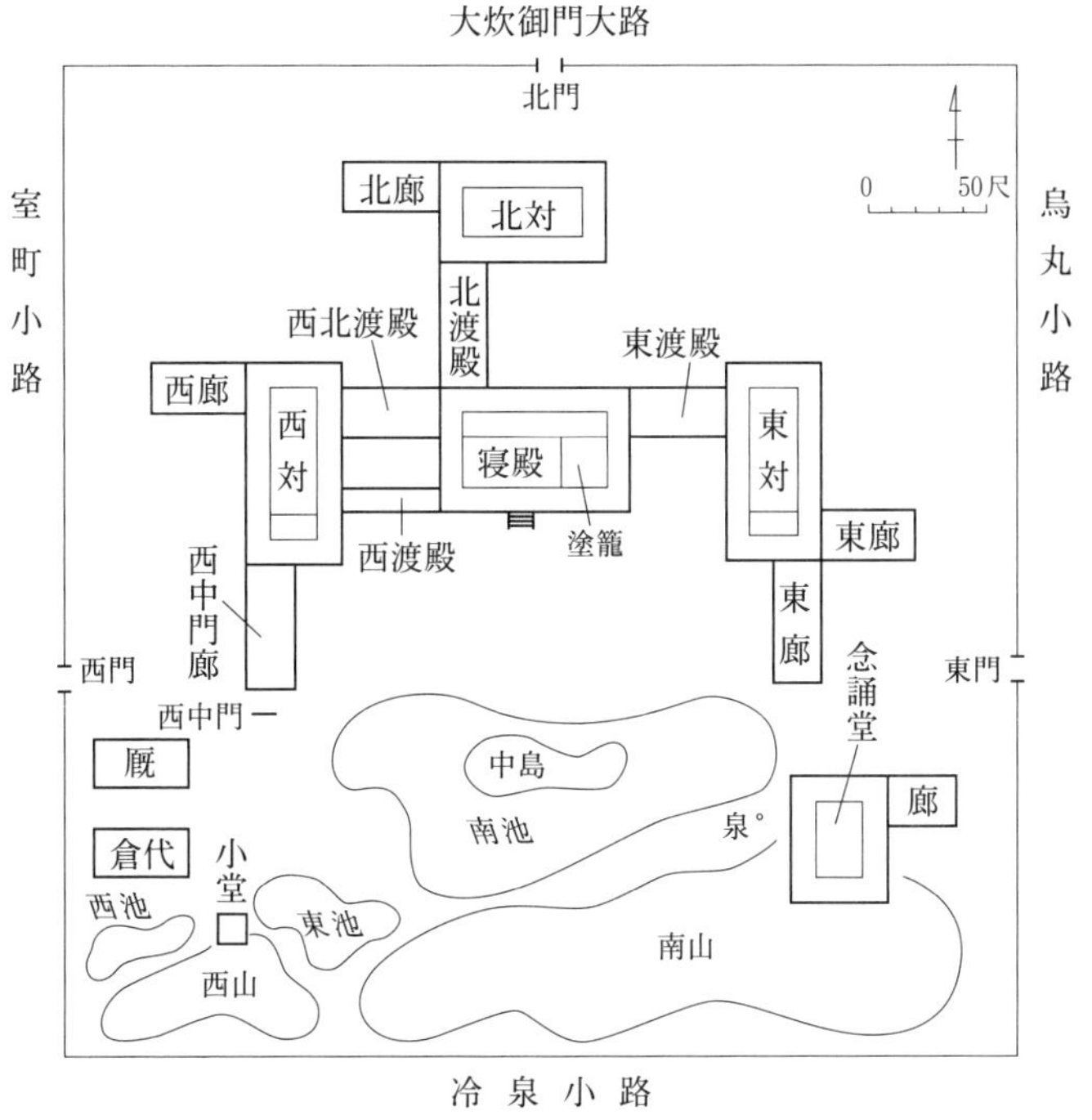

小野宮復元図(吉田早苗「藤原実資と小野宮第」『日本歴史』350，1977 に加筆，作成)

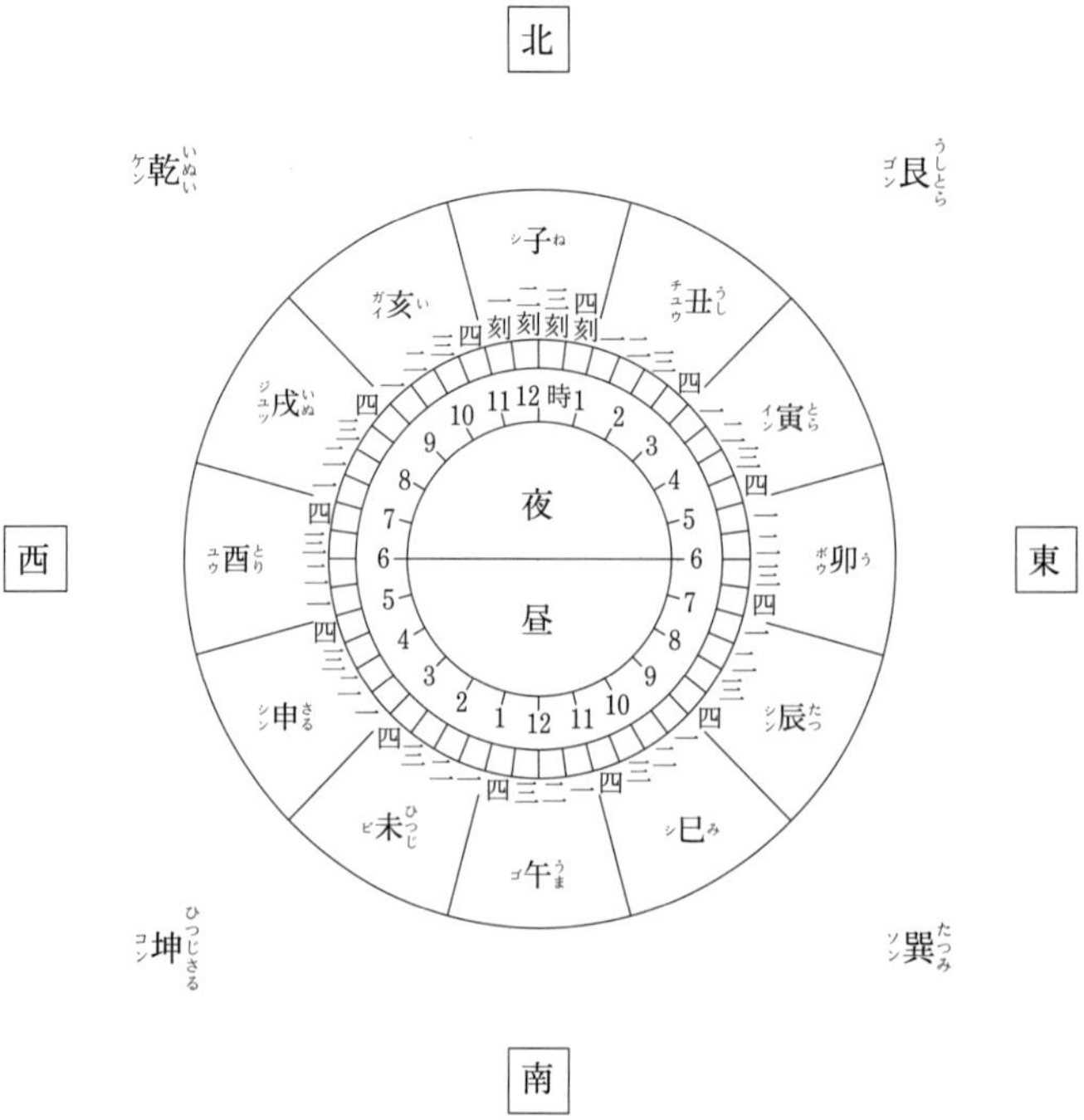
北
南
東
西
乾《ケン》《いぬい》
艮《ゴン》《うしとら》
坤《コン》《ひつじさる》
巽《ソン》《たつみ》
子《シ》《ね》
丑《チュウ》《うし》
寅《イン》《とら》
卯《ボウ》《う》
辰《シン》《たつ》
巳《シ》《み》
午《ゴ》《うま》
未《ビ》《ひつじ》
申《シン》《さる》
酉《ユウ》《とり》
戌《ジュツ》《いぬ》
亥《ガイ》《い》
一刻 二刻 三刻 四刻
時
夜
昼

方位・時刻

編者紹介

一九五八年　三重県津市に生まれる
一九八九年　東京大学大学院人文科学研究科国史学専門課程博士課程単位修得退学
一九九七年　博士（文学、東京大学）
現　在　国際日本文化研究センター教授

〔主要著書〕

『一条天皇』（人物叢書、吉川弘文館、二〇〇三年）、『藤原道長「御堂関白記」全現代語訳』（講談社学術文庫、二〇〇九年）、『三条天皇』（ミネルヴァ日本評伝選、二〇一〇年）、『藤原行成「権記」全現代語訳』（講談社学術文庫、二〇一一―一二年）、『藤原道長「御堂関白記」を読む』（講談社選書メチエ、二〇一三年）、『藤原伊周・隆家』（ミネルヴァ日本評伝選、二〇一七年）、『藤原氏』（中公新書、二〇一七年）、『「御堂関白記」の研究』（思文閣出版、二〇一八年）、『公家源氏』（中公新書、二〇一九年）、『権記』（角川ソフィア文庫、二〇二一年）

現代語訳 小右記 14
千古の婚儀頓挫

二〇二二年（令和四）四月二十日　第一刷発行

編　者　倉《くら》本《もと》一《かず》宏《ひろ》
発行者　吉川道郎
発行所　株式会社 吉川弘文館
郵便番号一一三―〇〇三三
東京都文京区本郷七丁目二番八号
電話〇三―三八一三―九一五一〈代表〉
振替口座〇〇一〇〇―五―二四四
http://www.yoshikawa-k.co.jp/
印刷＝株式会社 三秀舎
製本＝誠製本株式会社
装幀＝山崎　登

ISBN978-4-642-01829-6

現代語訳 小右記 全16巻

1	三代の蔵人頭	貞元二年(九七七)三月—永延二年(九八八)十二月	二八〇〇円
2	道長政権の成立	永祚元年(九八九)正月—長徳元年(九九五)十月	二八〇〇円
3	長徳の変	長徳二年(九九六)正月—寛弘二年(一〇〇五)三月	二八〇〇円
4	敦成親王誕生	寛弘二年(一〇〇五)四月—寛弘八年(一〇一一)十二月	二八〇〇円
5	紫式部との交流	長和元年(一〇一二)正月—長和二年(一〇一三)六月	二八〇〇円
6	三条天皇の信任	長和二年(一〇一三)七月—長和三年(一〇一四)十二月	三〇〇〇円
7	後一条天皇即位	長和四年(一〇一五)四月—長和五年(一〇一六)二月	三〇〇〇円
8	摂政頼通	長和五年(一〇一六)三月—寛仁元年(一〇一七)十二月	三〇〇〇円
9	「この世をば」	寛仁二年(一〇一八)正月—寛仁三年(一〇一九)三月	二八〇〇円
10	大臣闕員騒動	寛仁三年(一〇一九)四月—寛仁四年(一〇二〇)閏十二月	三〇〇〇円
11	右大臣就任	治安元年(一〇二一)正月—治安二年(一〇二二)十二月	三〇〇〇円
12	法成寺の興隆	治安三年(一〇二三)正月—治安三年十二月	三〇〇〇円
13	道長女の不幸	万寿元年(一〇二四)正月—万寿二年(一〇二五)八月	三〇〇〇円
14	千古の婚儀頓挫	万寿二年(一〇二五)九月—万寿四年(一〇二七)六月	三〇〇〇円
15	道長薨去	万寿四年(一〇二七)七月—長元二年(一〇二九)十月	【続刊】
16	部類記作成開始	長元三年(一〇三〇)正月—長久元年(一〇四〇)十一月	【続刊】

吉川弘文館
(価格は税別)